心理健康教育

高职

主　编：隋美荣
副主编：付素洁　张志强
编　委：王　静　刘　伟　王冉冉　于丽珍　刘　琳

山东城市出版传媒集团·济南出版社

图书在版编目(CIP)数据

心理健康教育：高职版／隋美荣主编．—济南：济南出版社，2018.5（2022.7 重印）

ISBN 978－7－5488－3252－2

Ⅰ.①心…　Ⅱ.①隋…　Ⅲ.①心理健康—健康教育—高等职业教育—教材　Ⅳ.①G444

中国版本图书馆 CIP 数据核字（2018）第 120382 号

出 版 人　田俊林
责任编辑　张　静　乔俊连　戴　月　孙益彰
封面设计　胡大伟　张　倩
出版发行　济南出版社
地　　址　济南市二环南路 1 号（250002）
编辑热线　0531－86131720
发行热线　0531－67817923　86131728　86922073　86131701
印　　刷　济南继东彩艺印刷有限公司
版　　次　2018 年 10 月第 1 版
印　　次　2022 年 7 月第 7 次印刷
成品尺寸　185mm×260mm　16 开
印　　张　14.5
字　　数　265 千
定　　价　45.00 元

目 录

健康心理　阳光心灵

模块一

项目一　我们的心理健康吗

同学们，欢迎来到高等职业教育大家庭！从今天开始，我们将一起走进心理科学的殿堂，借助心理学的视角，快速地适应我们现在所处的新环境，与他人、与自己友好相处，科学高效地学习知识技能，清晰明确地规划自己的职业未来，充分发挥自身的优势与潜能。

首先，我们将从身边开始，一起了解心理学科，了解心理健康，了解心理健康对成长的意义！

> 喜、怒、忧、思、悲、恐、惊，谓之七情，七情通于五脏：喜通心，怒通肝，悲通肺，忧思通脾，恐通肾，惊通心肝。故七情太过则伤五脏……
>
> ——《医学正传》

心海起航

首先从一个心理小测试开始我们的新课程。

测一测

下面题目的描述符合您的情况吗？

1. 我对许多事情都感兴趣。

____

2. 我很少为自己的健康问题担忧。

____

3. 我觉得大多数人都是友好的。

____

4. 我觉得对付大多数事情都能得心应手。

____

资料来源：题目节选自许明智所撰《心理健康量表项目题样》。

> **温馨提示**
>
> 以上描述的现象都是常见的高职生心理健康的表现，让我们一起来关注心理健康吧。

心海导航

一、什么是心理健康

目前心理学界对“心理健康”概念的认识源于世界卫生组织“健康”的定义，即“健康乃是一种躯体上、心理上和社会上的完满状态，而不仅仅是没有疾病或虚弱”。心理健康同躯体健康一样，是指情绪和心理的良好状态，而不仅仅是没有心理问题或心理疾病。

高职学生的年龄一般是在18~21岁之间，从心理学的角度来看，正处于青年初期。他们的心理具有青年初期的很多特点，但又有其特殊性。综合国内外专家学者的观点，根据高职学生的年龄特征、心理特征和角色特征等实际情况，评判高职生心理健康水平，一般应从以下几个标准予以着重考虑。

> **温馨提示**
>
> 界定心理健康标准时，应注意：
>
> 1.心理健康是相对的，人与人之间存在差异，包括地域差异、文化差异。
>
> 2.从心理健康到不健康是一个连续带，难有明确的界限。
>
> 3.心理健康是一个持续的状态，不能以偶然的不健康的心理和行为作为判断依据。
>
> 4.心理健康是一个随文化、时代不断变化、发展的概念。

1. 智力正常

智力正常是人正常生活的最基本的心理健康条件。良好的智力水平是一切社会人学业成功、事业有成的心理基础。保持对学习的浓厚兴趣和求知欲望，能克服学习中的困难，学习成绩稳定；能保持一定的学习效率，从学习中体验满足与快乐。

2. 自我评价正确

高职阶段是一个人从青春期向成年期转变的重要时期，也是人的自我意识发展与完善的关键时期。一个心理健康的高职生能客观地认识和评价自己的能力、性格和优缺点，能根据实际情况确立自己的理想目标，能接纳自己，自尊、自强、自爱，正视现实，积极进取。

3. 情绪健康

心理健康的高职生情绪稳定、心情愉快，能对自己的情绪状态有所了解和反思。在出现悲伤、忧愁等负性情绪时，自己能主动调整，合理有度地宣泄消极情绪，保持良好的情绪状态。

4. 人格完整

健全的人格是成长与成才的重要保障。一个心理健康的高职生能了解和认识自己的气质、能力、性格、理想、信念、需要、动机和兴趣等人格因子，并进行优化与完善，使之得到合理的平衡发展。

5. 人际关系和谐

和谐的人际关系是事业成功与生活幸福的前提。心理健康的高职生通常乐于与人交往，不仅能保持自我，而且能接纳他人，能认识到他人存在的重要性和作用，同时也能被他人理解和接受；交往动机端正，能妥善处理同学关系、师生关系和恋爱关系。

6. 意志健全

心理健康的高职生往往具有坚定的意志和较强的抗挫折能力。在高职生活中，能够较长时间保持对某一目标的兴趣，能适时地做出决定并有效地解决问题；在困难和挫折面前，能保持信心和勇气，采取合理的应对方式。

7. 社会适应正常

高职生对自然环境和社会环境应该具有较强的适应能力，不仅能面对现实和接受现实，而且能进一步改造现实，不逃避现实。一个心理健康的高职生能够与社会保持良好的接触，能够及时调整自己的需要和愿望，使自己的思想和行为与社会发展协调一致。

8. 心理行为符合年龄特征

在人的不同年龄阶段，都有相应的心理行为表现。心理健康者的认识、情感、言行、举止都符合他所处的年龄段。一个心理健康的高职生应该是精力充沛、勤学好问、反应敏捷、喜欢探索的。而过于老成、过于幼稚、过于依赖都是心理不健康的表现。

综上，心理健康的高职生应该是具有社会能力、学习能力、认知能力和职业能力的个体，其心理特点、行为表现应符合其年

万花筒

积极心理学提出青少年个体积极发展的5个特征指标：

能力（competence)：个体在社会、学业、认知、健康以及职业方面表现优良。

良好的社会联系(connection)：与他人(同伴、家庭等）或机构（学校、社区等）建立积极的联系。

良好性格（character)：遵守社会或文化规范，行为表现良好，有是非观念，诚实。

信心（confidence)：拥有积极的自我价值感和自我效能感。

爱心（caring）、同情心（compassion)：对他人有同情心，有移情能力。

温馨提示

一个人在玩扑克游戏，正玩得开心，同伴过来拿走了他的扑克牌，他立刻大哭大叫。你认为他正常吗？如果他是一个四五岁的孩子，你还这样认为吗？

龄特征，并与其社会角色相适应，保持其年龄阶段的共性与个性的统一。

小故事

吾与点也

《论语·先进》篇里有一段孔子与学生的对话：

“点！尔何如？”……

曰：“暮春者，春服既成。冠者五六人，童子六七人，浴乎沂，风乎舞雩，咏而归。”

夫子喟然叹曰：“吾与点也！”

把这段文字换成今天的话就是，孔子问曾皙（名点）：“你的理想是什么？”曾皙说：“我的理想就是，到了暮春时节，穿上新做的春装，在这个大地开化、万物复苏的季节，陪同几个成年朋友，再带上一批孩子，大家一起去沂水中，把自己洗涤得干干净净，然后到沂水旁边的舞雩台上，沐着春风，把自己融进去，与天地在一起共同迎来一个蓬勃的时节，让自己有一场心灵的仪式。这个仪式完成后，大家就高高兴兴唱着歌回去了。”孔子听了他的话，长长地感叹一声说：“我赞同你呀！”

温馨提示

从孔子与曾皙的这段对话中，我们可以看到曾皙的人格特征、内心状态与“生活的目标能切合实际”“与现实环境保持良好的联系”“能保持人格的和谐与完整”等心理健康标准相吻合，正是积极心理学所提倡的“良好的社会联系”“良好性格”的写照。

二、感悟心理健康的意义

1. 心理健康有利于正确地认识自我

进入青年初期（18~21 岁）之后，人们开始有意识地、深层次地思考“我是谁”的问题，寻找“我是谁”的答案。建立自我同一性是青少年期最重要的任务。具备较高的心理健康水平，有利于我们形成正确的自我评价，有效地进行自我管理，培养责任与担当意识，提高选择与决策能力、抗挫折能力。只有正确地认识自我，建立适度的自尊水平，我们才能正确地评价自己，不盲目自大、自卑，树立正确的人生目标与职业理想，更好地与外界发生联系，适应新的环境与挑战。

学生正在参加学校组织的心理健康测试

2. 心理健康有利于提高人际交往能力

高职生在与他人交往过程中加速了社会化发展过程。较高的心理健康水平让我们能积极主动地与他人交往，特别是与同辈群体的交往，能够顺利地建立自己的朋友圈，不断地学习、完善自身的交往技能，正确面对交往过程中的挫折与失败，合理应对同伴交往的压力，发展出良性的人际交往模式。心理学家发现青少年时期的同伴关系对成年后的人际交往能力和心理健康水平有着显著预测作用。青少年时期拥有充足的朋友、与朋友保持稳定而较亲密的友谊的人，到了成年期，往往人际交往比较顺利，且心理健康水平较高。而青少年时期缺乏朋友、被同伴排斥的人，到了成年期往往会人际交往不良，甚至会产生反社会的举动。

3. 心理健康有利于促进青少年学业发展

具备较高的心理健康水平能够有效地促进我们学习能力的发展。心理成熟度较高的青少年能够有效地进行时间管理，保持较强的学习动机，对学习进行自我监控与调节，处理好兴趣与学业的平衡关系，根据自己的兴趣、目标，制订合理的学习计划，促进专业成长，提升综合素质与能力。

4. 心理健康有利于培养健康生活、职业规划的观念与能力

健康的心理状态有利于我们培养、保持健康的生活方式。在数字化时代的今天，信息资讯极其丰富，大众传媒对青少年的影响力巨大。健康的心理状态可以让我们进行有效的自我管理，主动进行选择，有效地避免网络成瘾与色情信息的诱惑；同时，健康的心理状态能够让我们有效地进行情绪管理，较好地缓解各方面压力，有效避免药物滥用与药物成瘾。

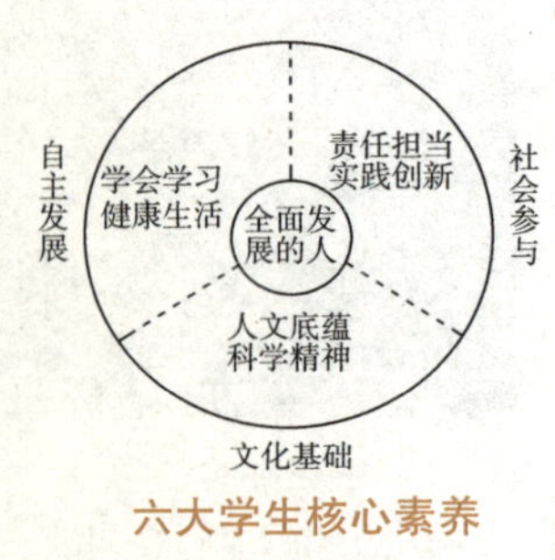

六大学生核心素养

健康的心理状态让我们对自己有一个正确的评价，能够结合兴趣、特长与社会需求进行有效的职业规划，以理性的心态选择职业或自主创业，能够正确处理求职、工作中的挫折，较快地适应新环境、新角色，在工作或创业中充分发挥自身潜能，更容易获得职业幸福感。

身边的榜样

“可乐男孩”

“可乐男孩”是东汽中学的一名学生。汶川地震发生后，他和一个女孩在废墟下被困了80多个小时。救援人员来的时候，他一直要求先救女孩，再救他。他在被救出后的第一句话出人意料：“叔叔，我想喝可乐，要冰的。”这让很多人记住了这个17岁“可乐男孩”。这个男孩名叫薛枭。他在得救后给大家带来的“可乐”，就如经历黑夜后的一丝亮光，让所有在场的人和后来看到这个镜头的人都感到幸福。在废墟下的80多个小时，他以顽强的意志和乐观的精神，给无数期盼的心带来新的希望。“可乐男孩”，这个名字将是镇定、勇气、乐观和毅力的代名词，给所有经历悲伤的人以特别的鼓励。

温馨提示

“可乐男孩”用顽强与乐观告诉所有人，在面对危难时，坚强、互相关心、团结、友爱、乐观、幽默等积极健康的心理状态，会让人们更加具有自制力，更善于调节和战胜自我、振奋自我，创造奇迹。

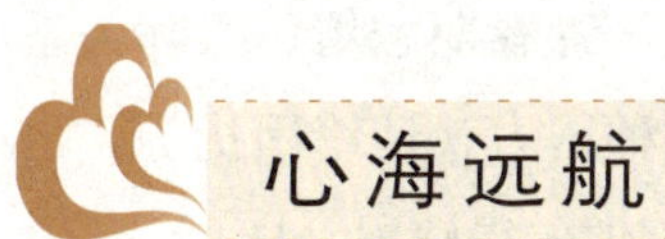

心海远航

一、心理“感冒”

就像大部分人都得过感冒一样，我们都或多或少地存在一些心理问题。

心理问题是指正常心理活动中的局部异常状态，不存在心理状态的病理性变化，具有明显的偶发性和暂时性，常与一定的情境相联系，常由一定的情境诱发，脱离该情境，个体的心理活动则恢复正常。

“月满则亏”，人的心理健康水平是一个动态变化的过程，不存在永远健康的状态。

二、如何面对心理问题

首先，我们要科学看待存在的心理问题。青少年在成长过程中，在不同的发展阶段会遇到每个阶段的发展主题，如青春期、

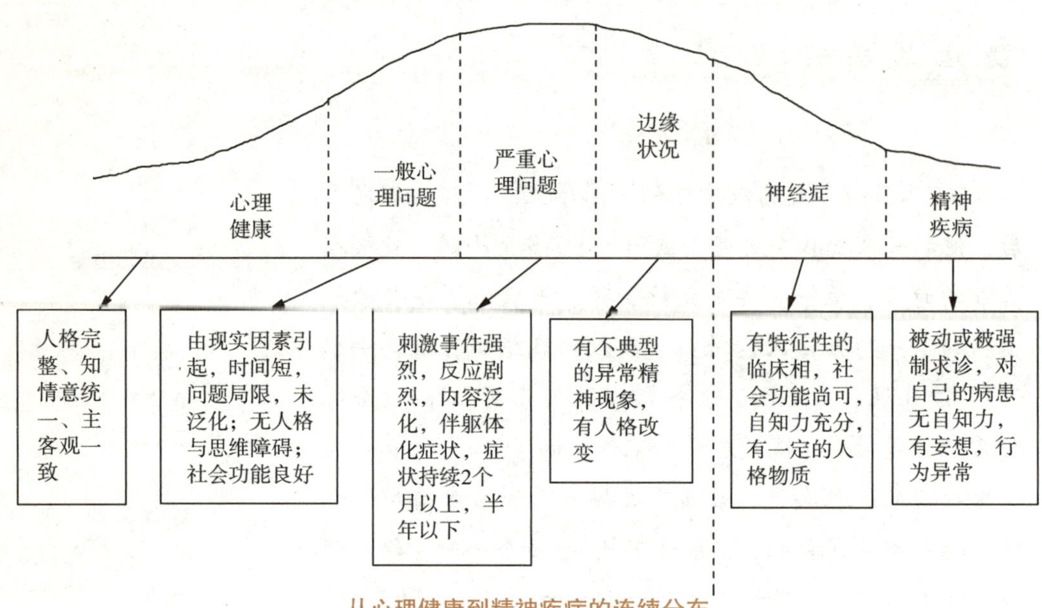

从心理健康到精神疾病的连续分布

职业生涯规划、异性交往等；也会遇到不同的适应性问题，如从义务教育向职业教育转变、新环境适应、青春期恋情、人际关系紧张等。在这一过程中，我们会面临各种压力、情绪困扰等，出现某些心理问题是正常的现象，就像我们偶尔得感冒一样。

其次，既然每个人都可能面临心理问题。当问题来了，我们需要做的是正视它、接纳它，积极主动进行自我调整或寻求专业的心理帮助。

再次，有时候心理问题不像感冒问题那样容易察觉，比如长时间的心境低落，因此我们要关注自己的内心状态，关注自己和他人的心理健康。

最后，需要强调的是心理健康是一个动态变化的过程，我们不会因为曾经偶尔的心理问题而认定自己或他人心理不健康，就像我们不会把一个曾经感冒的人看作一个永远的病人一样。

万花筒

心理问题是指所有心理及行为异常的情形。心理的“正常”和“异常”之间并没有明确和绝对的界限。一般认为，人的心理及行为是一个由“正常”逐渐向“异常”、由量变到质变，并且相互依存和转化的连续谱。因此，生活在现实社会中的每一个人都在一定程度上存在心理问题。即人的心理问题是普遍存在的，只是程度不同而已。

项目二　心理成长中的自助与他助

踏入高职校门的我们正是十七八岁的年龄，属于青年初期，是身心发展最迅速、最旺盛、最关键的时期，也是各年龄发展阶段的最佳时期，又称为人生的黄金时代。此时的我们正逐渐摆脱少年的稚气，开始以成熟、理智的思维和行动来证明自己的存在。但是从来就没有身体绝对健康、从不得病的人，心理上也一样，总会或多或少，或早或晚地出现或遇到一些问题。那我们就学着去分析、解读这些问题和现象，维护和改善我们的心理健康。

> 且举世而誉之而不加劝，举世而非之而不加沮，定乎内外之分，辩乎荣辱之境，斯已矣。
>
> ——庄子

心海起航

首先从一个心理小游戏开始我们的新课程。

小游戏：心有千千结

全班同学（可根据人数分组）手拉手围成圈，并记住左右同学。松手后任意走动、站定，再次牵到原同学的手。此时，团队成为一团乱麻。在不松手的情况下，把“乱麻”解开。

温馨提示

在刚才的游戏中，我们是如何解开“结”的？心打了“结”，我们又如何解呢？让我们一起来关注如何维护心理健康吧！

小游戏：心有千千结

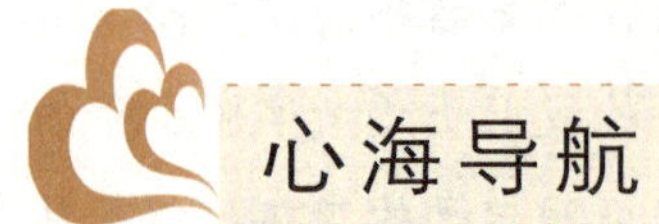

心海导航

成长的岁月有阳光雨露，也有阴霾点缀，正在接受高等职业教育的我们，了解这一阶段自己的心理发展特点，把握心理发展规律，对保持心理健康、及时调节心理问题是十分必要的。

现阶段的我们心理发展有哪些优势？容易存在哪些心理问题？

高职生的心理特征

1. 自我意识增强但自控能力不足

从心理学的角度看，我们意识到自己已经长大，追求自己内心世界中存在的“本我”，并将注意力集中到发现自我、关心自我的存在上。开始把自己看作是“成年人”，渴望与成人一样具有平等的社会地位与权利，反对从属地位与权威式、家长式的干涉。高职学习是为就业做准备的，我们渴望走向社会，想干一番事业，在心理上有摆脱对父母依赖的强烈愿望，渴望以独立人格出现在人们面前。

但我们的自控力仍然不足，身体的发育速度超过心理的发展速度。特别是经济上对家长的依赖，加上接触社会的机会较少，对求职就业有所焦虑，遇到不满之事，容易情绪失控，难以自觉控制。

> **万花筒**
>
> 自我意识是对自己身心活动的觉察，即自己对自己的认识，具体包括认识自己的生理状况（如身高、体重、体态等）、心理特征（如兴趣、能力、气质、性格等）以及自己与他人的关系（如自己与周围人们相处的关系，自己在集体中的位置与作用等）。

2. 自卑感与反抗性并存

高职学校生源的构成比较特殊。在高职生当中，一部分学生是中考发挥失常的学生，也有一部分学生是由于本身成绩不佳，才选择进入高职学校的。对那些一直希望上高中、考大学的一些学生而言，可能无法很好地调整自己的心理落差，自卑、自我否定等负性情绪油然而生。而一些成绩一直表现平平的学生，由于应试教育常以成绩高低来衡量学生，则可能一直有自卑心理。另外，高职学校来自单亲家庭或生活贫困家庭的学生所占比例相对要大，这些同学容易因为缺乏真诚的关爱，久而久之形成抑郁自卑心理。

在这种心理作用下，当自主性被忽略或个性伸展受到阻碍时，行为上往往就表现出无所适从、怪异和反抗，遇到困难退缩，有时用过激的行为方式去掩饰自己可能受到的伤害，其实这也是一种自我保护的表现。高职学校学生逃课、顶撞教师、小集团不良行为、打架斗殴等违纪违规现象相对突出。其中的个别同学甚至可能会渐渐出现反社会人格倾向。

万花筒

高职教育人才培养目标是培养具有某行业或某岗位需要的高素质的劳动者和初、中级专门人才。通过学习使毕业生具有胜任某一工作的专业能力和社会适应能力，胜任工作的身体条件和一定的发展潜力。

3. 思想意识活跃但学习动机缺失

高职教育理论知识考试较少，注重实践技能的培养，没有升学压力，因此，高职生往往思想意识活跃，有广泛的兴趣爱好。

但是，一部分同学由于学习基础较差并且缺乏刻苦学习的精神，没有养成良好的学习习惯，也没有找到适合自己的学习方法；还有的同学不喜欢自己的专业，或者觉得高职学历就业前景暗淡，因此学习没有动力，产生厌学的心理和行为，甚至渐渐形成学习上的恶性循环，越不努力成绩越差，成绩越差越想放弃。

4. 渴望得到认可但人际关系不良

某些高职生特别渴望展示自己的才能，体现自己的价值，得到他人的认可，但是又不善于与人交往，为人处事能力较差。某些高职生在心理发展阶段存在着坦率与封闭的矛盾，一方面期盼得到人们的理解，与知心人愿意敞开心扉，说话坦诚直率；另一方面把注意力集中在自己的内心世界上，甚至产生固执、多疑与对抗，有时会因为看别人不顺眼而发生打架事件。高职生的人际关系网主要集中在同龄人、老师和父母这三方面，人际冲突也主要是同伴、亲子、师生冲突。

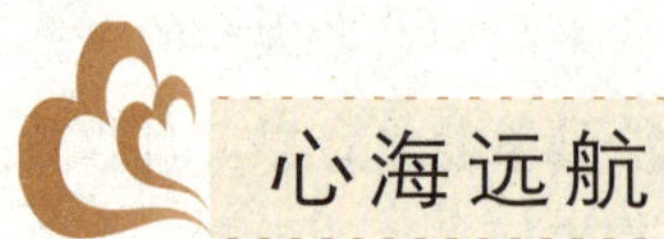

心海远航

人体是一个伟大而精密的系统。其中不仅蕴含着巨大的能量，还具有很多我们平时察觉不到的一些能力。我们每个人在长期的生活经验中积累了一些有效的调节方法，可以化解自己的困扰；同时，我们也可以运用身边的父母、亲戚、朋友等社会支持系统，还可以向专业人士进行咨询，使我们保持健康积极的心态。

> **温馨提示**
>
> 王刚的事例告诉我们，保持健康积极的心态，你就会慢慢发现自我优势，进而取得成功。

身边的榜样

王刚的故事

王刚，济南某职业学校毕业生。刚刚入校时，因为没有考上心仪的学校转而来到高职，感到悲观、失落、焦虑、自信心不足，暴饮暴食使体重达到100公斤。入校后，在心理老师和其他老师的帮助下，坚持锻炼身体，努力进行心理调适，逐步走出心理困境，成为一个充满活力、阳光帅气的大男孩。

在和朋友逛泉城广场时，王刚帮助了一位外国友人，得到平生第一次的工作机遇——向导＋翻译，为他以后所从事的事业奠定了基础。王刚表示，自己对现实有了清醒的认知，浮躁的心态慢慢变得平和，学习渐渐步入正轨，才有了一系列精彩的故事。

一、自我心理调节有方法

当自身心理出现困扰时，该怎么办？无论这道多选题有几个答案，“自我调节”总是其中一个必选答案。

1. 接纳

宽容自己，就是要接受和承认自己当前的这种（不是很好的）状态，接受自己正在遇到一些困扰和问题的现实，而这些问题既与道德无关，也并不是只有自己才会有。从心理健康状态的角度来讲，完全健康、没有一点问题的心理状态几乎是不存在的。接纳自己的问题不仅可以帮助自己减轻心理压力，而且可以帮助自己发掘出更多的潜能，寻求到更多更好的处理问题的方法。

2. 回避

转移注意力，尽可能躲开导致心理困境的外部刺激。在心理困境中，我们的大脑往往形成一个较强的兴奋灶，回避了相关的外部刺激，可以使这个兴奋灶让位给其他刺激引起的新的兴奋灶。兴奋中心转移了，也就摆脱了心理困境。

小故事

打开对的窗子

某镇上有一个小女孩。一天，她打开窗户，正巧看见邻居在宰杀一条狗。那条狗平时常和小女孩在一起嬉戏，小女孩看着这悲惨的场面，不禁泪流满面，悲恸不已。她的母亲见状，便把小女孩儿领到另一个房间，打开了另一扇窗户。窗外是一片美丽的花园，阳光明媚，鲜花五彩缤纷，蝴蝶和蜜蜂在花丛间飞舞。小女孩看了一会儿，心里的愁云一扫而空，重新开朗起来。母亲抚摸着女儿的头，说:“孩子，你开错了窗子。”

温馨提示

生活中有阴暗的一面，也有美好光明的一面，我们要学会打开对的窗子，多看美好光明的一面。

3. 文饰

变恶性刺激为良性刺激，心理学上又叫合理化。就是通过找一些理由为自己开脱，以减轻痛苦，缓解紧张，使内心获得平衡。弗洛伊德指出，常见的合理化有两种：一是希望达到的目的没有达到，心里便否定该目的的价值或意义，俗称酸葡萄效应。二是未达到预定的期望或目标，便提高目前现状的价值或意义，俗称甜柠檬效应。如狐狸吃不到葡萄，就说葡萄是酸的，只能得到柠檬，就说柠檬是甜的，便不感到苦恼。

4. 转视

“横看成岭侧成峰”，换个角度看问题。因为并不是任何来自客观现实的外部刺激都可以回避或淡化。任何事物都有积极和消极两个方面。同一客观现实或情境，如果从一个角度来看，可能引起消极的情绪体验，使人陷入心理困境；如果从另一个角度来看，就可以发现它的积极意义，从而使消极情绪体验转化为积极情绪体验，走出心理困境。

温馨提示

某天早晨上学途中，大风刮落一块大玻璃，划破了你的羽绒服。这时也许你会感到沮丧，觉得很倒霉，但是你转念一想，那么大的玻璃只差一步就会落在头上，你何其幸运，从这个角度思考，你就会喜从心生，情绪愉悦。

5. 升华

让积极的心理认知固着，把挫折变成财富。人的心理问题长期不能解决，往往与他们的消极心理固着有关。如何克服心理固着，有效的方法是进行心理位移，即选择一种新的、高层次的、积极的、利于他人和社会的心理认知固着代替旧有的心理认知固着，从而改变消极的心理状态，这就是心理升华法。“失败乃成功之母”“化悲痛为力量”就是从失败的消极因素中，认识其中蕴含着的积极因素，升华为个体发愤图强、取得成功的动力和契机。

6. 补偿

改弦易辙，不变初衷；失之东隅，收之桑榆。我们难免会由于一些内在的缺陷或外在的障碍以及其他种种因素的影响，导致最佳目标动机受挫。这时，往往会采取种种方法来进行弥补，以减轻、消除心理上的困扰。这在心理学上称为补偿作用。补偿，就是在目标实现受挫时，通过更替原来的行动目标，求得长远价值目标实现的一种心理调适方式。比如有的同学为自己没有进入理想的学校而苦恼，但是我们作为“蓝领”一样可以取得成就，得到社会认可，实现自己的价值，使原先没有实现的目标得到补偿。

我们应从思想上正确认识自我与社会的关系，将现实与理想、学习与工作紧密联系，把个人的满足与社会的需要结合起来，学会从消极的心理状态中解脱出来。

二、掌握寻求帮助的能力

虽然说我们每个人有独自调整自身心理的强大能力，但在现实生活中我们却经常会陷在不良心理状态中难以自拔。也就是说在这段特定的时期内，自我心理调适的能力暂时不够用了。其实这也没什么大不了的，心理自我调节的能力本身就有一个逐渐习得的过程，每个人这项能力的发展都经历过从弱到强的过程。

帮助他人并从中获得被信任和成就感，不仅是一个人道德水平的标志，也是一个人内在的需求。因此当我们遇见一时难以摆脱的困难的时候，主动地寻求他人的帮助和支持，不仅不是软弱的表现，而且是与他人共同分享信任和友爱的机会。

当发现身边有人处在某种不良心理状态的困境中时，我们不仅要告诉这个人该从哪方面进一步发展和提高自己，而且还要让他能有更多的机会去感受爱的存在——其实我们每一个人都在享有很多人的爱，来自父母的、来自朋友的、来自亲属的、来自同学的、来自老师的。这些人都可以给予我们帮助和支持。这些人的支持就组成了一个专业的名词“社会支持系统”。我们同时也是周围人“社会支持系统”的一员。

也许有的同学曾经有过一些特殊的体验：因为遇到了特别的事情，心里感到非常痛苦，但这个事情因为某些特殊的原因（或是由于特别令人感到难为情而难以启齿，或是由于太过沉重而不敢说出来怕成为别人的负担）确实又难以在身边找到能够和自己一起分担的人。假如真的出现了这种情形的话，有一类人可以为你提供特别的帮助，这就是心理咨询师。我们将在后面的课程中详细给同学们阐述这一常用的心理求助渠道。

项目三　心理咨询　呵护你我

进入高职大门，我们开始了一种全新的生活，学习之余会有更多丰富多彩的活动。在这样一个人生最美好的时期，在这样一个充满朝气、积极向上的群体里，你是否会遇到各种烦恼：自主的学习生活让人无所适从，多样化的人际关系让人压力很大，未知的就业前景让人茫然无措……你会感觉不爽、郁闷紧张、烦躁不安，不知如何排解。就像身体会不适一样，心理也会“感冒”。作为高职生，我们要学会通过积极合理的心理自助和互助，及时辨别和解决这些心理问题。但当心理压力较大、内心冲突激烈，难以进行自我调节时，高职生可以主动求助于家人、知心朋友或接受心理咨询。

> 至人之用心若镜，不将不迎，应而不藏，故能胜物而不伤。
>
> ——庄子

心海起航

看，我们周围的两个同学正在苦恼之中。

张某，女，18岁，高职一年级学生。最近两周，她特别难受，也很郁闷，做什么事都提不起精神，情绪低落，不愿见人，也不愿参加集体活动。寝室里同学们的说笑声也令她烦躁不已。自己想每天快乐地生活，高效率地投入学习，可是做不到，进而对高职生活产生了厌倦。

王某，男，19岁，高职二年级学生。他是班长，热情、工作能力强，在同学们当中很有威信。可是最近因为和女友之间总是吵吵闹闹，分分合合，他茶饭不思，非常烦恼。周末甚至借酒浇愁，跟好朋友多次谈到内心的痛苦和绝望。

温馨提示

这两位同学的苦恼，其实可以通过进行积极的心理危机干预来解决。

心海导航

生活中，我们难免会遇到解不开的心结，出现需要干预的心理问题甚至心理危机。

一、什么是心理危机

我们一生可能面临各种危机：战争危机、学业危机、情感危机、事业危机、婚姻危机、公共危机以及不可抗拒的天灾人祸等。危机可能会造成危险，也可能会变成一种机遇。

所有危机背后共存的都是心理危机。“现代危机干预之父”卡普兰认为，当一个人面临困难情境，而他先前的处理危机的方式和惯常的支持系统不足以应对当前的处境时，这个人就会产生暂时的心理困扰，这种暂时性的心理失衡状态就是心理危机。心理危机不是病，是情感危机的一种反映。心理危机标志着一个人正经历生命中的巨变和动荡，它会暂时干扰或破坏一个人习以为常的生活模式。其特征是高度紧张，伴随以焦虑、较深的挫折感，严重的将会导致自杀。

二、心理危机的信号

心理危机有什么表现呢？怎样才能决定我们或我们所关心的人是否需要帮助？

心理压力超过应对能力会出现如下征兆：直接表露自己处于痛苦、抑郁、无望或无价值感中；易激惹，过分依赖，持续不断地悲伤或焦虑，常常流泪；注意力不集中、成绩下降、经常缺勤；孤僻，人际交往明显减少；无缘无故地生气或与人敌对；酒精或毒品的使用量增加；行为紊乱或行为怪异；睡眠、饮食或体重明显增减，过度疲劳，体质或个人卫生状况下降；日记或其他发挥想象力的作品所透露出的主题为无望、脱离社会、愤怒、绝望、自杀或死亡；任何书面或口头表达出的内容像是在临终告别或透露出自杀的倾向，如“我会离开很长一段时间……”出现自残或自杀行为。

三、心理危机的消极影响

当个体面对危机时，会在身心各方面——生理上、情绪上、认知上、行为上产生反应，带来沮丧、焦虑、震惊、担忧，甚至哀痛、暴力倾向等后果。

1. 个体面对危机的消极反应

生理方面：肠胃不适、腹泻、食欲下降、头痛、疲乏、失眠、做噩梦、容易惊吓、感觉呼吸困难或窒息、梗塞感、肌肉紧张等。

情绪方面：常出现害怕、焦虑、恐惧、怀疑、沮丧、忧郁、悲伤、易怒、绝望、无助、麻木、否认、孤独、紧张、不安、愤怒、烦躁、自责、过分敏感或警觉、无法放松、持续担忧、担心家人健康、害怕染病、害怕死去等。

认知方面：常出现注意力不集中、缺乏自信、无法做决定、健忘、效能降低、不能把思想从危机事件上转移等。

行为方面：呈现反复洗手、反复消毒、社交退缩、逃避与疏离、不敢出门、害怕见人、暴饮暴食、容易自责或怪罪他人、不易信任他人等。

小故事

韩宇心里的“雾霾”

韩宇性格内向。从小学到高中，他的学习成绩一直在年级数一数二，可是由于最近考试发挥失常，他的成绩排到了年级五十名以后。为此，班主任老师找他谈话，回家后父母也狠狠地批评了他，韩宇很难过。恰巧这时他的好朋友小明因病身亡。

学业上的挫败、朋友的去世对韩宇打击很大，他一时难以走出内心的痛苦，做什么事情都没有精神，消沉、发呆、厌食，有时感觉胸闷、心慌、头痛，甚至开始逃学。班主任和家长发现韩宇的心理出现危机后，立即采取各种方法帮助他，如看心理医生，经常找他谈心等。经过一段时间的治疗，韩宇意识到自己的心理问题，并有意识去克服，最终走出了心理阴影，学习恢复正常，又取得了好成绩。

2. 心理危机过强的危害

对大部分人来说，危机反应无论在程度上或者是时间上，都不会给生活带来永久的或是极端的影响。他们需要的只是有时间去恢复对现状和生活的信心，加上亲友间的体谅和支持，多数危机会在几周内顺利解决。但是如果心理危机过强，持续时间过长，会降低人体的免疫力，出现非常时期的非理性行为。对个人而言，轻则危害个人健康，增加患病的可能，重则出现攻击性和精神损害，导致自杀行为；对社会而言，会引发更大范围的社会秩序混乱，冲击和妨碍正常的社会生活。

心海远航

一、什么是心理危机干预

心理危机干预就是对面临困境或遭受挫折的处于心理危机状态的个体采取紧急应对策略，帮助其心理功能恢复到正常水平，并获得新的应对技能，以预防未来心理危机的发生。

1. 我遭遇心理危机该怎么办

不要等待，主动寻求帮助。

要相信会有人愿意提供帮助。但你得将自己真实的困难和痛苦告诉给你信任的人，否则他们对此一无所知。

如果你的倾诉对象不知道如何帮助你，可以向学校的心理咨询中心寻求帮助。

如果担心你的心理问题被发现，可以向心理热线或校外的心理咨询人员寻求帮助。

有时为找到一个真正能帮助你的人需要求助于几个不同的人或机构，你应坚持下去，提供帮助的人一定会出现。

解决心理危机通常需要一个过程，可能你得反复多次地见咨询人员或心理医生。

如果医生开药，应按医嘱坚持服用。

避免使用酒精或毒品麻痹你的痛苦。

不要冲动行事，强烈的痛苦会使你更难做出合理的决定。

2. 身边的同学遇到危机，我该做什么

心理危机干预工作主要依靠学校的心理健康教育机构和心理咨询员，所在学校及其他相关部门也会介入其中。但是作为学生本身也是心理危机干预中最直接、最有效果的因素之一，当我们发现身边的同学出现了心理危机，我们可以做些什么呢？

向他们表达你的关心。咨询他们目前面临的问题以及其带来的影响。

多倾听、少说话。给他们一定的时间说出内心的感受和担忧。

要有耐心。不要因为他们不能对你敞开心扉就轻言放弃。允许谈话中出现沉默，有时重要信息会在沉默之后出现。

不要担心他们会出现强烈的情感反应。情感爆发或哭泣有利于他们的情感得到释放。

保持冷静。要接纳，不做评判，也不要试图说服他们改变自己内心的想法。

给予希望。让他们知道面临的困境是能够有所改变的。

要留心任何自杀征兆，不论他们用什么方式流露。不要害怕询问他们是否考虑自杀，这样不会使他们自杀，反而会挽救他们的生命：“你的心情是否糟糕透了，甚至想结束自己的生命?”

在结束谈话时，要鼓励他们再次与你倾诉相关的问题，并且要让他们知道你愿意继续帮助他们。

事先应知道他们可能会拒绝你要提供的帮助。有心理危机的人有时会拒绝承认他们无法处理自己的问题，不要认为他们的拒绝是针对你本人。

如果你认为他们需要专业的帮助，向他们提供转介信息。如果他们对寻求专业帮助恐惧或担忧，应花时间倾听他们的担心，告诉他们大多数处于这种情况的人需要帮助，解释你建议他们见专业人员不是因为你对他们的事情不关心，是希望他得到更专业、更有效的帮助。

如果你发现他们有自杀危险，不要承诺你对此会保密，应请其他人一起承担帮助他们的责任。

如果发现他们有立即采取自杀行为的征兆，不要让他们独处。要把他们送到能提供心理服务的诊所或医院。

二、我需要心理咨询吗

你是不是有这样的时候？因为遇到了特别烦心的事情，尽管心里感觉很痛苦，但是由于某些特殊的原因，确实又难以跟亲人、朋友、同学谈起。假如真的出现这种情形，有一类人可以为你提供特别的帮助，他们既不会因为你的难为情嘲笑你，不会因为你的无知给你压力，不会因为你违反纪律指责你，不会因为你违背道德中伤你，在他们面前你完全是安全的，不用担心他们会不会“出卖你”，这些人就是心理咨询师。

小 故 事

只有我最了解它的心

一把坚实的大锁关在铁门上，一根铁杆费了九牛二虎之力，还是无法将它打开。钥匙来了，它瘦小的身子缩进锁孔，只轻轻一转，大锁就啪的一声打开了。铁杆奇怪地问：“为什么我花了那么大力气就是打不开呢？”钥匙回答说：“因为只有我最了解它的心！”

心理咨询师运用心理学的知识、理论和技术，通过与来访者相互交流的过程，针对来访者所提出的问题进行探讨和研究，提出可行性方案，帮助来访者达到自立自强、提高健康水平和生活质量的目的，这个过程就是心理咨询。

三、心理咨询如何帮到我

小 故 事

爱情的苹果

在16世纪初的时候，番茄传入欧洲，一开始人们只是把它当作一种观赏植物来种植。后来，人们觉得这种果实色彩艳丽，外形可爱，能激发男女之间的爱情，于是就为它冠上了“爱情的苹果”(love apple ）的美称。但是人们一直拒绝食用，认为番茄里面有大量的毒素，会让人中毒而亡。而番茄作为食物开始被人们接受，则是18世纪末的事情了。

温馨提示

任何新出现的事物都可能被人们误解，如同番茄被人误解有毒一样。

对心理咨询很多同学都因为不了解而觉得神秘，像雾里看花、水中望月。下面让我们揭开心理咨询的面纱，认识心理咨询。

1. 破除误解一：去心理咨询都是有病的人，我没病，我不去

这种误解源于对心理咨询对象和类型的不了解。很多人都认为心理咨询的对象是有精神病的人群，都是思维不正常，整天自言自语、疯疯癫癫的异常人士，但事实并非如此。心理问题与精神病是两个完全不同的概念。精神病是医学概念，如精神分裂症、躁郁症等，是最严重的心理疾病。对于精神病，心理咨询师是不能提供咨询服务的，他们需要服用药物来进行治疗。

心理咨询的主要对象可分为三大类：一是精神正常，但遇到了与心理有关的现实问题并请求帮助的人群。二是精神正常，但心理健康水平较低，产生心理障碍导致无法正常学习、工作、生活并请求帮助的人群。三是特殊对象，即临床治愈或潜伏期的精神病患者。

心理咨询帮助的对象就是日常生活当中的正常人，其实就像都有过患“感冒”的经历一样，每个人在人生的不同阶段都会存在或轻或重的心理困惑，或心理障碍，很多人都会有愤怒、郁闷、焦虑、烦躁、躲避、恐惧、厌食、失眠、注意力不集中、难以适应新环境等常人会遇到的一些现实问题，自己觉得很困惑或者痛苦，自己好像一时无法排遣，这时候就需要求助心理咨询。那种认为只有负面情绪累积到“病”的境地才要咨询的看法是错误的。如果目前出现的问题无力解决，影响到工作和生活，就应该求助于心理咨询。如果发展到严重干扰生活的状态，那更应接受心理咨询和治疗。其实毫无心理问题的人士，也可以接受“心理发展”等方面的咨询辅导，可以进一步发挥个人的潜能，比如咨询职场生涯规划。

2. 破除误解二：心理咨询就是聊聊天，谈谈心，也没什么神秘的

这种误解源于对心理咨询方式和手段的不完全了解。谈话是心理咨询的主要形式，并不是一般意义的随意谈话和聊天，而是心理咨询师依据求助者的问题和症结从心理学原理出发，按一定程序实施的深入和有针对性的特殊工作过程。心理咨询有一套完整的操作规程，有专门的测试量表和测试手段，有专门的交谈答问的技巧，旨在帮助求助者发现自身的问题和根源，从而挖掘求助者本身潜在的能力，来改变原有的认知结构和行为模式，以提

万花筒

心理咨询的基本原则如下：

1. 保密性原则。咨询人员应对来访者的有关资料给予保密，不得对外公开来访者的姓名、个人情况等；尊重来访者的个人隐私权，不能在咨询室以外的其他地方随意谈论来访者的问题。

2. 价值观中立原则。咨询人员在心理咨询过程中应保持客观、中立的立场，不以咨询人员自身的价值观评判来访者的心理和行为，更不对来访者进行批评或指责。

3. 专业能力限定原则。咨询人员的主要目的是帮助来访者自己找出解决问题的方法。当来访者面临的问题超出咨询人员的专业能力范围时，心理咨询人员应主动、及时地把当事人转介到合适的心理咨询机构。

4. 时间、感情限定的原则。咨询时间一般规定为每次50分钟左右（初次受理时可以适当延长），咨访关系的确立是有限度的。来自来访者的劝诱和要求，即便是好意，在终止咨询之前应该予以拒绝。

5. “来者不拒、去者不追”的原则。“来者不拒”，指对来访者积极提供可能的帮助；“去者不追”，指在心理咨询过程中，来访者退出或离开，应及时安排，做好结束咨询工作，不必勉强建议来访者继续进行心理咨询服务。

高对生活的适应性和调节周围环境的能力，这也绝非一般的谈话开导所能做到的。

3. 破除误解三：心理咨询师会给出建议，我想听听

这种误解源于对心理咨询理念和目标的不了解。心理咨询工作的基本理念是“助人自助”。通过心理咨询过程，纠正求助者错误的认识观念和提高求助者的认识能力，透过求助者自身认识和观念的改变来协助求助者解决问题。心理咨询工作者的一个信条是“每个人都是解决自己的问题的专家”，求助者的问题只有求助者有能力、有资源来解决，而求助者的能力和资源只有求助者自己最了解，因此解决问题的方法主要靠求助者自己发现。心理咨询的目标并不是给求助者提建议，而是让求助者看到自己的问题，认识到自己具有解决问题的能力，可以找到解决问题的方法和途径，咨询师的任务是引导求助者找到解决问题的办法。

4. 破除误解四：心理咨询会暴露隐私，不安全，我不想去

这种误解源于对心理咨询基本原则的不了解。心理咨询的基本原则是保密性原则和价值中立原则。咨询师的确会面对来访者的某些隐私，但咨询师对来访者的有关资料应给予保密，除了年龄、婚姻状况、文化程度和职业类型，来访者可以在登记单、初诊卡上填化名、虚构地址或不写工作单位，咨询师都不会介意。咨询师不能在咨询室以外的其他地方随意谈论来访者的问题。如因工作需要不得不引用咨询事例时，应对材料进行适当处理，不得公开来访者的真实姓名、单位或住址。同时，专业咨询师在咨询时不带有任何个人的主观立场和价值判断，而是从来访者角度出发，为了解决问题而给出咨询和建议。可以这么说，专业的心理咨询师就是一面镜子，来访者面对咨询师就如同面对自己的内心世界。

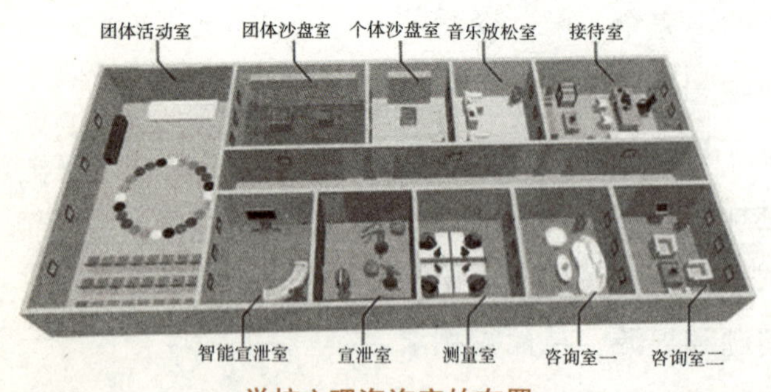

学校心理咨询室的布置

5. 破除误解五：心理咨询一次就能解决问题

这种误解源于对心理咨询的性质的误解。任何心理问题的形成都不是一日形成的，因而也就无法通过一次心理咨询能解决。心理问题的解决有一个自然

的过程，比如导致心理的错误观念的转变、不健康的行为方式的消除、童年不幸经历的创伤都不可能在一夜之间得到解决。因此，对心理问题的解决具有一定程度的耐心是必要的。心理问题解决需要的时间一般而言取决于两个方面的因素。第一个因素是求助者的配合程度，如果求助者没有解决问题的意愿，或者对咨询师的要求不积极配合，这就会拖延心理问题解决的时间。第二个因素是病程和泛化程度。心理问题形成的时间越长，需要的时间越久，心理问题对工作、学习、生活、家庭等生活方面影响越大，解决起来需要的时间就越久。

6. 破除误解六：心理咨询能够消除痛苦，我很期待

这是很多咨询者最关心的问题，但是很遗憾，心理咨询不能消除痛苦，只能减轻痛苦。当人们生活中遇到挫折、困难，产生痛苦是正常的。比如，一个人失恋后必然是痛苦的，因为这是他感情投入和心理机制健全的必然结果；倘若失恋后并不痛苦，说明这个人不正常。这个时候接受心理咨询，咨询师可以帮助他梳理情绪，接受现实并减轻痛苦，最终使他走出失恋的阴影，重新开始新的生活，在这个过程中彻底消除痛苦是不可能的，学会接纳痛苦，才能成长。

7. 破除误解七：心理问题可以自我调适，自行解决，不需要找心理咨询师

遇到心理问题，看一些心理咨询方面的书籍，对于认识自己的问题不能说没有作用，自我调适也是非常重要的。但是，这对于心理问题的解决，效果是比较微弱的。首先，从专业知识和技能上来讲，专业心理咨询人员都接受过专门的知识学习和技能训练，至少熟知几门心理学流派，熟练掌握两种以上专门的心理疗法，具备专业的识别测试和问答技术，这些都是一般非专业人士难以达到的。其次，自我解决心理问题效果很差，从事实上看，连专业的心理工作者自己都不会替自己咨询，甚至咨询师对自己的亲人也难以开展有效咨询。专业人员可以比较客观准确地识别问题，并可以有针对性地进行引导和建议。还有，因为心理问题多数都是经自我调适不起作用或者效果甚微的，所以心理咨询仍然要求助于专业心理工作者。

温馨提示

心理咨询师是怎样帮到我们的？

“助人自助”——心理咨询的核心理念。

万花筒

心理咨询的谈话可以分为以诊断求助者心理问题为目的的摄入性谈话和以纠正求助者错误认知观念为目的的咨询性谈话。除了谈话以外，心理咨询还有其他方法和手段，比如心理测验、音乐干预、绘画干预、角色扮演、团体活动等形式。

万花筒

对心理危机，专业人员可采用“六步干预法”进行干预。

1. 确定问题。
2. 保证求助者安全。
3. 给予支持和帮助。
4. 提出应对的方式。
5. 制订行动计划。
6. 得到当事人的承诺。

除以上六步之外，还应该启动社会支持系统。

8. 破除误解八：心理疾病不需要住院治疗，心理咨询就够了

一般情况下，大多数心理障碍的治疗并不需要住院，单纯的心理咨询与治疗或者配合一定的门诊药物治疗即可有较好效果。但是，如果当事人发生以下三种情况，入院治疗则是必需的：当事人最近采取过自杀行为；当事人有周密的自杀计划和准备，有高度的自杀危险；当事人患有一种或多种有自杀危险的精神疾病，且处在症状发作期。在国外，以上三种情况一般需要采取强制入院措施，以保证当事人的生命安全，同时可以保证充分、有效、及时的药物治疗，挽救当事人的生命。

9. 破除误解九：心理咨询就是接受思想工作

不少人会觉得，心理咨询就是思想政治工作。当有问题想不通的时候，去找心理咨询师，会通过说服别人，来让别人想通问题。这其实与心理咨询的基本理念是不同的。

心理咨询的基本理念是肯定来访者的情绪，一起去寻找情绪背后的原因，当把原因解决后，来访者的情绪自然好转；思想政治工作的理念是否定来访者的情绪，通过事实、道理去让当事人觉得我没必要产生这种情绪，从而产生情绪的改变。心理咨询师持客观、中立的态度，而不是对来询者进行批评、教育。而思想工作者是说服对方服从、遵循社会的意识形态、道德标准、社会规范及集体意志。

四、走近心理咨询

通常情况下，职业院校都设有心理健康教育中心或心理咨询中心，由受过心理咨询专业训练的老师担当咨询工作。当地较大的综合性医院也会设置心理咨询与心理治疗问诊科室。社会上还有一些其他的心理咨询机构可提供心理咨询服务。可以选择的心理咨询方式有很多。

1. 面对面心相近——门诊咨询

门诊咨询是心理咨询中最常见、最主要也是最有效的形式。门诊咨询的好处在于针对性强，咨询者能对来访者的具体问题提供有针对性的服务；了解信息全面，咨询者不仅可以听到来访者叙述的内容，还可以观察其表情动作、情绪反应等，从而

做出准确的判断；这种方式亲切自如、保密性好。目前在国内，一些精神病院、综合医院、大专院校、科研机构和社区都设立了心理咨询门诊，咨询者由心理学家、医生、社会工作者独立或联合组成。

2. 电话连着你和我——电话咨询

电话咨询是咨询者通过电话给来访者提供劝慰、帮助的一种较方便、迅速的咨询形式。尤其是对于处在危急状态（如自杀）或不愿暴露自己的来访者，电话咨询是一种较好的形式。

3. 人虽远心相通——互联网咨询

互联网咨询是随着网络技术的发展而逐渐开展起来的网络化心理咨询。对于那些由于个人躯体条件、地域环境的限制不能直接而方便地寻求心理咨询，以及由于个人生活风格或生活习惯，不愿意面对心理学家的人们来说，互联网心理咨询显示出其独特的优势。此外，互联网心理咨询还有许多优点，可以凭借行之有效的软件程序，进行心理问题的评估与测量；还可以方便地将咨询过程全程记录，便于咨询者反复思考和温习，以及进行案例讨论。

4. 同相伴共成长——团体心理咨询

这是一种学校或团体、组织中常见的一种咨询效率比较高的咨询方式，又叫“团体辅导”“小组咨询”等。它是由问题相似的 8~12 名来访者（也有的团体人数更多）组成，一位或两位心理咨询师运用心理学方法共同商讨、训练、引导，解决成员共同的发展课题或共有的心理问题。

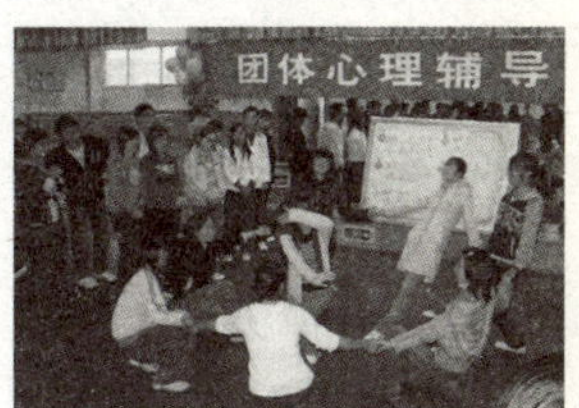

团体心理咨询现场

本模块拓展练习

1. 我的“小确幸”

村上春树提出的“小确幸”一词风靡一时。心理学知识告诉我们，事实上，至少得两件好事，才能抵得过一件程度相仿的坏事造成的影响，坏事比好事让人感觉更强烈，这在心理学上称为“消极情绪偏见”。因此，我们每个人都需要很多“微笑而又确切的幸福”，才能笑对生活中的一地鸡毛。

寻找、记录你生活中的“小确幸”，并与朋友们一起分享。

记录一周来生活中的“小确幸”：

____

____

____

____

2. 勇于面对困扰

本章中，我们学到了许多面对心理困扰时可以采取的措施。请你在此梳理体会一下你所学过的知识，回答当你遇到心理困扰时，你会采取什么对策。

____

____

____

____

3. 放松训练

同学们可以尝试一下自己进行想象放松训练。

放松可以有效抑制紧张、焦虑和恐惧情绪等。它主要是通过对一些宁静、令人心旷神怡的画面或场景的想象以达到放松身心的目的。经常进行放松训练可以增强记忆、稳定情绪、提高学习效率，长期坚持训练还可以改善人的性格，消除不健康的行为，对于缓解紧张的心理压力效果显著。做想象放松前，个体要放松地坐好，闭上眼睛，然后由指导者（老师、家长或同学等）给予言语指导，进而自行想象。

“我仰卧在水清沙白的海滩上，沙子细而柔软。我躺在温暖的沙滩上，感到非常的舒服。我能感受到阳光的温暖，耳边能听到海浪拍岸的声音，我感到温暖而舒适。微风徐来，使我有种说不出来的舒畅感受。微风带走了我的所有思想，只剩下那一片金黄的阳光。海浪不停地拍打着海岸，思绪也随着它的节奏而飘荡，涌上来又退下去。温暖的海风轻轻吹来，又悄然离去，它带走了我心中的思绪。我只感受到细沙的柔软，阳光的温暖，海风的轻缓，只有蓝色的天空和蓝色的大海笼罩着我的心。温暖的阳光照着我的全身，我的全身都感到暖洋洋。阳光正照着我的头，我的头可感到温暖和沉重。

“轻松的暖流，流进了我的双肩，我的双肩感到温暖和沉重。我的呼吸越来越慢，越来越深。轻松的暖流，流进了我的双手，我的双手感到温暖和沉重。我的呼吸越来越慢，越来越深。轻松的暖流，又流回到我的双臂，我的双臂感到温暖和沉重。暖流流进了我的整个后背，我的后背感到温暖和沉重。轻松的暖流从后背又转到了我的脖子，我的脖子感到温暖和沉重。

“我的呼吸越来越慢，越来越轻松。我的心跳也越来越慢，越来越有力。轻松的暖流，流进了我的双脚，我的双腿感到温暖和沉重。我的呼吸越来越慢，越来越深。轻松的暖流，流进了我的双脚，我的双脚感到温暖和沉重。我的呼吸越来越慢，越来越深。轻松的暖流，又流回到我的右腿，我的双腿感到温暖和沉重。

“我的呼吸越来越深，越来越轻松。轻松的暖流流进了我的腹部，我的腹部感到温暖而轻松。轻松的暖流又流到了我的胃部，我的胃部感到温暖而轻松。轻松的暖流最后流到了我的心脏，我的心脏感到温暖而轻松。心脏又把暖流送到了全身，我的全身感到温暖而放松。我的呼吸越来越深，越来越轻松。我的整个身体都已经变得非常平静。我的心里安静极了，已经感觉不到周围的一切。周围好像没有任何的东西，我安然地躺卧在大自然的怀抱里，非常放松，十分地自在。”

认识自我　悦纳自我

模块二

项目一　我的心理动力
项目二　我眼里的世界
项目三　给我的气质加分
项目四　我的性格色彩
项目五　“别人家孩子”的聪慧
项目六　尽展我的人格风采
项目七　我心里的我
项目八　那点小脾气
项目九　孔子的心韵

项目一　我的心理动力

为什么成绩下滑时，我们会比以往更加努力地学习？为什么囊中羞涩时，上班族会拼命地加班？因为心理动力系统在发挥作用。这是一种重要的非智力因素，是其他非智力因素的前提和基础。

> 心不清则无以见道，志不确则无以立功。
>
> ——林逋

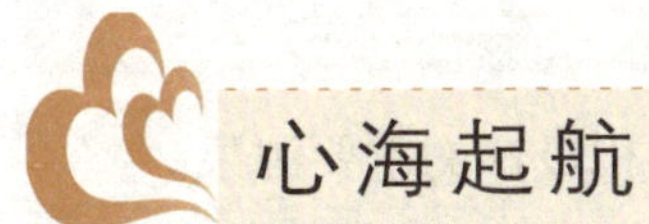

让我们从一个小测试开始我们的新课程。

测一测

假设你面前有5个靶子，放在远近不同的位置上。你的任务是用一粒豆子击中任何一个自己选定的靶子。靶子A的位置最近，任何人都能击中；靶子B稍远，大部分人能击中；靶子C更远一些，也许一半人能击中；靶子D更远，很少有人能击中；靶子E最远，几乎没人能击中。

作为奖励，如果你击中A可以得到200元，击中B可以得到400元，击中C可以得到800元，击中D可以得到1600元，击中E可以得到3200元，你会选择哪个呢？

温馨提示

这是一个测成就动机的小游戏。通常，具有高成就动机者会选择C或D。

心海导航

心理动力结构是促使个体行为产生并导向一定目标的内部动力因素及相互关系。现在，让我们揭开行为背后的秘密——心理动力结构。

一、机体的不平衡——需要

需要是有机体内部的不平衡状态，表现为有机体对内部环境或外部生活条件的一种稳定的要求，并成为有机体活动的源泉。

需要包括生理的和心理的不平衡。如：血液中水分的缺乏，会产生喝水的需要；失去亲人的孩子，会产生爱的需要。

需要是人对某种客观要求的反映，它可以来自机体内部，也可以来自个体周围的环境。如：人渴了需要喝水，这是机体内部引起的需要；父母“望子成龙”使孩子积极向上，这是由外部需要引起的需要。

需要是人的活动的基本动力，是个体积极性的重要源泉。

美国心理学家马斯洛在《动机和人格》中提出人的基本需要有五种，即生存需要、安全需要、爱和归属需要、尊重需要和自我实现需要。

小金句

我以为人的生活，可以分作三层：一是物质生活，二是精神生活，三是灵魂生活。

——丰子恺

二、行为的马达——动机

动机是引发以及持续个体某种活动，并使活动朝向某一目标的内在动力。

动机是在需要的基础上产生的，离开需要的动机是不存在的。但需要在强度上必须达到一定水平，才能引起动机。

引起动机的外在条件是诱因。诱因是引起个体动机并满足个体需要的外在刺激，可分为正诱因和负诱因。个体趋向或接受某种刺激而获得满足的，称为正诱因；个体回避或离开某种刺激而获得满足的，称为负诱因。诱因可以是物质的东西，也可以是精神的东西。就学生而言，教师的表扬或奖励是正诱因，教师的批评或惩罚是负诱因。

行为是由动机引发、指引和激励的，但动机和行为之间并不是一一对应的关系。类似的动机引发的行为可能在表现上截然不同。比如：同样都是休息，有的人可能去散步，有的人可能去打球。

类似的行为可能由不同的动机引发。比如：同样是努力学习，有的学生是希望成为优等生，得到老师和同学的称赞；有的学生是为了得到父母、爷爷奶奶等亲人的表扬。此外，一种活动或行为可能是由多种动机引起的，如一个学生刻苦学习就可能是由多种动机引发的。

小 故 事

做一棵永远成长的苹果树

一棵苹果树，终于结果了。

第一年，它结了 10 个苹果，9 个被拿走，自己得到 1 个。对此，苹果树愤愤不平，于是自断经脉，拒绝成长。第二年，它结了 5 个苹果，4 个被拿走，自己得到 1 个。“哈哈，去年我得到 10%，今年得到了 20%，翻了一番！”这棵苹果树心理平衡了。

温馨提示

苹果树为什么会自断经脉？我们可以结合自己的成长经历做出分析。不同的人可能会解读出不同的动机。

但是，它可以这样：继续成长！譬如，第二年，它结了 100 个果子，被拿走 90 个，自己得到 10 个。很可能，被拿走 99 个，自己得到 1 个。但没关系，它还可以继续成长，第三年结 1000 个果子……

人类的动机非常复杂，对动机的分类也比较困难。通常情况下，心理学家根据动机的起源、性质、持续时间长短、影响力大小等，将动机分为若干类。

人的动机分两种——内部动机和外部动机。如果按照内部动机去行动，我们就是自己的主人。如果驱使我们的是外部动机，我们就会被外部因素左右，成为它的奴隶。

小 故 事

动机的寓言：孩子在为谁而玩

一群孩子在一位老人家门前嬉闹，叫声连天。几天过去，老人难以忍受。

于是，他出来给了每个孩子25美分，并对他们说："你们让这里变得很热闹，我觉得自己年轻了不少，这点钱表示谢意。"孩子们很高兴，第二天仍然来了，一如既往地嬉闹。老人又出来，给了每个孩子15美分。他解释说，自己没有收入，只能少给一些。15美分也还可以吧，孩子们仍然兴高采烈地走了。第三天，老人只给了每个孩子5美分。孩子们勃然大怒："一天才5美分，知不知道我们多辛苦！"他们向老人发誓，他们再也不会为他玩了！

在这个寓言中，老人的算计很简单，他将孩子们的内部动机"为自己快乐而玩"变成了外部动机"为得到美分而玩"，而他操纵着美分这个外部因素，所以也操纵了孩子们的行为。寓言中的老人，像不像是你的同学、老师、哥们儿、老板、上司？而美分，像不像是朋友的赞美，你的工资、奖金等各种各样的外部奖励？

如将外部评价当作参考坐标，我们的情绪就很容易出现波动。因为，外部因素我们控制不了，它很容易偏离我们的内部期望，让我们不满，让我们牢骚满腹。不满和牢骚等负性情绪让我们痛苦，为了减少痛苦，我们就只好降低内部期望，最常见的方法就是减少努力程度。

温馨提示

一个人之所以会形成外部评价体系，最主要的原因是父母喜欢控制他。父母太喜欢使用口头奖惩、物质奖惩等控制孩子，而不去理会孩子自己的动机。久而久之，孩子就忘记了自己的原初动机，做什么都很在乎外部的评价。上学时，他忘记了学习的原初动机是好奇心和学习的快乐；工作后，他又忘记了工作的原初动机是成长的快乐，上司的评价和收入的起伏成了他工作中最大快乐和痛苦的源头。

切记：外部评价系统经常是家族遗传的，但你完全可以打破它，从现在开始培育自己的内部评价体系，让学习和工作变成"为自己而玩"。

三、乐知的魅力——兴趣

"兴趣是最好的老师。""做任何事情都要保持兴趣，这样才有动力，才更容易成功。"这些话我们每个人几乎耳熟能详，兴趣是我们行动不容忽视的一项发动力。

兴趣是人们力求认识某种事物和从事某种活动的意识倾向，是意识对一定客体的内在趋向性和内在选择性，而内在趋向性和内在选择性也就是兴趣的两个基本特征。兴趣表明人们对某种事物、某项活动的选择性态度和积极的情绪反应，是一个人倾向于认识和研究某种事物的一种心理活动，是获得知识、开阔眼界、丰富心理生活的最重要的推动力。

兴趣是一种兴奋剂，能使人乐此不疲。著名物理学家杨振宁说："成功的真正秘诀就是兴趣。"美国心理学家布鲁纳说："学习的最好动机，乃是对所学教材的兴趣。"研究表明：如果一个人对他所从事的工作不感兴趣，他在工作中只能发挥其全部才能的20%~30%；如果一个人对他的工作有兴趣，他就能发挥出其全部才能的 80%~90%。

兴趣有直接兴趣和间接兴趣之分，直接兴趣是一个人对某类事物或某一活动本身感兴趣。比如，小孩子喜欢游戏活动，就是一种直接兴趣。间接兴趣则是一个人对某一事物或某一活动本身并不感兴趣，而是对事物及活动的结果感兴趣。比如，孩子在学习英语的时候，往往不喜欢背英语单词，但是当他想到学好英语可以做翻译家、外交家时，就对背英语单词有了兴趣。

直接兴趣与间接兴趣轮流出现、交替作用，且相互替代、转化。例如：人们在学习活动中，当遇到简单的、容易的知识时，就会产生直接兴趣；但是一旦遇到复杂的、枯燥乏味的知识时，就要有间接兴趣的参与支持；同时，由于间接兴趣的激励，通过顽强地学习，克服困难，便又会对知识本身产生兴趣。

小故事

酷爱书法的"书圣"

王羲之自幼酷爱书法，几十年来锲而不舍地刻苦练习，终于使他的书法艺术达到了超逸绝伦的高峰，被人们誉为"书圣"。

王羲之 13 岁那年，偶然发现他父亲藏有一本叫《说笔》的书法书，便偷来阅读。他父亲发现后，他苦求父亲允许他阅读，父亲最终深受感动，答应了他的要求。王羲之练习书法很刻苦，甚至连吃饭、走路时都练习，真是到了无时无刻不在练习的地步。没有纸笔，他就在身上写，久而久之，衣服都被划破了。他有时练习书法会达到忘情的程度。一次，他练字竟忘了吃饭，家人把饭

万花筒

成就动机和交往动机被认为是两种最主要的社会性动机。

(1) 成就动机。

成就动机促使人们去承担任务、追求成功并要求达到完美状态，这是一种具有社会意义的动机。

美国心理学家麦克莱兰等人于 1953 年发表了《成就动机》一书，认为成就动机强的人对学习和工作都非常积极，能够控制和约束自己，不易受社会环境的影响并且善于利用时间。麦克莱兰还发现，成就动机的高低还影响到人们对职业的选择。成就动机低的个体，愿意选择风险较小、独立决策较少的职业；成就动机高的个体，愿意选择有开创性的工作，并愿意在工作中决策。

(2) 交往动机。

在社会生活中，人际互动是人类社会性的重要体现。交往动机是指个体愿意与他人接近、合作、互惠，并发展友谊的动机。交往动机强的人对建立、保持或恢复友好关系十分关心。美国心理学家沙赫特对 64 名女大学生进行研究发现，当人们恐惧时，与别人在一起的愿望会大大加强。

温馨提示

从王羲之学书法的故事中，我们除了读出“书圣”刻苦，还可以感受到他对书法的酷爱。这份热爱更多的是直接兴趣还是间接兴趣呢?

送到书房，他竟不假思索地用馒头蘸着墨吃起来。当家人发现时，他已是满嘴墨了。

王羲之常临池书写，就池洗砚，时间长了，池水尽墨，这个池子被称为“墨池”。现在浙江绍兴兰亭、浙江永嘉西谷山、江西庐山归宗寺等地都有被称为“墨池”的名胜。

心海远航

一、识别需要，呵护心理健康

人的需要与心理健康有什么样的关系呢？马斯洛的需要层次论对建构需要与心理健康的关系理论有重要贡献，他的心理健康思想建立在其自我实现理论的基础上。在他看来，心理健康就是人性的丰富实现即自我实现，心理疾病则是人的基本需要或自我实现的受挫与失败。因此，我们不仅要努力建立和谐的人际关系，满足爱和归属的需要，更要构建完整的自我管理模式，最大限度地挖掘潜能，步入自我实现的轨道。实现自我价值，得到大家的认可，是每个学生所追求的，也是最高层次的心理需要。每一个进入校园的学生，都带着梦想而来，都希望带着丰收而去，这就说明了学生们都有自我实现的需要。

小金句

当儿童感到不安全的时候，当他在安全需要、爱和归属需要、尊重需要方面受到根本阻碍和威胁的时候，他就会更多表现出自私、仇恨、进攻性和破坏性来。

——马斯洛

二、调节动机，保持最佳效率

动机强度与学习、工作效率有着密切联系，动机不足、动机过强都会影响学习或工作效率。成就动机强的学生比成就动机弱的学生更能坚持学习，学习成绩也更好。但是心理学研究表明，动机强度与工作效率之间的关系不是一种线性关系，而是倒U形曲线关系。中等强度的动机最有利于任务的完成，也就是说，动机强度处于中等水平时工作效率最高，一旦动机强度超过了这个水平，对行为反而会产生一定的阻碍作用。如学习动机太强，急于求成，反而容易焦虑和紧张，干扰记忆和思维活动的顺利进行，使注意和知觉的范围变得过于狭窄，学习效率降低。在考试时，动机过强的学生一心想考出好成绩，但临场发挥时处于高度紧张状态，过于担心考不好，结果往往不能充分发挥出真正的水平，甚至会不及格，这便是动机过强反而降低了效率的典型例子。

万花筒

在各种活动中都有一个动机最佳水平的问题。动机的最佳水平往往会因任务性质的不同而不同。在比较容易的任务中，工作效率有随动机的提高而上升的趋势；而在比较困难的任务中，动机最佳水平有逐渐下降的趋势，这种现象是叶克斯和多德森通过动物实验发现的。随着任务难度的增加，动机最佳水平有逐渐下降的趋势，这种规律性趋势被称为叶克斯-多德森定律。

三、正向激励，引发兴趣

哲学家有言，如果人生一定要有个伴，这个伴一定是兴趣爱好。有了这个伴，人生就不会感到寂寞，生活就会生机盎然。

如何培养个人的兴趣呢?

第一，要保持足够的好奇心，丰富认知范围，扩大视野宽度。苏霍姆林斯基在《教育的艺术》一书中说：“求知欲、好奇心是人永恒的、不可变的特性。哪里没有求知欲，哪里便没有学校。”

第二，多接触新鲜事物，多交一些有趣的朋友，观察他们的兴趣爱好，从中发现自己感兴趣的项目。现实生活中，我们经常听到周围的同龄人，尤其是年轻人，抱怨自己不知道喜欢什么，不知道自己的兴趣点在哪里。其实很大程度上不是因为我们的兴趣太匮乏，而恰恰是因为经历匮乏、视野匮乏、少不更事才迷茫。

万花筒

研究证实，人做感兴趣的事时，能够触发大脑杏仁核，分泌多巴胺，激活奖赏机制，给人带来刺激或快感，即心理学的正向激励或正向反馈。

第三，远离不良兴趣。兴趣有雅俗高下之分，绘画涵养审美，书法让人心神安宁，跳舞可健康身心。相反，酒精、甜食虽能提供短暂快感，但会引发健康危机，影响生活质量。

培养兴趣不是不能追求功利，但是只有在尊重个性的基础上，充分发掘天赋，才会真心喜欢，培养特长和兴趣才能与个体的成长相得益彰。

身边的榜样

盆景造型师——沈烨

浙江海宁的沈烨，由于成绩不理想，稀里糊涂进入了职业学校，学习了自己一点也不感兴趣的花卉园艺专业。

入学后，老师经常现场上课，带领同学们到公园、花圃、花木场和花卉展销会参观。沈烨逐渐开始对盆景产生兴趣。他常常到树林走走，遇到不认识的树就向人请教。周末常去花卉盆景市场转转，到新华书店翻阅一些关于盆景的书。

沈烨说:“我现在对盆景造型已经产生了浓厚的兴趣，我已经深深地爱上了这个职业。”

项目二　我眼里的世界

进入职业院校后，你是否认为学习仅仅是为了换张毕业证书、找份工作而已？这种过于现实的目标容易让自己衰减锐气，在理想与现实、学业与就业、知与行的冲突中经受焦虑、恐慌、抑郁等负性情绪的困扰与侵袭。我们要重视心理健康教育，想学习、愿学习、乐学习，而且能够做到生活充实、信念坚定、理想趋近。

> 大上有立德，其次有立功，其次有立言，虽久不废，此之谓不朽。
>
> ——《左传》

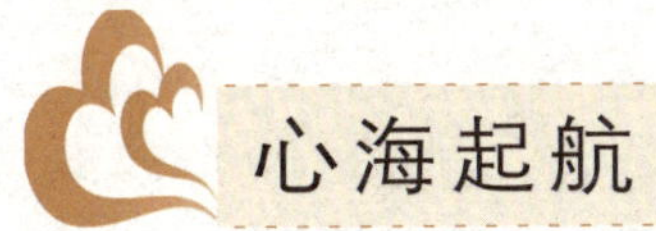

我们从一个小游戏开始本课程的学习。

小游戏：换钱

游戏操作：

1.所有人拿出1~20元的零钱，拿在手上，在接下来的3分钟（视人数多少，一般50人用这个时间），见人就换（配强劲的背景音乐如《命运》等），在音乐停止时请坐下。

2.提问：有多少人赚了？赚了多少？有多少人赔了？赔了多少？

3.请赚得较多的同学和赔得较多的同学上台分享：一开始玩这个游戏的想法是什么？

温馨提示

大家在参与之前一般不会多想，完全是凭潜意识在玩，可以看出对人生的心态不同。你在潜意识中的一些信念会自动促成你去行动，而结果就是你当初的想法。

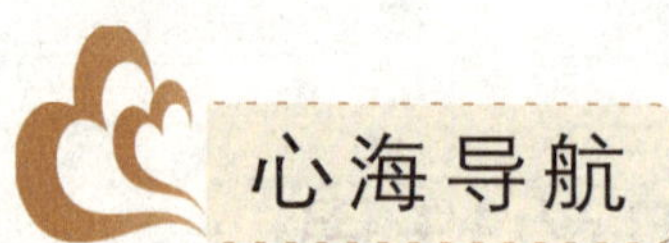

心海导航

一、前进的灯塔——理想、信念、价值观

> **小金句**
>
> 理想是指路明灯。没有理想，就没有坚定的方向；没有方向，就没有生活。
>
> ——托尔斯泰

> **小金句**
>
> 一旦你形成了某种信念，它就会影响你对其他所有相关信息的知觉。
>
> ——戴维·迈尔斯

1. 理想

理想，是与奋斗目标相联系的有可能实现的信念，是人类所特有的一种精神现象，是对客观现实的一种反映，是人们对美好未来的追求。

2. 信念

信念是建立在认识和情感基础上的一种思想意识，是人们在社会实践中形成的、自己认为正确并坚信不疑的观念，是人的精神支柱，是人的意识的核心部分，是比较稳固的价值观念。

理想和信念是相互依存的：理想的实现依靠信念的力量，信念的坚定基于理想的选择，两者同属于精神范畴；崇高的社会理想和科学信念都是一种巨大的精神力量，他们对个体乃至群体的实践活动都具有重大的指导作用。

3. 价值观

价值观在人的成长和发展过程中起着十分重要的作用，将直接影响青少年的健康成长和其个性的形成。价值观是人们区分好坏、美丑、损益、正确与错误、符合或违背自己意愿等的标准，并指导行为的心理倾向系统。它对人的思想和行为具有一定的导向或调节的作用，使之指向一定的目标或带有一定的倾向性。

价值观是一种持久的信念，是一种具体的行为方式或存在的终极状态，具有动机功能。它不仅是评价性的，还是规范性和禁止性的，是行动和态度的指导。

二、网格中定位——“好人定位”模型

“不识庐山真面目，只缘身在此山中。”在当今不断变革与发展的时代，我国国民的价值观结构呈现出什么特点呢？

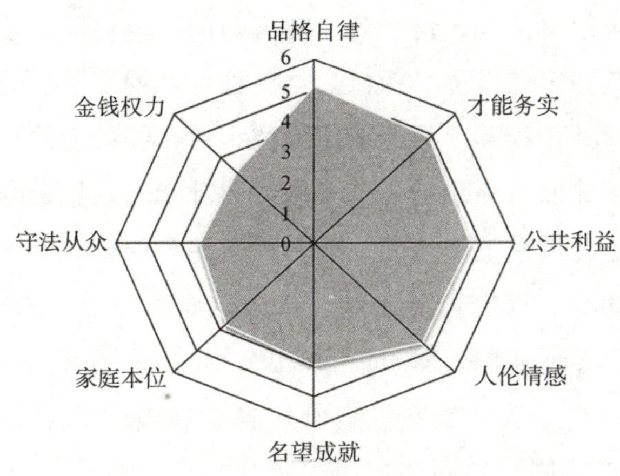

中国民众价值观蛛网图

有研究表明，当代中国人价值观表现出以品格自律、才能务实、公共利益、人伦情感为优先取向的亲社会结构，具有鲜明的“好人定位”的特点。根据当代中国人价值观各维度的平均数绘制的“中国民众价值观蛛网图”显示，人们将品格自律、才能务实、公共利益、人伦情感作为优先的价值取向，而对金钱权力、守法从众、家庭本位和名望成就的追求则居从属地位。不同性别与不同地区被试数据的统计结果也保持了这种当代中国人价值取向的优先与从属分布特征。这突出地表现出了符合社会期望的“好人定位”特性，与中国传统文化精神也相辅相成。人们通常会认为，中国社会在经历了经济变革与社会重构之后，人们的价值观会向功利方向倾斜；而实际上，当代中国人的价值观仍然与中国传统文化长期沉淀形成的“人以德立”的深层结构保持高度一致，人们仍然高度认同“先立德而后立身”的社会期许价值观。

个体的价值观系统是一个开放系统，其中包含了各种内容相异、方向不同的价值观念，这些观念的强度和性质都可能是不同的。例如，道德两难决策往往就是性质不同但强度相当的价值决策，犹如熊掌与鱼不可兼得一样，不同内容、不同性质、不同强度的多种价值观念相互作用，相互制约，共同构成个体的价值观系统。

一些价值观念相当稳定，是个体信念或信仰的一部分，很难动摇和改变，它们对个体行为具有十分稳定的支配作用。而对多数人来说，处于极端稳定程度的价值观为数不多，而更多的是以

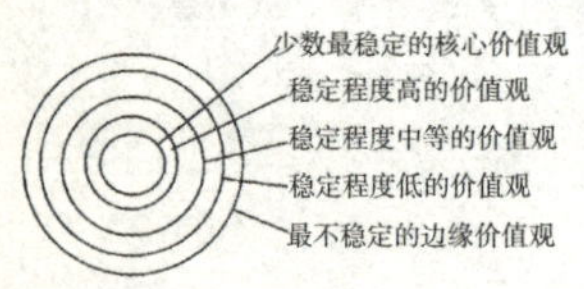

此延伸出来的价值观，这些观念随着与前者相容性的减弱、距离的增大，其稳定性也逐步降低。这些稳定性程度不同的价值观念不同程度地处于相互矛盾的动摇地位，对个体行为的支配也不稳定，导致个体的行为总是处于矛盾的混乱状态。稳定的价值观念处于个体价值观系统的核心，而不稳定的价值观念处于个体价值观系统的边缘，既有可能被进一步内化而成为稳定的价值观念，也可能受到某种因素的影响而游离出个体的价值观系统。

因此，这些从极端不稳定价值观念到极端稳定的价值观念所形成的连续体，共同构成了多元化、多层次化、开放的价值观系统。

> **万花筒**
>
> 美国盖洛普民意调查结果表明，有80%以上的家庭和成人组织都认为，在大学以前的学校教育中进行价值观教育是十分重要的。

心海远航

一、澄清价值观走出困惑

每个人的价值观对于自己来说都有其自身的合理性，价值观是不能强迫传授给另一人的，“从来也没有人教会我们怎样把某种价值体系变为我们内心的价值观念”。由于个体的经验的获得具有偶然性，不能保证每个人都能获得相同或相似的经验，所以，每个人的价值观在内容、性质和强度等方面都会有差异，结果导致个体的价值观通常是混沌一片，难以指导人的行为。为了让这些潜在的价值观发挥作用，就需要对它们进行一步步的澄清。

> **万花筒**
>
> 价值观澄清的具体方法是多种多样的，仅拉斯等在《价值观与教学》一书中就曾提出包括澄清应答法、书面评价法、班组讨论法等在内的21种方法。西蒙等的《价值观澄清——教师和学生实践方法手册》则提出了70多种方法，而时至今日，该学派还在不断推出新的方法。

价值观澄清指的是学会从事价值判断的思维活动，提高价值判断能力，自己澄清各自价值观中的混乱，使自己清楚地意识到自己的道德行为决策和自己的价值观的关系，并对自己的各种价值观内容按照性质和强度进行排序，以便自己能按照最有价值的观念做出道德行为决策，同时明白自己的价值观与他人的价值观在性质和强度上都会存在差异，应容忍不同的价值体系。

价值观澄清采用的基本策略是使个体在他们的直接生活中思考一些价值选择途径，同时使他们对学校生活和周围人产生积极态度。其根本点就是帮助个体利用理性思维和情绪体验来检查自己的行为模式，以澄清和实现他们的价值观；鼓励学生辩论自己的价值观，以及这些价值观与其他价值观的关系，提示并解决自己的价值冲突，将自己的价值观与别人交流，根据自己的价值选择来行事。

小游戏：第一次人生大拍卖

拍卖规则：

1.每人拥有 5000 元的 CEO 币，这是一生的时间和精力折合而成的。

2.彼此之间不可以相互借钱，也不可以转卖商品。

3.每个拍卖品底价 500 元，每次加价必须加 100 元的整数倍。

4.若一次出价 5000 元，直接成交；若多名卖家举牌，第一名获得该商品。

5.商品一旦拍出概不退还。

6.拍品顺序由拍卖师决定。

拍卖项目：

1.全世界最聪明的人。

2.遵循道德做事的人。

3.有一群志同道合的知心朋友。

4.有一个幸福的家庭。

5.可以环游世界尽情享乐。

6.有机会完全自主地做事情。

7.有一屋子的钱。

8.有机会成为国家领袖。

9.被公司的每一个人所喜欢。

10.在世界最美的地方有座别墅。

11.每天都会过得非常开心快乐。

12.有机会成为著名公司的老总。

13.有机会健康地活 100 岁。

14.成为某一个领域的知名专家。

15.公司的环境非常现代化、高级。

16.被人所知，被赞美赞许。

温馨提示

合理的自我分析是合理情绪疗法的治疗技术，即自己与自己不合理的信念进行辩论。完成合理情绪治疗的自助量表，先找出诱发性事件A、情绪和行为反应C，然后再找不合理信念B。找出符合自己情况的不合理信念B，静心思考，和自己不合理的信念对话。

二、坚定信念不忘初心

信念，是实现人生目标的强大动力，是事业成功的航标。如果你有坚定的信念，你就能够达到目标或创造奇迹。革命烈士夏明翰在就义前写下“砍头不要紧，只要主义真。杀了夏明翰，还有后来人”，反映了这一代革命者对共产主义信仰坚贞不移。

但是，如果人存在不合理的信念，会给社会性发展带来困惑，影响社会适应的实现。按照艾利斯的合理情绪治疗理论，个体存在的不合理信念主要有3个特征：绝对化要求、过分概括化、糟糕至极。

三、追求理想成就自我

小金句

现实是此岸，理想是彼岸，中间隔着湍急的河流，行动则是架在川上的桥梁。

——克雷洛夫

理想就是一种坚持的力量。曾任Google全球副总裁的李开复先生在《做最好的自己》一书中提到了这样一个实例。1960年，有学者对哈佛大学1520名学生做学习动机的调查，就一个问题：“你到哈佛商学院上学是为了赚钱，还是为了理想？”结果，有1245名学生选择了“为了赚钱”，占到了81.9%，有275名学生选择了“为了理想”。有意思的是，20年之后，人们对这些学生做了跟踪调查，结果令人大吃一惊：1520名学生中有101名成了百万富翁，而这101名富翁中，有100名当年选择的是“为了理想”。

项目三　给我的气质加分

我们常听到别人讲“某某人有气质”“某某人气质好”，这时往往指的是言谈举止、风度等外在的表现，而非心理学的气质。在心理学中，气质是人的个性心理特征之一，相当于我们日常生活中所说的脾气或秉性。

> 不得中行而与之，必也狂狷乎。狂者进取，狷者有所不为也。
>
> ——孔子

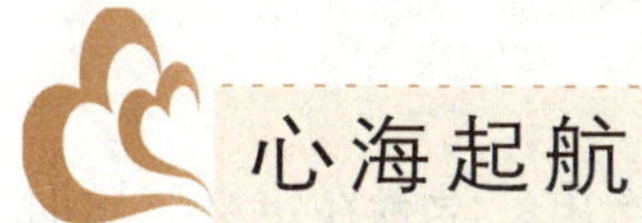

心海起航

你能描述一下漫画中不同人的行为吗？他们的行为有什么典型的特点呢？

一顶帽子

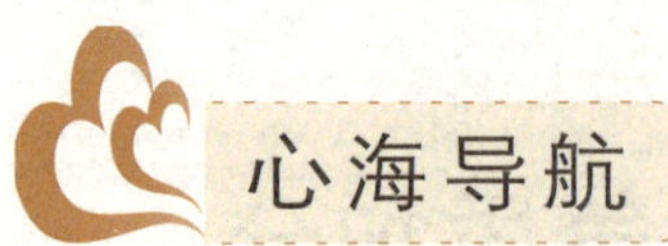

心海导航

一、此气质彼气质

气质这一概念与我们平时说的脾气、秉性或性情相近似，是与生俱来的、稳定的个人心理活动的动力特征。主要指心理过程的强度（例如情绪体验的强度）、速度（例如知觉的速度）和稳定性（例如思维的灵活程度、注意力集中时间的长短）等方面的特点。

人生下来就表现出某些气质特征且是相当稳定的。美国心理学家托马斯等人发现，在许多儿童中，这些气质的原始特征往往在随后的20多年发展阶段中保持着。但是，气质又不是一成不变的，气质在生活和教育条件影响下发生着缓慢的变化，以符合社会实践的要求。

> **万花筒**
>
> 古希腊著名医生希波克拉底提出，人体内有四种性质不同的体液：血液、黄胆汁、黑胆汁和黏液，正是这四种体液“形成了人的性质”。罗马医生盖伦从希波克拉底的体液说出发，将人体内体液的混合“比例”用拉丁语命名为“Temperamentum”，这便是近代气质（temperament）概念的来源。

二、你的气质我的气质

（一）气质的特征

著名的人格心理学家奥尔波特等人指出，学者在定义气质时各有所侧重，有的侧重情绪方面，有的强调气质的生理因素，还有的重视个体在动作反应上的特征。传统的气质研究，主要从以下几种特征入手分析。

1. 感受性与耐受性

感受性是指人对内外适宜刺激的感觉能力。它是神经过程强度特性的一种表现，用感觉阈限的大小来测量。耐受性反映的是人对客观刺激在时间和强度上的耐受程度。它也是神经过程强度特性的表现。感受性高者，很弱的刺激他就能感觉得到，因而他对较强刺激的耐受性就比较低；相反，感受性低者，较强的刺激他才能感觉得到，因而他对较强刺激的耐受性就比较高。

2. 反应的敏捷性

反应的敏捷性是神经过程灵活性的外在表现，即反应的快慢。动作、言语、思维、记忆、注意转移的速度等都反映了反应的敏捷性。反应的敏捷性包括两类特性：一是心理反应和心理过程进行的速度，如思维的敏捷性、识记的速度、注意转移的灵活程度等；二是不随意的反应性，如不随意注意的指向性、不随意运动反应的指向性等。

3. 可塑性

可塑性是指人根据外界情况的变化而改变自己适应性行为的可塑程度。它主要是神经过程灵活性的表现。刻板性被认为是与可塑性相反的品质。

4. 情绪兴奋性

情绪兴奋性是指以不同的速度对微弱刺激产生情绪反应的特性。它不仅反映神经过程的强度，而且反映神经过程的灵活性。

5. 向性

向性是指人的心理活动、言语和动作反应是表现于外还是表现于内的特性。表现于外叫外向性，表现于内叫内向性。外向性是兴奋过程强的表现，内向性是抑制过程强的表现。

（二）气质的类型

上述各种特性的不同结合，就构成了各种不同的气质类型。

1. 胆汁质

胆汁质的人感受性低而耐受性高，不随意反应性强，反应的不随意性占优势，外向性明显，情绪兴奋性高，抑制能力差，反应速度快而不灵活。

胆汁质的人工作带有周期性，他们能够以极大的热情去工作，克服前进中的困难。但如果对工作失去信心，也容易出现消极情绪。这类人适宜从事文学艺术工作，也适宜从事危险性较大的工作。

2. 多血质

多血质的人感受性低而耐受性高，不随意反应性强，具有外向性和可塑性，情绪兴奋性高而且外部表现明显，反应速度快而灵活。

对他们来说，不断变换工作岗位和环境不会造成心理压力。他们适宜的工作类型较多，如外交人员、管理人员、导游、节目

小金句

发怒，是用别人的错误来惩罚自己。

——康德

巧言令色，鲜矣仁。

——孔子

一个人如果内心不浮躁，他外表自然就比较深沉。那些在外表上故作深沉的人，恰恰是些内心浮躁得不行的人。

——汪国真

万花筒

在西方心理学中，以传统的四种气质类型进行分类的是英国心理学家艾森克。他以内向和外向为纬，以情绪稳定性为经，形成气质上的二维模型，得出四个组合类型：稳定外向型、稳定内向型、不稳定外向型和不稳定内向型，各包含八种特质。

主持人、警察等，不适宜做过细的、单调机械的工作。

3. 黏液质

黏液质的人感受性低而耐受性高，不随意反应性弱，情绪兴奋性低，明显内向，外部表现少，反应速度慢而具有稳定性。

他们能埋头苦干，不为无关的事情分心，态度稳重，交际适度。他们的缺点是不够灵活，有一定的惰性，因而集中注意和转移注意都需要时间；不善于创新，有墨守成规的倾向。他们最适宜从事有条理的和持久性的工作，如做医生、法官、会计等。

4. 抑郁质

抑郁质的人感受性高而耐受性低，不随意反应性弱，严重内向，情绪兴奋性高并且体验深，反应速度慢，具有刻板性和不灵活性。

他们工作的耐受能力差，容易感到疲劳，易产生紧张、焦虑的情绪，但情感比较细腻，做事审慎小心，观察力敏锐，善于察觉到别人不易察觉的细节。对他们来说，适宜的工作正好与胆汁质的人相反，胆汁质的人适宜的工作，他们很难承担，胆汁质的人无法胜任的工作，他们却得心应手。打字、校对、检查、统计、化验、管理档案是他们理想的工作。

事实上，属于单一气质类型的人很少，大多数人都属于混合型，即以一种气质类型为主，另一种类型为辅，甚至有的人气质类型表现不明显，难以确定其为何种类型。但无论如何，每个人的气质都有其所长，也有其所短。因此，职业院校的学生在选择职业时，应考虑自己的气质类型与特性，使气质特点符合职业活动的要求，从而对个人从事职业活动及将来的发展更为有利。

三、气质与神经活动

苏联生理学家和心理学家巴普洛夫认为，人的高级神经活动有兴奋过程和抑制过程两个基本过程，强度、平衡性和灵活性三个基本特性。神经过程的三个基本特性的独特组合就形成了高级神经活动的四种主要类型。

1. 强而不平衡的类型（兴奋型）

这种类型的个体兴奋过程强于抑制过程，阳性条件反射比阴

小金句

人当变故之来，只宜静守，不宜躁动。即使万无解救，而志正守确，虽事不可为，而心终可白。否则必致身败，而名亦不保，非所以处变之道。

——李叔同

万花筒

安徽师范大学许智汉、阮承发等人对四川大学、南开大学、第四军医大学、复旦大学和安徽师范大学的二、三年级364名学生进行了气质测定。被试年龄为17~24岁，男女各半。研究结果表明：被试中复合型气质的人多于单一型气质的人；男女大学生在气质类型上没有显著差异。

性条件反射容易形成。这种类型是一种容易兴奋、不受约束的类型，所以也被称为不可遏制型。

2. 强而平衡、灵活的类型（活泼型）

这种类型的个体兴奋过程和抑制过程都较强，并且两者容易转化，以反应灵敏、活泼、能很快适应变化着的外界环境为特征。巴普洛夫认为这是一种最完善的类型。

3. 强而平衡、不灵活的类型（安静型）

这种类型的个体兴奋过程和抑制过程都较强，但两者不易转化，比较易形成条件反射，但不易改造，以坚忍而行动迟缓为特征。

4. 弱型（抑制型）

这种类型的个体兴奋过程和抑制过程都很弱，阳性条件反射和阴性条件反射的形成都很慢，在困难工作面前，正常的高级神经活动容易受破坏而患神经症。

巴普洛夫认为，兴奋型相当于胆汁质，活泼型相当于多血质，安静型相当于黏液质，抑制型相当于抑郁质。

<table>
<tr><th colspan="3">神经过程的基本特性</th><th rowspan="2">高级神经
活动类型</th><th rowspan="2">对应的
气质类型</th></tr>
<tr><th>强度</th><th>平衡性</th><th>灵活性</th></tr>
<tr><td rowspan="3">强</td><td>不平衡</td><td></td><td>兴奋型</td><td>胆汁质</td></tr>
<tr><td rowspan="2">平衡</td><td>灵活</td><td>活泼型</td><td>多血质</td></tr>
<tr><td>不灵活</td><td>安静型</td><td>黏液质</td></tr>
<tr><td>弱</td><td></td><td></td><td>抑制型</td><td>抑郁质</td></tr>
</table>

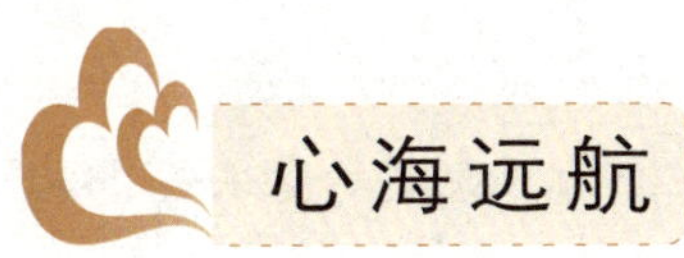

心海远航

一、识别气质选择职业

现代社会有很多职业岗位且日新月异，任何人都不可能先逐一认识和尝试每一种职业，然后再来决定自己对它是否有兴趣。

万花筒

心理学家研究了人的气质类型对群体协同活动的影响。罗索诺夫的研究表明，在协同活动中，两个气质类型不同的人比气质类型相同的人配合所取得的成绩更好。皮卡诺夫的研究表明，气质特征相反的两个人合作，不仅合作效果好，而且还有利于团结。

因而需要从大处着眼，先选择适合自己的职业类型，再仔细挑选适合自己的工作岗位，一步步筹划未来，这样会使自己的职业生涯发展道路更加顺畅和辉煌。

美国劳工部依据工作对象与任务倾向将职业粗略地分成三类，即与人打交道的职业、与物打交道的职业、与数据打交道的职业。工作对象，宽泛地讲，既包括职业行为的直接受动体，也包括为了完成工作职责所需的间接的行为指向对象。如教师，直接受动体是学生，但为了完成教学，教师需要收集、综合很多资料。所以，学生以及资料都可以说是教师的工作对象。各个职业所涉及的工作对象差异很大，但大体可归为三大类，即数据、人和物。

无论哪种职业都需要或多或少地与上述几类对象打交道。但是主要对象以及对于主要对象所要完成的任务是有差异的。有的职业需要更多地与人打交道，而有的职业需要更多地接触物体。同样是与人打交道，有的职业需要更多地进行指导、教育，而有的职业需要更多地进行接待、服务。

气质特征是职业选择的依据之一，某些气质特征为一个人从事某项工作提供了有利条件。

一般地说，胆汁质类型的个体精力旺盛，经常能以很高的热情从事活动，但经常缺乏耐心；意志坚强、果断勇敢，但思维上往往粗枝大叶、不求甚解，行为上也常常感情用事、刚愎自用；注意力稳定而集中但难以转移。一般说来，他们倾向于选择以人或者物为主要工作对象的职业，例如军人这种职业。巴顿将军就属于典型的胆汁质类型。

多血质类型的个体活泼，热情，好动，敏感，反应迅速，喜欢与人交往，注意力容易转移，兴趣和情绪容易变换，具有外倾性，情绪丰富，求知欲强，兴趣广泛，容易应付和适应新的环境场面，善于交际。他们一般适合外交、推销、公关等抛头露面和人际交往方面的职业。

黏液质类型的个体安静，稳定，反应缓慢，沉默寡言，情绪不易外露，注意力稳定但又难于转移，善于忍耐，具有内倾性的特点。他们一旦认准自己满意的职业目标便耐性十足，不达目的绝不罢休。这种坚持不懈的韧性往往能弥补其他方面素质的欠缺而帮助选择者获得成功。他们不浮躁，善于保守秘密，有耐心，细致，一般适合科学研究、仓库管理、办公室秘书、会计等方面的职业。

抑郁质类型的个体情绪体验深刻，孤僻，行动迟缓而且不强烈，具有很强的感受性，善于觉察他人不易觉察的细节，具有内倾性的特点。他们一般适合商务操作、艺术型、科学型的职业。

二、识别气质提高效率

在实践活动中，由于气质的各种特征之间可以互相补偿，所以气质对活动的效率影响并不明显。

中国科学院心理研究所的研究人员对先进纺织女工的研究表明，一些看管多台纺织机床的女工属于黏液质类型，她们注意力的稳定性补偿了她们从一台机床到另一台机床转移的困难；另一些纺织女工属于多血质类型，她们注意力转移容易和迅速，补偿了注意力容易分散的缺陷。一些特殊职业，如飞行员、宇航员、潜水员、雷达观测员等，对人的气质特征有特定的要求，必须对从业者进行心理测定以及严格的选择和训练，才能使他们胜任这类工作。

气质对人的实践活动的确具有一定的作用，在考察人的实践活动时要关注气质这一因素。但是，人的行为是由社会生活条件和教育影响下所形成的理想、信念和态度决定的。气质与理想、信念和态度相比，对人的行为的作用，毕竟只有从属的意义。

气质类型并不能决定一个人成就的高低，这在现实生活中有大量的事例，不胜枚举。例如，俄国著名文学家中，普希金是胆汁质类型的人，果戈理是抑郁质类型的人，赫尔岑是多血质类型的人，克雷洛夫是黏液质类型的人。可见，气质类型不能决定一个人能力发展的水平，也不能决定一个人成就的大小。

万花筒

1988 年我国心理学工作者对空军战斗飞行员进行了调查。他们发现，在战斗飞行员中，多血质类型的人占 45%左右，胆汁质类型的人占 20%左右，胆汁质与多血质混合型的人占 15%左右，而没有发现抑郁质的人。

艾森克指出，外向的人不能很好地担任警戒任务。他认为，雷达管理人员应该由内向的人来担任。

项目四　我的性格色彩

在“百度”搜索引擎输入“性格”，我们会发现，有人根据星座分析性格，有人根据颜色描绘性格，还会有各种小程序试图帮助我们分析性格。从心理学视角如何科学定义性格呢？今天，让我们根据心理学的相关理论探寻性格的真谛吧！

> 青年时期是豁达的时期，应该利用这个时期养成自己豁达的性格。
>
> ——罗素

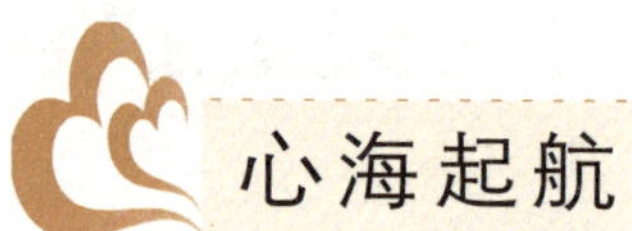

心海起航

2001 年中央电视台春节联欢晚会上，赵本山表演的小品受到了广大观众的喜爱。“大忽悠”赵本山凭借三寸不烂之舌，将好端端的范伟忽悠得神魂颠倒，一会工夫，没病的腿生出大病来。

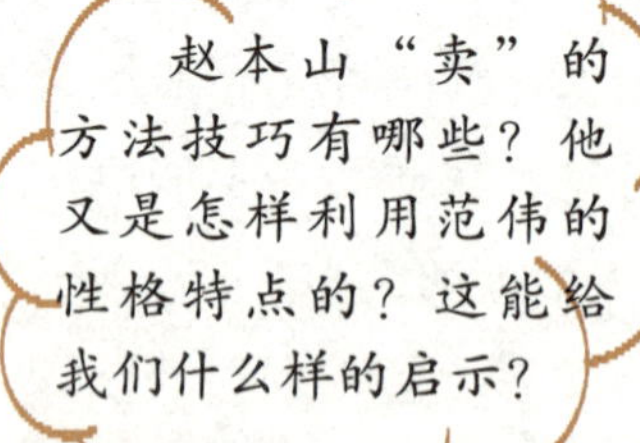

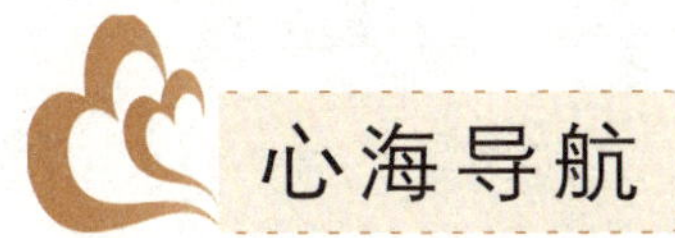

心海导航

一、性格的含义

性格是指一个人对待现实的稳定态度和与之相适应的习惯化的行为方式中具有核心意义的个性心理特征。其在一定生物因素的基础上，通过个人与环境的相互作用而逐步形成和发展起来。

性格与气质作为个性心理特征的不同方面，其区别表现在：首先，性格主要由后天经历、环境等因素决定，而气质主要由先天的神经活动类型特点决定；其次，气质与性格相比具有更强的稳定性；再次，气质反映一个人的自然实质，无好坏之分，而性格则反映一个人的社会实质，有好坏优劣之别。

性格与气质的联系表现在：首先，气质使性格带有某种独特的色彩；其次，气质可以影响性格的形成和发展的速度；再次，性格对气质也产生一定影响，在一定程度上掩盖和改造气质的某些特征，使之服从于生活实践的要求。

万花筒

理解性格，要从以下几方面入手：

第一，性格表现为人对现实的态度和与之相适应的行为方式；第二，性格是个体稳定的个性心理特征；第三，性格又是个性中具有核心意义的心理特征。

二、性格的结构

性格是十分复杂的心理现象，包含着心理活动的各个侧面，具有各种不同的特征，这些特征在不同人身上，都通过一定的独特结合而成为有机的整体。一般认为性格由以下四个方面的心理成分构成。

1. 性格的态度特征

人对现实的态度体系是性格最重要的组成部分，在人的性格结构中处于核心地位。主要体现在：对待社会、集体、他人、自己的态度特征。

2. 性格的理智特征

性格的理智特征是指人们在认识过程中所表现出来的性格特征。具体表现在：在感知方面有被动感知型、主观观察型、详细罗列型和概括型等；在想象方面有幻想型和现实型，主动想象型

小金句

才能自然形成，性格则涉人世之风波而塑成。

——歌德

和被动想象型等；在思维方面有独立思考型和盲目模仿型，灵活型和刻板型，创造型和保守型等。

3. 性格的情绪特征

性格的情绪特征是指一个人情绪活动的强度、稳定性、持续性以及主导心境方面的特征。

4. 性格的意志特征

性格的意志特征是指人在意志行动中所表现出来的性格特点，表现在一个人习惯化的行为方式中如下四个方面的特征：一个人是否有明确的行为目标方面的性格特征，对行为自觉控制水平方面的性格特征，在紧急或困难条件下表现出来的性格特征，在经常和长期的工作中表现出来的性格特征。

三、性格的类型

在心理学的性格类型理论中，以瑞士心理学家荣格提出的内倾型和外倾型性格最为著名。1913 年，荣格在慕尼黑国际精神分析会议上提出了内倾型和外倾型的性格；他又在 1921 年发表的《心理类型学》一书中充分阐明了这两种性格类型的特点。他在该书中论述了性格的一般态度类型和机能类型。

（一）一般态度类型

荣格根据心理能量的指向划分性格类型。个体心理能量的活动倾向于外部环境，就是外倾型的人；个体心理能量的活动倾向于自己，就是内倾型的人。外倾型的人重视外在世界，爱社交、活跃、开朗、自信、勇于进取、对周围一切事物都很感兴趣，易适应环境；内倾型的人重视主观世界，好沉思、善内省、常自我欣赏和陶醉、孤僻、缺乏自信、害羞、冷漠、寡言，较难适应环境的变化。外倾型和内倾型是性格的两大态度类型，也就是个体对特有情境的反应的两种态度或方式。

温馨提示

感觉告诉你存在着某种东西，思维告诉你它是什么，情感告诉你它是否令人满意，直觉则告诉你它来自何处和向何处去。一般说，直觉在荣格看来是允许人们在缺乏事实材料的情况下进行推断的。

（二）机能类型

荣格将人的心理活动分为感觉、思维、情感和直觉四种基本机能。

按照两种态度类型与四种机能的组合，荣格描述了八种性格类型。

1. 外倾感觉型

这种类型的人，既外倾又偏向于感觉功能。他们头脑清醒，乐于积累外部世界的经验，但对事物并不过分地追根究底。外倾感觉型的人喜好寻求享乐，追求刺激，他们的情感一般是浅薄的，直觉是受到压抑的。

2. 内倾感觉型

这种类型的人，既内倾又偏向于感觉功能。他们远离外部客观世界，常常沉浸在自己的主观感觉世界之中。外倾感觉型的人，其知觉来自外部世界，是客观对象的直接反映；而内倾感觉型的人，其知觉深受自己心理状态的影响，似乎是从自己的心灵深处产生出来的。内倾感觉型的人艺术性强，直觉受到压抑。

3. 外倾思维型

这种类型的人，既外倾又偏向于思维功能。他们的思想特点是以客观的资料为依据，以外界信息激发自己的思维过程。科学家是外倾思维型的人，他们认识客观世界，解释自然现象，发现自然规律，从而创立理论体系。外倾思维型的人，情感压抑，甚至表现为冷淡和傲慢等人格特点。

万花筒

荣格认为，达尔文和爱因斯坦这两位科学家在思维外倾方面得到了最充分的发展；哲学家康德是一个标准内倾思维型的人。

4. 内倾思维型

这种类型的人，既内倾又偏向于思维功能。他们除了对外界信息进行思考外，还对自己内在的精神世界进行思考。他们对思想观念本身感兴趣，收集外部世界的事实是为了验证自己的思想。哲学家就属于这种类型。内倾思维型的人，具有情感压抑、冷漠、沉溺于玄想、固执、刚愎和骄傲等人格特点。

5. 外倾情感型

这种类型的人，既外倾又偏向于情感功能。他们的情感符合客观的情境和一般价值。荣格指出，外倾情感型的人在“爱情选择”上，表现得最为明显，他们不太考虑对方的性格特点，而考虑对方的身份、年龄和家庭等方面。外倾情感型的人，思维压抑，情感外露，爱好交际，寻求与外界和谐。

6. 内倾情感型

这种类型的人，既内倾又偏向于情感功能。他们的情感由内在的主观因素所激发。内倾情感型的人，思维压抑，情感深藏在内心，沉默寡言，力图保持隐蔽状态，易忧郁。

7. 外倾直觉型

这种类型的人，既外倾又偏向于直觉功能。他们力图从客观世界中发现多种多样的可能性，并不断地寻求新的可能性。他们对于各种尚孕育于萌芽状态但又有发展前途的事物具有敏锐的感觉，并不断追求客观事物的新奇性。外倾直觉型的人，可以成为新事业的发起人，但不能坚持到底。

万花筒

荣格认为，商人、承包人、经纪人等通常属于外倾直觉型的人，艺术家属于内倾直觉型的人。

8. 内倾直觉型

这种类型的人，既内倾又偏向于直觉功能。他们力图从精神现象中发现各种各样的可能性，不关心外界事物，脱离实际，善于幻想，观念新颖但有点稀奇古怪。

实际生活中，绝大多数人都是兼有外倾型和内倾型的中间型的人，纯粹的内倾型或外倾型的人是没有的，只有在特定场合下由于情境的影响而一种态度占优势。每个人也能同时运用四种心理机能，只不过各人的侧重点不同。此外，外倾型和内倾型也并不影响个人在事业上的成就。

小故事

乐观与悲观

有两个兄弟，一个出奇乐观，另一个则非常悲观。他们的父母想让他们的性格都改变一些，于是就把那个乐观的孩子锁进了一间堆满马粪的屋子，把那个悲观的孩子锁进了放满玩具的屋子。

过了一个小时，当他们打开悲观的孩子的屋门时，发现他坐在一个角落里，正在伤心地哭泣。原来他怕不小心弄坏了玩具，受父母责骂。

当他们打开满是马粪的房间时，发现乐观的孩子正兴奋地用一把小铲子挖马粪，并不断地把散乱到门口的马粪铲干净。看到进来的父母，那乐观的孩子像发现奇迹似的嚷道："爸爸，看，这里有这么多的马粪，附近肯定会有

小金句

受苦的人，没有悲观的权利。

——尼采

一匹漂亮的小马，我要给它清理出一块干净的地方来！"

这个乐观的孩子就是后来的美国总统里根。从报童到好莱坞明星，再到州长直至走上总统宝座，乐观一直伴随着他。

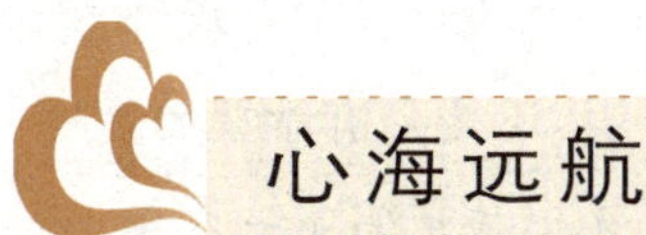

心海远航

有好的性格的人，能屈能伸，知进知退，稳得住成功得意，也经得起挫折失败。我们要认清自己性格的优劣利弊及其形成的原因，才能对症下药，有意识地进行自我完善。

一、调制美妙性格色彩

作为高职生，应锤炼出坚忍、宽容、果断、自信、沉静、豁达、刚毅、耿直等优良性格。

"坚""忍"是两个极为奥妙的字："坚"可理解为锐意进取，挺而不软弱；"忍"则可理解为持之以恒，能屈能伸，不计屈辱。如果一遇到挫折、困难，就表现出慌乱、急躁甚至暴躁情绪，为自己的不幸而长吁短叹、忧心忡忡甚至自暴自弃，又何以成就事业呢？只有遇乱不慌，临危不惧，"卒然临之而不惊，无故加之而不怒"，才能理智地应对危局，在逆境中锻炼成长。忍耐，还是一种处世策略。这种忍不仅包括忍受逆境、苦难和屈辱，还包括"乐之忍""富之忍""权之忍"等。它不仅仅是一种修养之忍，还是一种圆融无害的处世智慧。

小金句

性格是一种副产品，它产生于完成日常事务的伟大过程之中。

——奥维德

小故事

敢于面对痛苦

史铁生的经历是不幸的。他1951年出生在北京；16岁初中毕业正逢"文革"而中断学业；18岁在上山下乡大潮中赴陕西延安插队；21岁因双腿瘫痪转回北京，开始了轮椅人生，先后在北京几家街道工厂做工；47 岁又患尿毒症，不得不靠每周数次的血液透析维持生命。2010 年病逝，享年 59 岁。但作为一个作家，史铁生该是“幸运”的。史铁生这么说：“人的命就像这琴弦，拉紧了才能弹好，弹好了就够了。”他就是这么顽强地“弹好”了自己被“拉紧”的人生。他用自己的一生告诉我们，或许我们会遭遇生活无情的对待，但是，总还是会有希望的。或许就是因为残疾，才让史铁生能毫无遮掩地写下一本又一本描写残缺的人内心纠葛的文字。可是何为残缺？我们每个人都有残缺，史铁生残缺的是身体，而我们残缺的可能是长相、身高、家庭、心灵。没有人能十全十美，史铁生选择用温暖去面对痛苦。

宽容他人，需要有度量，能容人，能容事，能容批评，能容误解。能宽容别人的人，在危难之中，往往会有人挺身而出为其解围。曹操宽容了曾写檄文声讨过他的陈琳，最后得到陈琳的良策。相反，不能宽容别人的人，必然自食其果。《三国演义》中的周瑜、王郎，汉代才子贾谊，不都是因气量狭窄而死的典型吗？

万花筒

有一副题弥勒佛的名联：“大肚能容，容天下难容之事；笑口常开，笑世间可笑之人。”古人还常说：“将军额上能跑马，宰相肚里可撑船。”这些说的都是人要有宽容的性格。

果断“是一切成就大业者必须具备的基础性格”，也是每一个追求成功的人必备的性格特征。在瞬息万变的现代信息社会，机会稍纵即逝，敢于拍板、果断决策是极其重要的。如果婆婆妈妈，优柔寡断，前怕狼后怕虎，自然会错失良机。正所谓“花开堪折直须折，莫待无花空折枝”，犹豫不决是成功之大忌。比如，赤壁大战前，大臣们围绕着面对强大的曹军是战还是降而争得不可开交之时，孙权拔佩剑砍掉面前奏案一角说：“诸官将有再言降操者，与此案同！”这一果断的决定，使孙刘联军赢得了赤壁之战的胜利，奠定了三国鼎立的局面。

二、换掉性格中的“短板”

清末民初著名学者、戏曲史科学的奠基人王国维因个性孤僻、偏激等而导致其在学术的盛年自杀的悲剧，这让我们很自然地联想到了“木桶效应”。

所谓木桶效应，指的是一只木桶能装多少水，完全取决于它最短的那块木板。而一个人性格的完美程度，完全取决于这个人性格中最薄弱的环节。不少学生也有自己的性格“短板”，比如，暴躁、狭隘、自闭等。我们要自我拯救，坚决地将“短板”替换成“长板”。没有明显性格缺陷的人走在通往成功的路上，当然可以从从容容，用不着瞻前顾后、畏首畏尾。

只要痛下决心，通过理智的利刃对性格缺陷进行裁剪、修饰和弥补，是没有克服不了的性格弱点的。当然，对性格的打磨需要不懈努力，不能急于求成，更不可一曝十寒，只有百炼钢才能化成绕指柔。

小金句

一个人毕其一生的努力就是在整合他自童年时代起就已形成的性格。

——荣格

小故事

最赚钱的性格

什么性格最赚钱？美国一家调查机构给出的一组数据会启迪人们去寻找答案。这组数据令人震惊，更令人深思。每一项新的交易，其中的80%都要在给同一个对象打了第五次电话后才能谈成；48%的销售员打了第一次电话后就失去了一个顾客源；25%的人在打第二次电话后就放弃了；12%的人在打第三次以后放弃；10%的人继续打电话，直到成功为止。而这些“10%的人”正是美国收入最多的一部分人士，他们与一些名人、公司主管和专业人士并驾齐驱。看来，最赚钱的性格正是执着。执着的性格带来乐观的自信、每天的努力和不懈的坚持，这些虽然不能让人第一个抽到幸运签，却可以让人拿到财富的金钥匙，登上成功的客船。

项目五 “别人家孩子”的聪慧

我们都希望自己多才多艺，聪慧成才。高职阶段是智力和创造力发展的黄金时期，认识优势，培养能力，开发潜能，提高素质，获得幸福，正当其时。

多数人都拥有自己不了解的能力和机会，都有可能做到未曾梦想的事情。

——卡耐基

心海起航

是否“别人家的孩子”就比你聪明？让心理学家告诉你，怎样成为“别人家的孩子”吧！

别人家的孩子

在很多孩子的童年记忆里，都无数次听到过父母或长辈们在他们面前提到别人家的孩子怎么怎么优秀，别人家的孩子怎么怎么聪明……他们的视野永远停留在别人家的孩子身上，于是就有了一种孩子，叫“别人家的孩子”。

在你成长的过程中，是否有个宿敌——“别人家的孩子”——如影随形，特别是你的表现达不到父母满意的时候？比如，当你学习放松、退步，或者父母对你有什么新要求的时候，这个“别人家的孩子”就会适时地出现。

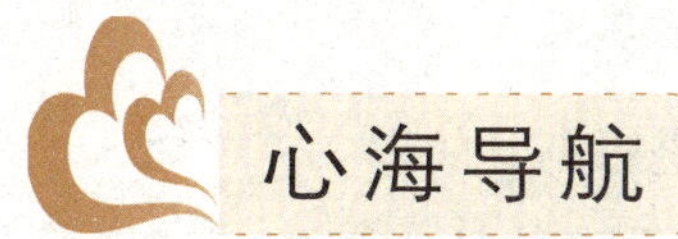

心海导航

一、什么是能力

能力的概念很复杂。在英语中，能力通常用两个意义相近但不完全相同的词来表示：ability 和 capacity。ability 是指对某项任务或活动的现有成就水平，因而人们已经学会的知识和技能，代表了他的能力。而 capacity 是指容纳、接受或保留事物的可能性。在这个意义上，能力不是指现有的成就，而是指个体具有的潜力或可能性。我们平时说的能力同时包括以上两方面的内容。

能力是个体重要的心理品质，是直接影响活动效率，使活动顺利完成的个性心理特征。

二、能力的种类

人的能力是各种各样的，标准不同，能力的分类不同。

1. 一般能力和特殊能力

这是以能力所表现的活动领域的不同来划分的。

一般能力就是我们所说的智力。它是人的认识活动中的一种具有多维结构的综合性能力。个人认识过程中的各种能力，如感知能力、记忆能力、思维能力、想象能力、言语能力、抽象概括能力、创造能力等都属于智力的范围。其中抽象概括能力是智力的核心，创造能力是智力的高级表现。

特殊能力是指在某些专业和特殊职业活动中表现出来的一般能力（智力）的某些特殊方面的独特发展。例如，数学能力、文学能力、艺术表演能力、管理能力、技术操作能力等都属于特殊能力。

一般能力和特殊能力相互联系构成辩证统一的有机整体。一方面，特殊能力的发展以一般能力的发展为前提，某种一般能力在某种活动领域得到特别的发展，就可能成为特殊能力的组成部分。另一方面，在特殊能力得到发展的同时，也发展了一般能力。

万花筒

我们都知道能力有大有小，知识有多有少，技能有高有低。那么能力与知识、技能之间的关系究竟是怎样的呢？知识、技能是否就等同于能力呢？

能力不等同于知识、技能。知识是指人们掌握的人类改造自然和改造社会的历史经验。技能是人们通过练习而获得的动作方式和动作系统。它们代表一个人已经达到的成就水平。而能力是指顺利实现活动的心理条件，包括顺利掌握知识和技能的心理条件。比如，一个人比另一个人先学了一年的英语，从知识、技能讲，前者具有较多的外语知识和口语技能，但并不意味着他学习外语的能力一定高于后者，很可能，后者在具备了学习外语的条件之后，他的知识、技能就很快超越前者，并证明他有较好的能力。

能力与知识、技能又有着密切的关系。首先，能力是掌握知识、技能的前提。其次，能力表现在掌握知识、技能的过程中。再次，能力是在知识、技能的基础上发展的。

2. 再造性能力和创造性能力

这是按活动中能力的创造性的大小进行划分的。

再造能力又叫模仿能力，是指能使人迅速地掌握知识、适应环境，善于按照原有的模式进行活动的能力。模仿是动物和人类的一种重要学习能力。亚里士多德曾说：“人是最富于模仿性的动物。人是借助模仿来学习他最早的功课的。”

创造能力是指具有流畅、独特、变通、创新及超越平常的思考与活动的能力。这种能力符合创造活动的要求。

这两种能力有着密切的关系。再造能力是创造能力的前提和基础。人们常常是先模仿，然后再进行创造的。

3. 液体能力和晶体能力

根据能力在人的一生中的不同发展趋势以及能力和先天禀赋与社会文化因素的关系，可将能力分为液体能力和晶体能力。

液体能力（液体智力）是指在信息加工和问题解决过程中所表现出来的能力。如，对关系的认识，类比、演绎推理能力，形成抽象概念的能力等。它较少地依赖于文化和知识的内容，而决定于个人的禀赋。

晶体能力（晶体智力）是指获得语言、数学等知识的能力。它决定于后天的学习，与社会文化有密切的关系。晶体能力在人的一生中一直发展着，只是到了 25 岁以后，发展的速度渐趋平缓。

温馨提示

把能力分为液体能力和晶体能力，使我们对个体能力发展的多维性有更好的了解。不同能力具有不同的发展速度，达到成熟和出现衰退的时期也是不同的。

4. 认知能力、操作能力和社交能力

认知能力是指人脑加工、存储和提取信息的能力，即我们一般所讲的智力，如观察力、记忆力、想象力等。人们认识客观世界，获得各种各样的知识，主要依赖于人的认知能力。

操作能力是指人们操作自己的肢体以完成各项活动的能力，如劳动能力、艺术表演能力、体育运动能力、实验操作能力等。操作能力是在操作技能的基础上发展起来的，又成为顺利掌握操作技能的重要条件。操作能力与认知能力不能截然分开。不通过认知能力积累一定的知识和经验，就不会有操作能力的形成和发展。反过来，操作能力不发展，人的认知能力也不可能得到很好的发展。

社交能力是在人们的社会交往活动中表现出来的能力，如组织管理能力、言语感染力、判断决策能力、调解纠纷的能力、处理意外事故的能力等。这种能力对组织团体、促进人际交往和信息沟通有重要作用。

三、能力发展的个体差异

在现实生活中，由于每个人的先天素质不同，成长环境、受教育情况以及社会实践活动不同，人与人之间在能力发展上存在差异，包括能力的类型差异、能力发展水平的差异和能力表现早晚的差异等。

1. 能力的类型差异

这种差异是指能力在质的方面的差异。在知觉能力方面有分析型、综合型、分析—综合型、情绪型，在记忆能力方面有视觉型、听觉型、运动型、混合型，在表象方面有视觉型、听觉型、动觉型、综合型，在思维能力方面有形象型、抽象型、中间型。

另外，人的特殊能力的差异也很明显。如：有文学才能的人，具有敏锐而又深刻的观察自然和社会的能力、丰富的想象力、较强的语言表达能力等；而具有音乐才能的人，则具有敏锐的音乐感觉能力、较强的听觉表象记忆能力等。

2. 能力的水平差异

在一般能力方面，能力的水平差异主要指智力发展水平的差异。心理学家通过大量研究得到一个共同的结论，即智力的个别差异在一般人中呈常态曲线分布。68%的人的智商在 85 到 115 之间，他们的聪明程度属于中等水平；智商超过 140 的人属于智力超常；智商低于 70 的人属于智力障碍。在特殊能力方面，具有同一种特殊能力的人，其水平也有明显的差异。

3. 能力的年龄差异

能力的年龄差异，即能力表现早晚的差异。有的人在儿童时期就显露出非凡的智力和特殊能力，属于才华早露或称早慧。古今中外早慧者不胜枚举。如：奥地利作曲家莫扎特 5 岁时就创作了他的第一首乐曲，8 岁时就举办独奏音乐会；“唐初四杰”之一的王勃 6 岁能写文章。除了才华早露之外，还有大器晚成。如：

万花筒

职业核心能力是在人们工作和生活中除专业岗位能力之外取得成功所必需的基本能力，它是职业活动中最基本的能力，适用于任何职业的任何阶段。

它可分为三个部分：一是基础核心能力，包括职业沟通、团队合作、自我管理；二是拓展核心能力，包括解决问题、信息处理、创新创业；三是延伸核心能力，包括领导力、执行力、个人与团队管理、礼仪训练。

我国的画家齐白石，本来长期做木匠，四五十岁才显露绘画才能，成为著名的画家；我国明代医学家李时珍，在七十多岁时才写成《本草纲目》。

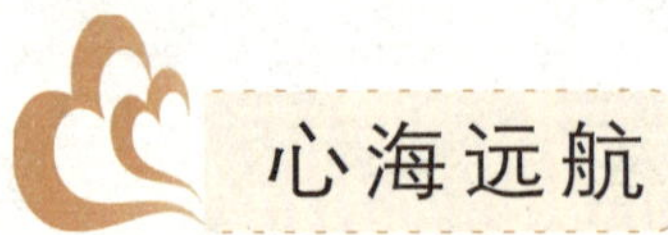

一、心理潜能的秘密和力量

潜能犹如一座宝藏，藏量无穷，价值无比。从某种角度说，教育特别是心理健康教育，最根本的目的就是开发人的潜能，这对个体的成长和人生发展来说有重要的意义。

潜能，是指潜在的能力、能量，即人类原本具备却没有甚至忘却使用的能力，是本身存在但有待开发与利用的能力。

从生物学角度看，人的潜能是人从先天自然中得到一定的遗传素质，为人全面发展提供了物质基础。从心理学角度看，人的心理意识系统可分为有意识（主要是指理性行为的精神活动，包括逻辑、分析、计算、计划等）和无意识（有时又叫潜意识）两部分。当意识与无意识不一致时，潜能主要由无意识控制，因此个人的能力显露不出来。当两者一致时，我们所想的、所说的、所做的就会保持协调。只有各项因素协调一致时，才会有利于个人能力的发挥和潜能的开发。

万花筒

弗洛伊德认为，人的意识就像是漂浮在水上的冰山一般，能让别人和自己看见的只有露出表面的那一小部分，它们往往只是那一座冰山的一个小角。可是还有很大一部分是藏在水下的，人们不会轻易看见它们，而且越往下藏匿越深。这大部分在水下深处的就是潜意识的东西，而在水面与深处中间的那一部分，就是前意识。它可以隐隐约约地被看到，只要有一定的条件它就会很明显地展露在人们面前。他认为意识只占人类总体意识的 1/7，潜意识却占到 6/7。

1. 无穷的身体素质潜能

人的身体素质潜能是巨大的。看看各种国际体育运动场上，运动员们不断刷新世界纪录。那些经过专门训练的运动员们，在疾跑的速度上、在跳跃的高度上、在投篮的准确度上、在体操的灵敏度上、在举重的力量上等都不断超越和创造奇迹。所以，身体素质潜能之大是我们难以想象的。另外，人类的寿命也在不断延长。古人成就大业大多在 40 岁以前，活 60 岁就算高龄了。俗话说，“人活 70 古来稀”，就是这道理。随着现代科技发展，当今人的平均寿命一年比一年长。在过去 50 年里，人的寿命增加了 10 多岁，差不多每 4~5 年增加 1 岁。

2. 无限的心脑智慧潜能

人的心脑智慧潜能同样巨大无比。科学研究发现，人类贮存在脑内的能量大得惊人，平常我们只发挥了极少部分的大脑功能。苏联科学家曾指出：“当代科学使我们懂得人的大脑结构和工作情况，大脑所储存的能力使我们目瞪口呆。在正常情况下工作的人，一般只使用了其储存能力的很小一部分。如果我们能迫使我们的大脑达到其中一半的工作能力，我们就可以轻而易举地学会 40 种语言，将一套苏联大百科全书背得滚瓜烂熟，还能够学完数十所大学的课程。”

万花筒

据神经心理学家研究，人的大脑皮层中有神经元约 140 亿个，这比任何一台现代计算机更丰富复杂实用得多。

二、心理潜能的开发与训练

每个人的潜能都是巨大而无限的。并非大多数人命中注定不能成功，发挥了足够的潜能，任何一个平凡的人，都能成就一番惊天动地的伟业，都可以成为一个奇迹的创造者。

1. 树立自信，养成良好习惯

积极的、乐观的、自信的心态，是成功的必备条件。潜能的开发关键是要行动，从现在开始，从小事做起，持之以恒，养成良好习惯，才能积极面对困难，发挥极大能量，做出惊人举动。

2. 科学用脑，开发潜能

学生学习是脑力劳动，唤醒“沉睡的巨人”——大脑，是极为重要的。

第一，信息刺激，学会用脑。

信息是大脑的精神营养，对大脑最佳的信息刺激就是勤学习、多学习。刺激大脑的方法很多，比如听觉刺激法（如听音乐、朗诵、大声说出来等），视觉刺激法（如看图片、思维导图等），意象刺激法（利用潜意识不分真假原理，在大脑中反复想象成功场景，自我暗示等）。

第二，协同开发，全面塑脑。

科学正确的教育应该是“全脑开发”，既重视左脑功能（即“理智教育”），又重视右脑功能（即“情感教育”），克服“重左轻右”的传统教育倾向。具体方法很多，比如音乐法、朗诵法、冥想法、复式呼吸法、积极暗示法等。

第三，合理作息，科学护脑。

合理安排学习生活节奏，做到节奏合理、有张有弛、劳逸结合、科学休息、起居有常，防止过度。

第四，平衡营养，合理补脑。

生活中要注意即时补充能量，养成良好的营养饮食习惯，强身健体。高职生要注意，管住嘴，不要仅仅满足于嗅觉和味蕾刺激，而要远离“垃圾食品”，注意膳食科学，力求营养平衡。

3. 学会时间管理，养成自律精神

学习时间是最重要的学习资源，是不可再生资源。有效开发、运筹和利用时间，往往是成功的重要影响因素之一。

第一，目标明确，计划清晰，行动有力。

首先，要制定明确具体的目标，并且实现过程要具有可操作性。然后，制订切实可行的计划，之后，按照将要做的事情的优先程度分出先后顺序，将优先要办的事情放在最佳时间里。

第二，集中精力，提高效率。

在学习或工作中，切莫犹豫不决、顾此失彼，一旦认定目标，就要珍惜时间，发挥最大效率。

项目六 尽展我的人格风采

人格是一个人素质的重要组成部分，也是一个人心理状况的集中反映。个体的人格发展状况，人格呈现的面貌直接影响着人的社会生活质量。了解自己的人格特征，培养、增进、塑造健全的人格是高职生心理健康的一项重要任务，是走向成功的坚实基础。

只有伟大的人格，才有伟大的风格。

——歌德

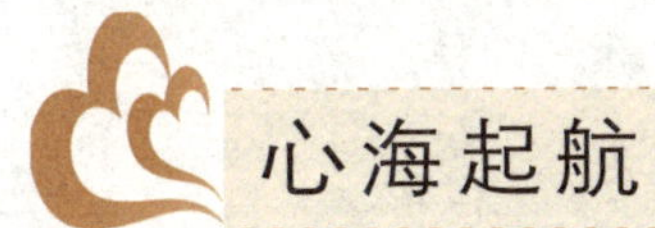

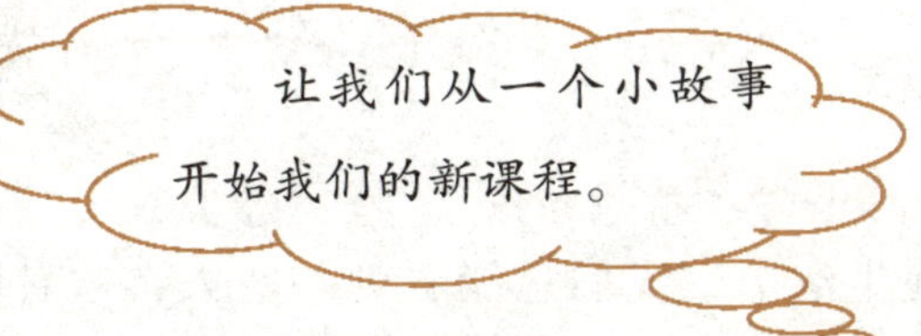

人生的较量

一位老教授昔日培养了三个得意门生：一个在官场上春风得意，一个在商场上捷报频传，一个埋头做学问如今也苦尽甘来成了学术明星。于是有人问老教授：“你认为三个人中哪个会更有出息?”老教授说：“现在还看不出来。人生的较量有三个层次，最低层次是技巧的较量，其次是智慧的较量，他们现在正处于这一层次，而最高层次是人格的较量。”

温馨提示

这个故事生动地告诉我们，在人的素质结构中，人格几乎起到决定性的作用！

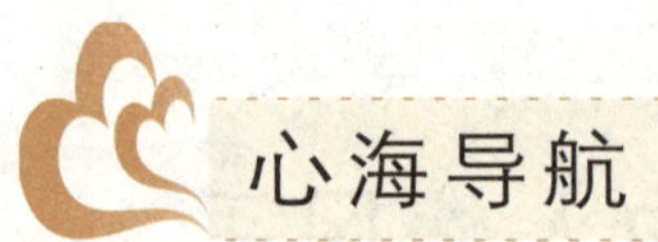

心海导航

生活中，我们会发现：我们身边有人活泼开朗，有人温柔娴静；有人机灵敏捷，有人呆板固执；有人冲动莽撞，有人小心谨慎……这一切的心理差异就是人格的差异。

一、揭开神秘的面纱——人格透视

人格一词，最初是指演员的面具、脸谱。面具会随着角色的不同而变换，体现角色的特点和人物性格。就如同我国戏剧中的脸谱一样：红脸代表忠义，白脸代表奸佞，黑脸代表正直。心理学将其转意为人格，包含两方面的意义：一是个体在人生舞台上所表现出的种种言行，即人格所遵从的社会准则，就是我们可以观察到的外显的行为和人格品质；另一方面是内隐的人格成分，即面具后面的真实自我，是人格的内在特征。

> **万花筒**
>
> 人们对人格的解释主要有三个层面：一是指人品，侧重于品格，属道德范畴，如“我这样做，对不起自己的人格”；二是指人的个性，是心理学的解释，如“健全的人格”；三是指权利义务主体资格，属法律范畴，如“你侵犯了我的人格”。

心理学意义的人格概念内涵广阔而丰富，是指相对稳定、具有独特倾向性的心理特征的总和，是气质、性格、能力、兴趣、爱好、需要、理想、信念等方面内容的整合。

二、人格的缤纷色彩——常见的人格类型

1. 冒险家的人格类型——T 型人格

在生活中，我们总能看到一些人喜欢冒险运动，如高空跳伞、蹦极、冲浪、赛车等。在他们身上，我们能看到最大的特点就是好冒险、爱刺激，喜欢体验速度与激情，喜欢绝处逢生的快感。具有这种特点的人被美国心理学家弗兰克·法利称为T 型人格。

据弗兰克·法利的研究，这一类型的人体内有较高的激素存在，激素造就了强大的生物力量，也对心理能量起到了急切神秘的呼唤。它使人表现出强烈的三种行为倾向：第一，攻击性与控制欲望；第二，强烈的冒险欲望；第三，渴望反复体验短期的紧张——释放循环。

如果冒险行为朝健康、积极、创造性和建设性的方向发展，就是 T+型人格；如果是破坏性和消极的刺激行为，则被视为 T−型人格，如酗酒、吸毒等反社会行为。在 T+型人格中，依据活动特点又将他们分为体格 T+型和智力 T+型。体格 T+型如极限运动员通过身体运动来实现追求新奇、不断刷新的动机。而从事科技创新的科学家或思想家的人格被称为智力 T+型，如爱因斯坦等人。

实验证明，丰富的、多变的环境刺激是人生存的必要条件，在被剥夺感觉后，人会产生难以忍受的痛苦，各种心理功能将受到不同程度的损伤。所以苦行僧似的清净生活并不是每个人都能承受的。

2. 成功者的人格类型——A 型性格

美国心脏学家弗雷德曼经过长期观察后，将人的性格分为 A 型性格和 B 型性格。所谓 A 型性格，主要表现为较具进取心、侵略性、自信心、成就感，并且容易紧张。A 型性格的人总愿意从事高强度的竞争活动，不断驱动自己要在最短的时间里干最多的事，并对阻碍自己努力的其他人或其他事进行攻击。

A 型性格个体的行为特征表现为：第一，雄心勃勃，争强好胜，对自己寄予极大的期望；第二，苛求自己，不惜任何代价实现目标；第三，以事业上的成功与否，作为评价人生价值的标准；第四，把工作日程排得满满的，试图在极少的时间里做极多的工作；第五，终日忙忙碌碌、紧紧张张，不知道放松自己，极不情愿把时间花在日常琐事上。

A 型性格的人，由于对自己期望过高，以致在心理和生理上，负担都十分沉重。他们被自己顽强的意志力所驱使，抱着“只能成功，不能失败”的坚定信念，不惜牺牲自己的一切，乃至宝贵的生命，拼命直奔超出自己实际能力的既定目标。由于他们长期生活在紧张的节奏之中，其思想、信念、情感和行为的独特模式，源源不断地产生内部的紧张和压力。

3. 长寿者的人格类型——B 型性格

B 型性格的人则较松散，与世无争，对任何事皆处之泰然。他们在生活中容易相处，不易激动，社交适应性良好，而且胸怀开

万花筒

1954 年，心理学家贝克斯顿等在加拿大的麦克吉尔大学进行了首例感觉剥夺实验。

他们在付给大学生每天 20 美元的报酬后，让他们待在缺乏刺激的环境中。具体地说，就是在没有图形知觉（让被试戴上特制的半透明的塑料眼镜），限制触觉（手和臂上都套有纸板做的套）和听觉（实验在隔音室里进行，用空气调节器的单调嗡嗡声代替其听觉）的环境中，静静地躺在舒适的帆布床上。他们说，感到非常难受，根本不能进行清晰的思考，哪怕是在很短的时间内注意力都无法集中，思维似乎总是“跳来跳去”。更为可怕的是，50%的人出现了幻觉，包括视幻觉、听幻觉和触幻觉。视幻觉如出现光的闪烁；听幻觉似乎听到狗叫声、打字声、滴水声等；触幻觉则感到有冰冷的钢板压在前额和面颊，或感到有人从身体下面把床垫抽走。在过后的几天里，被试注意力涣散，不能进行明晰地思考，智力测试的成绩不理想。通过对脑电波的分析，证明被试的全部活动严重失调，有时被试甚至出现了幻觉（白日做梦）现象。

阔，容易想得开。通常来说他们性格较为圆融，非常喜乐。在临床上，用是否为A型行为模式预测心脏病具有一定的准确性。与此同时，研究发现，很多长寿老人都是B型性格的人。

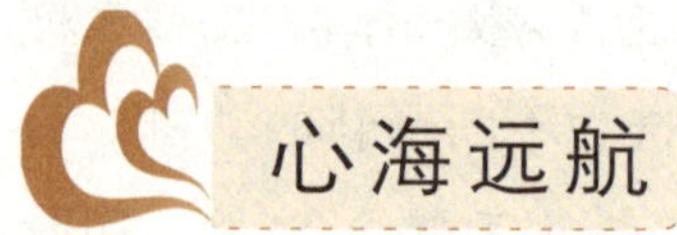

一、完美人格的追求——健全人格及其标准

人格健全属于高层次的心理健康，表现为有高尚的目标追求，发展建设性的人际关系，从事具有社会价值的创造，渴望生活的挑战，寻求生活的充实与人生意义。所谓健全人格就是以正面的态度对待世界，他人与自己，过去、现在与未来，顺境与逆境，做一个自立、自信、自尊、自强和幸福的进取者。

健全人格的标准包括：

1. 具有和谐稳定的人际关系

高职生良好人际关系表现为：在社会交往中彼此能够和谐沟通、相互理解，有不愉快的情绪可以有倾诉的对象，以释放不良情绪，达到身心健康。

2. 具有良好的社会适应能力

人格健全的人能和社会保持良好的、密切的接触，以一种开放的态度，主动关心社会、了解社会，观察所接触的各种事物和现象。在认识社会的同时，乐观的人常常能看到生活的光明面，对前途充满希望和信心，对自己所从事的工作或学习抱有浓厚的兴趣，表现为观察敏锐、注意力集中、想象丰富、充满信心、勇于克服困难。

3. 具有正确的自我意识

正确的自我意识，表现在认知上就是正确地认识自己、客观地评价自己，表现在情感上就是自尊、自信、自豪、有责任感、悦纳自己，表现在意志上就是能够自我监督、自我调节、努力发展身心潜能。缺乏正确自我意识的人常常表现出自我冲突、自我矛盾；或者自视清高、妄自尊大，做力所不能及的事情；或者自轻自贱、妄自菲薄，甘愿放弃一切可以努力的机遇。

4. 具有良好的情绪控制能力

人格健全的人情绪反应适度，具有调节和控制情绪的能力，能经常保持愉快、满意、开朗的心境，并富有幽默感。当消极情绪出现时，能合情合理地宣泄、排解、转移和升华。

5. 能有效地运用智慧和能力

人格健全的人，生活和工作充满热情，并有强烈的创造动机，能将能力有效地运用其中，从而勇于创造、善于创造，经常有所发现、有所建树。成功又会带来满足和愉悦，并形成新的兴趣和动机，使生活内容更加充实。

6. 个体心理和谐发展

人格健全的人的气质和性格、兴趣和爱好、需要和动机、智能和才能、理想和信念、人生观和价值观都能和谐发展。他们内心协调一致，言行统一；能正确认识和评价自己的所作所为是否符合客观需求，是否符合社会道德准则；能及时调整个体与外部世界的关系。

人格健全的人，其人格的各个方面是统一的、平衡的。上述标准不仅是衡量一个人人格健康的尺度，也是每个人完善自己人格的努力目标。

小金句

人格成熟的重要标志：宽容、忍让、和善。

——卡耐基

二、探索心灵成长之路——高职生培养健全人格的途径

1. 树立正确的世界观、人生观和价值观

人格实际上是一个人世界观、人生观、价值观在日常生活中的展现。高职阶段是青年人成长中接受外界信息量大、内容广泛的时期，此时家庭、同龄群体、大众传媒对他们的人格培养有举足轻重的作用。社会转型期的文化和价值多元化在一定程度上干扰和打乱了高职生的人格培养。少数高职生持功利主义、实用主义心态，导致自我中心、狭隘、急躁等人格问题日渐增多。因此，学校和社会应该用相对稳定和统一的社会规范和社会价值标准对高职生进行引导和教育，高职生也要充分意识到树立正确的人生观、价值观对塑造健康人格的重要性，要汲取传统文化的精华，以理性的态度学习

和理解共产主义人生观和价值观的深刻内涵。

2. 培养健康的自我意识

高职生的人格发展，首先取决于对自己人格的认知水平。如果对自己的人格特点认识不清，不知道自己的人格有哪些长处和短处，有哪些有利因素和不利因素，那么他的人格就必然在缺少自我意识调节的条件下自发地发展。其次取决于积极认可自我。高职生通过自我观察、自我判断和自我评价来充分认识自我、悦纳自我。当意识到自身人格存在某些缺陷时，先要学会接受，对于自己无法弥补的缺陷能泰然处之。这样可以减轻自己的心理压力，不致陷入自我谴责所带来的痛苦之中。过分地追求完美，不允许自己有一点“不完美”的表现，反而容易影响人格的健康发展。最后取决于努力完善自我。高职生还要增强自我调控，主动调节和控制自己的情绪和行为，努力发挥自身潜能和个性特长，培养自主精神和人格的独立性，在此基础上，逐步树立起自信心。

> **小金句**
>
> 你对自己的看法比别人对你的看法重要得多。
>
> ——塞内卡

3. 加强科学文化知识的学习和熏陶

大学的人格建设根植于知识和理性的基础之上。“文化的最后成果是人格。”学习科学文化知识的过程也是启迪心智、活跃思想、培养创造力、优化人格整合的过程。培根说过：“读史使人明智，读诗使人灵秀，数学使人周密，科学使人深刻，伦理学使人庄重，逻辑、修辞之学使人善辩，凡有所学，皆成性格。”例如，有些理工科大学生缺乏人文知识，有些文科大学生缺乏科学精神，都不利于人格的健全发展。因此，大学生不能只局限于专业学习，还应好读书，读好书，做到科学精神与人文理念并重。

4. 养成良好的行为习惯

健康人格是逐步形成和发展的，健康人格的塑造也是需要经过长期努力的。“行为决定习惯，习惯决定性格，性格决定命运。”因此，高职生要注意平时的一言一行，从身边的小事做起，做个有心人。这是健康人格养成的重要途径。同时，实践是人格发展的必由之路，一个人的勤奋、坚忍、乐观、细致等人格特征都是经过长期实践锻炼而形成的。高职生要积极参加各种有益于身心健康的实践活动，如青年志愿者活动。这对于个体人格的发展与塑造很有意义。

项目七 我心里的我

“14岁的少女苏菲某天放学回家，收到了一封神秘的信——‘你是谁？世界从哪里来？’”这是《苏菲的世界》中的一个场景，也是每个人成长路上要面对的问题。这个问题唤醒每个人内心深处对生命的赞叹与对自我的好奇……

夜深人静，喧嚣褪去，我们常常会发现，困惑心灵最多的不是别人而是自己。如果一个人能客观并准确地认识自我、接纳自我，学会恰当地调整自我、完善自我，那么，他的一生将充满快乐和富有价值。

> 知人者智，自知者明，胜人者有力，自胜者强。
>
> ——老子

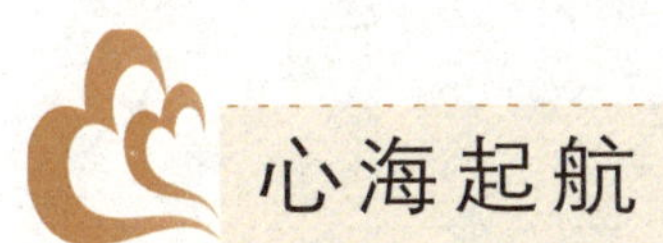

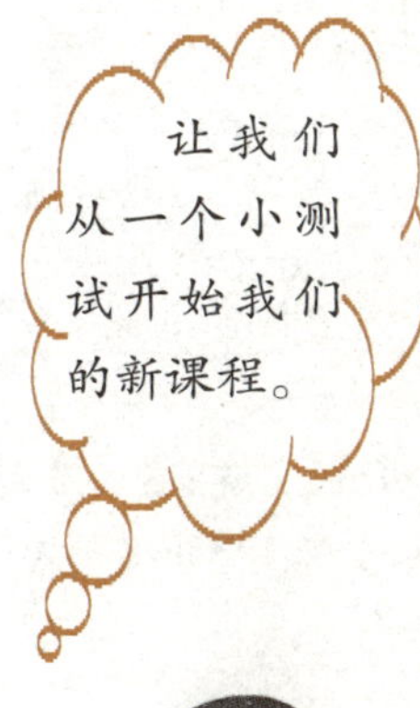

测一测

这是帮助你认识自己的一种方法，分两步进行。

第一步，问你自己10次或20次：“我是谁?”请你把头脑里浮现出来的答案一一写出来。例如“我是××（姓名）”“我是××学校的学生”等。由于这是自我分析材料，可以不给别人看，所以想到什么就回答什么，不要有什么顾虑。回答每次提问的时间为20秒，如果写不出来，可以略去，继续往下写。

第二步，对自己的答案进行分析。

分析的内容包括以下几个方面：

1.答案的数量和质量。

2.回答内容的表现方式。有三种情况：符合客观情况的、倾向于主观评价的和中性的。

3.回答的内容是否涉及自己的未来。

（摘自［日］依田新主编的《青年心理学》一书。该书由知识出版社于1981年出版。）

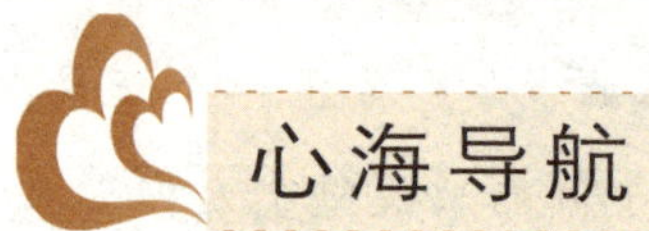

“认识你自己”是镌刻在古希腊德尔菲神庙里的碑铭，但正如古人云，“人贵有自知之明”，一个人要认识自我，不仅难能可贵，而且也不是一件轻而易举的事情。

一、全方位地认识自我

温馨提示

“自我意识”是自己认识自己的一切，包括认识自己的生理状况（如身高、体重、体型等），心理特征（如兴趣爱好、能力、个性等），以及自己与他人的关系（如自己与周围人相处的关系、自己在集体中的位置等）。

每个人有两个“我”，犹如照镜子，一个“我”在镜外作为观察者，是主体我，另一个“我”是镜中被观察者，是客体我。每个人都是主体“我”与客体“我”的统一体。当个体把自己及其与外界事物的关系作为认识对象时，就是“自我意识”。

自我意识的分类

结构 内容	自我认知	自我评价	自我控制
生理自我	对自己的身高、性别、外貌、形体、风度等的认识	潇洒、漂亮、有吸引力、迷人、自我悦纳	追求身体的外表、物质欲望的满足，维持家庭的利益等
心理自我	对自己的感知、记忆力、智力、思维、性格、气质、能力、兴趣、信念、价值观等的认识	敏感、聪明、能干、优雅、感情丰富细腻	追求信仰，注意行为符合社会规范，要求智慧与能力的发展
社会自我	对自己在社会中的角色、名望、地位、权利、义务、责任的认识	自尊、自信、自爱、自豪、自卑、自怜、自恋	追求名誉地位，与他人竞争，争取得到他人的好感等

二、客观地认识自我

1. 摆脱周围信息暗示——“巴纳姆效应”

我不认识你，但我知道你是什么样的人。不信，你读读下面这段话：

你很需要别人喜欢并尊重你。你有自我批判的倾向。你有许多可以成为你优势的能力没有发挥出来，同时你也有一些缺点，不过你一般可以克服它们。你与异性相处往往有些困难，尽管外表上显得很从容，其实你内心焦急不安。你有时怀疑自己所做的决定或所做的事是否正确。你喜欢生活有些变化，厌恶被人限制。你以自己能独立思考而自豪，别人的建议如果没有充分的证据你不会接受。你认为在别人面前过于坦率地表露自己是不明智的。你有时外向、亲切、好交际，而有时则内向、谨慎、沉默。你的有些抱负往往很不现实。

这段话说的是你吗？这其实是一顶套在谁头上都合适的“帽子”，大部分人都适用，就像算命一样当然有人相信了。

在日常生活中，我们既不可能每时每刻去反省自己，也不可能总把自己放在局外人的地位来观察自己，于是只能借助外界信息来认识自己。正因如此，每个人在认识自我时很容易受外界信息的暗示，迷失在环境当中，并把他人的言行作为自己行动的参照。“巴纳姆效应”指的就是这样一种心理倾向，即人很容易受到外界信息的暗示，从而出现自我知觉的偏差，认为一种笼统的、一般性的人格描述十分准确地揭示了自己的特点。

在生活中，这种效应还能说明为什么人们会觉得星座性格分析、生肖性格分析、血型说明的描述符合自己的情况。

2. 挣脱自己的枷锁——自我设限

“我唱歌跑调”“我从来不会当众讲话”“我当不了班干部”……诸如此类的话你对别人或自己说过吗？犹如笼子里的人，自己把自己局限起来，这就是自我设限。

从心理学角度讲，自我设限就是在自己的心里默认了一个高度，这个心理高度常常暗示自己：这么多困难，我不可能做到的，成功机会几乎是零。默认心理高度是人无法取得成就的重要原因

万花筒

有人曾经做过这样一个实验：

把跳蚤放在桌上，一拍桌子，跳蚤迅速跳起，跳起高度均在其身高的100倍以上。然后把跳蚤放在一个玻璃罩中，再让它跳，这一次跳蚤碰到了玻璃罩。连续多次后，跳蚤改变了跳的高度以适应环境，每次跳跃总保持在罩顶以下高度。接下来逐渐改变玻璃罩的高度，跳蚤都在碰壁后被动改变自己跳的高度。最后，当玻璃罩接近桌面时，跳蚤已无法再跳了。科学家于是把玻璃罩打开，再拍桌子，跳蚤仍然不会跳，变成“爬蚤”了。

现实生活中，是否有许多人也过着这样的“跳蚤人生”？

之一，它是一块巨石、顽石，在人生及事业成长道路上，阻碍着人们前进。

有些事在人不清楚它到底有多难时，即没有自我限制时，往往能做到更好，这就是人们常说的“无知者无畏”。

三、纠正自我意识的偏差

1. 克服自卑

上了高职后，学生面临的不再仅仅是学习方面的压力，还要面对人际交往、社会活动、自我成长等各方面的压力。人无完人，因此每个人都会或多或少在某一或某些方面存在自卑心理。个体对自己在能力或品质或行动力方面评价偏低的消极情感倾向就是自卑感。自卑感的产生，往往不是认识上的不同，而是感觉上的差异。其根源就是个体倾向于用自己向往或期望自己应该达到的某种标准或尺度来衡量自己，脱离实际，从而滋生烦恼和自卑。

小金句

恢宏志士之气，不宜妄自菲薄。

——诸葛亮

2. 避免自负

自负是一种过度的自我接受。过度的自我接受的人有点自我扩张。他们往往高估自我，对自己的肯定评价往往有过之而无不及。他们拿放大镜看自己的长处，甚至把缺点也视为长处；对别人，则是拿显微镜看其短处。过度自我接受的人容易盲目乐观，自以为是，骄傲自满，目空一切。

3. 防止自我中心

自我中心的个体凡事从自我出发，不能设身处地进行客观思考。只关心自己的感受，不能顾及他人的立场和需求。他们往往颐指气使、盛气凌人，喜欢控制别人，因而很难赢得他人的好感和信任。他们人际关系多不和谐，容易成为孤家寡人，遇事少有人助。

四、积极悦纳自我

自我悦纳是对自己的本来面目持肯定、认可的态度，是自我意识健康发展的关键。一个人只有欣然接受自我，自尊、自爱、自信，注重自我修养，才能使自己发展到一个较高境界。

1. 自尊

自尊即自我尊重，是个体通过社会比较形成的，是对其社会角色进行自我评价的结果。自尊首先表现为自我尊重和自我爱护。自尊还包含要求他人、集体和社会对自己尊重的期望。一般来说，心理健康的人自尊感比较高，认为自己是一个有价值的人，并感到自己值得别人尊重，也较能够接受个人不足之处。

小故事

白点与黑点

在非洲加纳的一所学校里，一位老师走进了教室。他先拿出了一张画有一个黑点的白纸，问他的学生："孩子们，你们看到了什么？"学生们盯住黑点，齐声喊道："一个黑点。"老师非常沮丧。"难道你们谁也没有看到这张白纸吗？眼光集中在黑点上，黑点会越来越大。生活中你们可不要这样啊！"教室里鸦雀无声。老师又拿出一张黑纸，中间有一个白点。他问他的学生："孩子们，你们又看到了什么？"学生齐声回答："一个白点。"老师高兴地笑了："孩子们，太好了，无限美好的未来在等着你们。"

温馨提示

想获得快乐和幸福很简单，只要把目光停留在快乐和幸福的事情上就行了。如果你把目光都集中在痛苦、烦恼上，生命就会黯然失色。

2. 自信

自信亦称自信心，是一个人相信自己的能力的心理状态，即相信自己有能力实现自己既定目标的心理倾向。在自我意识中往往表现为"我一定行""我很聪明""我很能干"等观念，并能有意无意地体现在行为之中。自信是心理健康的一种表现，是学习、事业成功的有利心理条件。

自信不是自恋，而是必要的自我肯定。在心理学中，与自信最接近的是班杜拉在社会学习理论中提出的自我效能感。

班杜拉认为，自我效能感是指人们对自身能否利用所拥有的技能去完成某项工作行为的自信程度。自我效能感影响或决定人们对行为的选择，以及对该行为的坚持性和努力程度；影响人们的思维模式和情感反应模式，进而影响新行为的习得和习得行为的表现。

自我效能感高的人：期望值高，显示成绩，遇事理智处理，乐于迎接应急情况的挑战，能够控制自暴自弃的想法——需要时能发挥智慧和技能。

自我效能低的人：畏缩不前，显示失败，情绪化地处理问题，在压力面前束手无策，易受惧怕、恐慌和羞涩的干扰——需要时知识和技能无以发挥。

五、有效控制自我

一个人要获得发展，取得成就，光有目标是不行的，还必须具备自制的意识，对自己的感情、行动加以调节和控制。自我意识健全的个体，在对自我做出正确认识、合理规划的基础上，能够对自己的注意力、情感、行为等加以控制，以实现自己的目标。

要建立合乎自我实际情况的抱负水平，确立合适的理想自我。即面对现实，确定自己的具体奋斗目标，把远大理想分解成一个个远近高低不同的适当的切实可行的合理的子目标。

要增强自尊和自信，使自己有为实现理想自我而努力的强大动力，激励自己不断奋进。

要培养顽强的意志和坚强的性格，发展坚持性和自制力，增强挫折耐受力，使自己能自觉主动地认清目标，为实现目标而努力排除干扰、克服困难，正确面对成功与失败。

心海远航

每一个人都是一个“独特的我”。无论男性还是女性，都各有各的价值。每个人都是可爱的，我们会因为可爱而美丽。积极的、健康完美的自我可以通过平时的努力来培养。

> **万花筒**
>
> “60 秒 PR 法”是可用来增强自尊自信的家庭生活游戏，具体要求如下：
>
> 1.每天早起后和晚睡前，各用一分钟左右的时间进行积极的自我暗示。在自我暗示的前半部分，要选择一些积极、肯定并富有激励性的语言，并固定下来，天天背诵，做到反复强化。例如：我正在进行自信训练，我一定会越来越有自信的。我是有能力的。我在各方面都会越来越好。
>
> 2.完成了前半部分固定内容的背诵以后，后半部分可即兴发挥。比如，在讲演过程中，应多提自己过去成功的例子。当然，未来的目标也是必不可少的。这可分为长期目标和短期目标。长期目标要富于想象和激发性，短期目标则应切实可行、具体明确。
>
> 第一步，请你把自己的优点写下来。第二步，安静地坐下来，背板挺直但身体放松。第三步，深呼吸两次，然后大声将自己写的句子说出来。第四步，说这些句子时，一定要全神贯注，没有一丝杂念。第五步，每次说 2~3 句，一个句子重复说 3~4 遍。

正确认识自我的途径

（一）乔韩（周哈里）窗口理论

乔韩（周哈里）窗口是以两位美国心理学家 Jone 和 Harry 的头字母命名的。他们认为每个人的自我都由四部分组成：公开的自我、盲目的自我、秘密的自我和未知的自我。

自知	自不知	
A 公开的自我	B 盲目的自我	他知
C 秘密的自我	D 未知的自我	他不知

公开的自我：自己很了解，别人也很了解，例如我是高职生，我身高一米八。

盲目的自我：别人看得很清楚，自己却不了解，比如一些姿态、习惯动作等。

秘密的自我：是自己了解但别人不了解的部分，属于个人隐私，例如失败的往事、内心的痛楚等。

未知的自我：代表我们自己不知道，别人也不知道的领域，通过一些契机可以激发出来。

每个人的自我都是由这四部分构成，但每个人四部分的比例是不同的，而且随着人的成长和生活经历增加，自我的四个部分会发生变化。

我们人生的成长目标就是不断减少盲目的自我、秘密的自我和未知的自我的领域，扩大公开的自我的领域，那样我们的生活会更加真实和有建设性。一个人的盲目领域越小，他对自己的认识就越全面，就可以更好地发挥出自己的潜能。

（二）认识自我的方法

1. 比较法——从我与他人的关系认识自我

比较法分横向比较法（与他人比较）和纵向比较法（与自己比较）。

在与他人的比较中，我们要注意主观色彩，要思考：和谁比，是选择比自己强的，还是比自己弱的；比什么，是比可改变的，还是比不可改变的。

研究者做了一个实验，他们让大学生被试和另一些竞争对手一起讨论参加工作的问题。在讨论前，大学生被试都接受了自尊测试。之后，有一半被试看到的是衣冠不整、仪表一般的竞争对手；另一半被试所接触的是仪表端庄、谈吐文雅之士。讨论后，实验者又对大学生进行自尊测试。结果显示：接触到仪表比自己强的竞争对手的大学生，自信心明显下降；而看到仪表不如自己的竞争对手的大学生，自信心大大提高。

这项实验说明了他人是反映自我的镜子，与他人交往接触，是个人获得自我认识的重要来源。

除了与他人比较，学生还可以通过和自己的过去或将来比较来认识自我，这是正确认识自我的一种最基本的方法。

2. 经验法——从我与事的关系认识自我

从做事的经验中了解自己。在这个过程中，需要个人搜集信息，耐心地分析：

我最擅长做什么？ ____________________

什么能激发我的活力？ ____________________

什么令我感觉倦怠乏味？ ____________________

我喜欢与人打交道，还是喜欢处理具体问题？

____

我过去做过什么自己确实喜欢的工作？

____

过去哪些事情让我很受挫折？ ____________________

项目八　那点小脾气

“人非草木，孰能无情。”情绪和情感就像空气一样时刻围绕着我们。它们影响着个体的活动效率、身心健康，从而与我们的生活、学习以及人际交往密切相关。处于青年期的高职生，心理上正经历着急剧的变化，尤其反映在情绪和情感方面。所以，认识情绪和情感，把握情绪和情感，成为它们的主人，对于个体的成长极为重要。

> 性之好恶喜怒哀乐谓之情。
>
> ——荀子

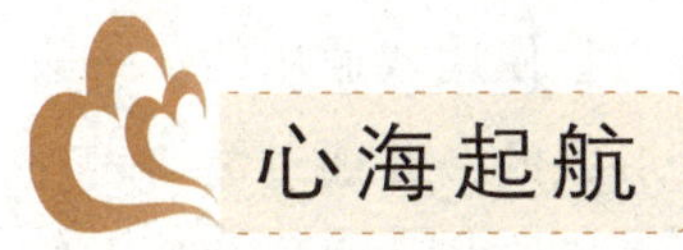

让我们从一个小游戏开始我们的新课程。

小游戏：体验情绪

观看一场扣人心弦的篮球赛，你会感到 ________

失去朋友或亲人，你会感到 ________

遭遇危险时，你会感到 ________

完成一项任务或工作后，你会感到 ________

面对紧迫的任务时，你会感到 ________

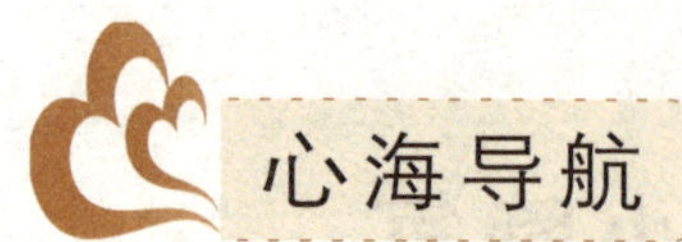

一、问世间“情”为何物

“人有悲欢离合，月有阴晴圆缺。”每个人都会有喜、怒、哀、乐的情绪体验。所谓情绪，是指伴随着认知和意识产生的对外界事物的态度，是对客观事物和主体需求之间关系的反应，是以个体的愿望和需要为中介的一种心理活动。情绪包括情绪体验、情绪行为、情绪唤醒和对刺激物的认知等复杂成分。

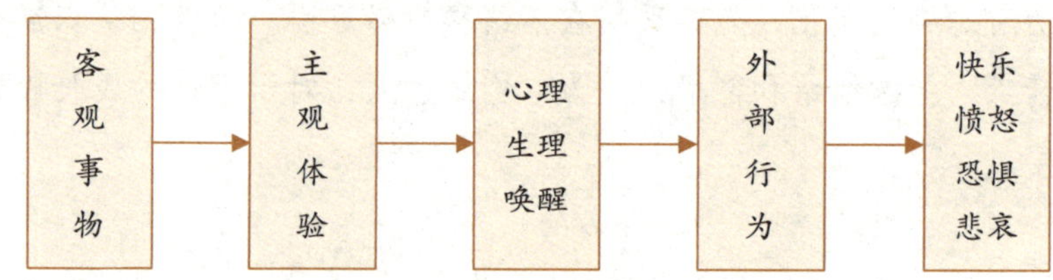

情绪反应过程图

情感是较为高级的感情现象，注重体现感情的内容方面，具有稳定、持久、含蓄的特点。

在心理学上，情绪和情感有时候是交替使用或通用的。一般来说，情感是在多次情绪体验的基础上形成的，并通过情绪表现出来；反过来，情绪的表现和变化又受已形成的情感的制约。但二者也有区别：一是情绪出现较早，多与人的生理性需要相联系；情感出现较晚，多与人的社会性需要相联系。二是情绪具有情境性和暂时性，情感具有深刻性和稳定性。三是情绪具有冲动性和明显的外部表现，情感比较内隐。

万花筒

情绪商数（emotional quotient）简称情商（EQ），是一种自我情绪控制能力的指数，即指人们感知和理解自己以及他人情绪，并且利用这种理解去调节和调动自己和他人情绪的能力。

二、情绪的影响

情绪是我们人体的重要部分，是人这个机器的一个重要零件。所有的情绪，都是有用的。我们经常会把情绪分为正性情绪和负性情绪。

小活动

两人一组，一人对着镜子表演高兴、伤心、害怕、生气、惊讶或紧张等情绪，另一人观察并判断对方的情绪。

小知识

微表情一闪而过，最短可持续1/25秒。通常甚至清醒的做表情的人和观察者都察觉不到。在实验里，只有10%的人察觉到了。比起人们有意识做出的表情，微表情更能体现人们真实的感受和动机。虽然人们会忽略微表情，但是人的大脑依然受其影响，改变对别人表情的理解。所以，如果某人很自然地表现高兴的表情，且其中不含有微表情，就能断定这人是高兴的。但是，如果其间有嗤笑的微表情闪现，就算你没有刻意去察觉，你也会更倾向于认为这张高兴的面孔是狡猾的或不可信的。

另外，除了指短暂的表情外，微表情在应用上更倾向于指代那些被抑制的表情。譬如说，在明显悲伤的情况下，某人表现出大部分悲痛的表情，嘴角却抑制不住地上翘，这时，这个人明显希望表现出悲伤的情绪，却不由自主出现了微笑的微表情，由于自身理性的抑制，表现得不明显或较为短暂。类似这样的差异在微表情分析中更为常用。

人类主要拥有至少七种表情，每种表情都表达不一样的意思：

●高兴。人们高兴时的面部特征包括：嘴角翘起，面颊上抬起皱，眼睑收缩，眼睛尾部形成鱼尾纹。

●伤心。面部特征包括：眯眼，眉毛收紧，嘴角下拉，下巴抬起或收紧。

●害怕。害怕时，嘴巴和眼睛张开，眉毛上扬，鼻孔张大。

●愤怒。这时眉毛下垂，前额紧皱，眼睑和嘴唇紧张。

●厌恶。厌恶的表情包括嗤鼻，上嘴唇上抬，眉毛下垂，眯眼。

●惊讶。惊讶时，下颚下垂，嘴唇和嘴巴放松，眼睛张大，眼睑和眉毛微抬。

●轻蔑。轻蔑的著名特征就是嘴角一侧抬起，做讥笑或得意笑状。

人们对积极情绪的认识早在古希腊时期就已经开始了。古希腊哲学家亚里士多德将快乐和愿望视为最基本的情绪种类，认为快乐与高兴一样，均为一种愉悦体验。积极情绪研究中的一个代表人物弗瑞克森认为，积极情绪包括快乐、兴趣、满足和爱。快乐经常是与愉快互换的，而且和高兴等相对高唤醒的正情绪在定义上相近。兴趣有时是可和好奇或者疑惑互换的，在安全和具有新鲜感的情境下产生。满足常和平静、静谧这样低唤醒的情绪相似，在某种程度上，等同于放松。爱由多种积极情绪组成，包括兴趣、欢乐、满意等。

弗瑞克森还提出自豪和感恩两种情绪也为积极情绪。自豪是自我价值得到认可时产生的情绪。感恩是受益人感知到另一个人（施益人）或某一个施益源（好运、命运）的作用，提高了幸福感时而产生的积极情绪。

由此可见，从基本的愉快、满足到较复杂的自豪、感激等都可划为积极情绪的范围。积极情绪可以促进认知，撤销消极情绪体验和自主性生理反应，提高应对压力的能力。

心理学上把焦虑、紧张、愤怒、沮丧、悲伤、痛苦等情绪统称为负面情绪。负面情绪对人在社会中生存有必要的意义。适度的负面情绪能提高人的应激水平，促进人体脑和神经系统的运转，加强人体的生物化学反应、内分泌的调节等，使有机体更好地解决现实中的问题，在面临危险时采取必要的措施。

万花筒

《黄帝内经》中有：“怒伤肝、喜伤心、思伤脾、忧伤肺、恐伤肾”的说法，并提出“百病之生于气也，怒则气上，喜则气缓，悲则气消，恐则气下……惊则气乱，劳则气耗，思则气结”。这些论述都清楚地表明，情绪和身心健康的重要联系。

比如说：痛苦——很有用，它告诉我们这条路走不通，建议你换个方向；焦虑——很有用，它告诉我们这个事情有点麻烦，需要引起高度重视；恐惧——很有用，它告诉我们这个事情很危险，建议赶快逃跑；愤怒——更有用了，它不仅告诉我们目前的状况不能接受，而且还额外提供给我们能量去解决这个问题。

但是，人们之所以称呼这些情绪是负面的，是因为此类情绪体验是不积极的，使人们的身体也会有不适感，甚至影响人们工作和生活的顺利进行，进而有可能引起身心的伤害。

小故事

能致死的负面情绪

把一只老鼠捆绑在一个可以转动的阶梯式滚筒上，把另一只放在滚筒的台阶上。滚筒转动时，被捆绑的老鼠躺在上面“睡觉”，另一只则随着滚筒转动的频率跑动，转速加快，跑动也加快，直到跑不动掉下滚筒为止。结果是：跑动的老鼠筋疲力尽，但休息一会就无大碍，而被捆绑的老鼠没耗能量却死了。

实验者说：“两只老鼠都处于恐惧、惊慌的状态。奔跑的老鼠经过运动能将产生的负面情绪宣泄出来，所以仍然活着；而被捆绑的老鼠，无法动弹，虽然毫不费力气，但产生的负面情绪也越积越多，不能排除，最终被吓死了。”

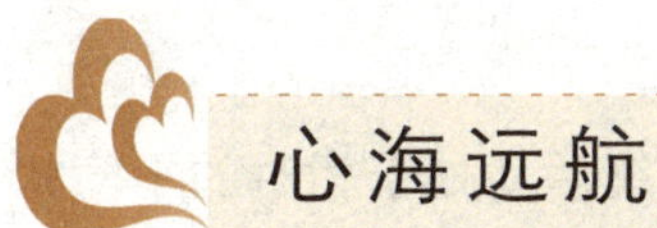

情绪就像一个人心理活动的晴雨表，对一个人的心理成长与发展有着极大的影响。情绪管理是健康的“护航者”，是智力活动的“激发器”，是人际关系的“润滑油”，是良好性格的“塑造者”。高职生学会管理情绪、调节情绪、做自己情绪的主人，不仅是维护身心健康的需要，也是自我发展和人格成熟的重要标志。

一、情绪健康的标志

健康的情绪是健全人格的必要条件之一。一般而言，情绪直接影响心理健康，因此要学会控制自己的情绪，做情绪的主人。应学会对不愉快的事情冷静分析，学会理智，抑制不必要的冲动，不感情用事，情绪反应适度，不带有幼稚的、冲动的特征，符合社会规范的要求。

对高职生来说，情绪健康具体表现为：

1. 情出有因

任何情绪、情感的产生与发展必须由一定的原因引起。例如，可喜的现象引起欢乐的情绪，不幸的事件引起悲哀的情绪，挫折引起沮丧的情绪等。无缘无故地喜、怒、哀、乐，莫名其妙地悲伤、恐惧，就不是情绪健康的表现。

2. 表现恰当

一定的刺激会引起一定的情绪反应，反应和刺激应该相互吻合。例如，因成功而喜悦，因失败而痛苦，该高兴就高兴，该悲哀就悲哀。假如失去亲人还哈哈大笑，或者受到挫折反而高兴，受到尊敬反而愤怒，则是情绪不健康的表现。

> **万花筒**
>
> 心理学研究认为，体验到较高程度积极情绪的人有以下表现：在对自己和他人的正面知觉方面，对他人态度更积极，自尊更高；在社会性和活动性方面，有开放和外向的人格特质，社会活动中的优越性、亲密性高，更易获得成功的社会关系；在亲社会行为方面，更倾向于利他、慷慨和慈善；在工作生活方面，工作质量较高，更易得到上级和同事的认同。由此可看出积极情绪对各方面的成功产生了实在的影响。

3. 反应适度

情绪表现的持续时间和强烈程度都应适当，不能无休无止，也不能过分强烈或过于冷漠。刺激强度越大，情绪反应就越强烈；反之，情绪反应也就越弱。如果微弱的刺激引起强烈的情绪反应，则是情绪不健康的表现。

4. 情绪稳定

情绪稳定表明一个人的中枢神经系统活动处于相对的平衡状态，也反映了中枢神经系统活动的协调。一般来说，情绪反应开始时比较强烈，随着时间的推移，逐渐减弱。如果反应时强时弱，变化莫测，经常处于不稳定状态，则是情绪不健康的表现。

5. 心情愉快

以愉快的心情为主，积极情绪多于消极情绪。如果一个人经常情绪低落，愁眉苦脸，心情郁闷，则是情绪不健康的表现。

6. 能自我控制

健康的情绪是受自我调节和控制的。情绪健康的人，应是情绪的主人，可把消极的情绪转化为积极的情绪，也可把激情转化为冷静。

二、消极情绪调适

1. 积极自我暗示

积极自我暗示，在不知不觉之中对自己的意志、心理以至生理状态产生影响。积极自我暗示令我们保持好的心情、乐观的情绪、自信心，从而调动人的内在因素，发挥主观能动性。心理学上所讲的“皮格马利翁效应”也称“期望效应”，就是讲的积极的自我暗示。

小故事

“皮格马利翁效应”：期望与赞美能创造奇迹

希腊神话中记载了这样一个故事：塞浦路斯的国王皮格马利翁非常喜欢雕塑。一次，他用一块象牙精心雕塑了一个美女像，给它取名为盖拉蒂。这尊雕塑实在太完美了，皮格马利翁逐渐爱上了自己的作品。他每天对着雕塑倾诉绵绵情话，赞美它的美貌，真诚地希望它能够幻化为人形，成为自己美丽的妻子。皮格马利翁的痴心最终感动了女神，雕像化作一位楚楚动人的美女，笑吟吟地朝他走来。皮格马利翁的期望终于成真，他迎娶了眼前这位让自己朝思暮想的女子。

心理学上的“皮格马利翁效应”，是指热切的期望与赞美能够产生奇迹：期望者通过一种强烈的心理暗示，使被期望者的行为达到他的预期要求。它又被称作“罗森塔尔效应”和“期望效应”，是由美国著名心理学家罗森塔尔和雅各布森共同提出的。

1968 年，罗森塔尔和雅各布森来到一所小学，从一至六年级中各选 3 个班，在学生中煞有介事地进行了一次“发展测验”。然后，他们列出了一张学生名单，声称名单上的学生都极具潜质，有很大的发展空间。8 个月后，他们又来到这所学校进行复试，惊喜地发现，名单上的学生成绩进步很快，性格更为开朗，与老师和同学的关系也比以前融洽了很多。

事实上，这是心理学家用以证明“期望是否会对被期望者产生重大影响”的心理实验。名单完全是随机抽取的，心理学家通过“权威性的谎言”暗示教师，并随之将这种暗示传递给学生。尽管教师将这份名单暗藏心中，却在不知不觉中通过眼神、微笑、言语等途径，将掩饰不住的期望传递给了那些名单上的学生。名单上的学生受到教师的暗示作用后，变得更加开朗自信，充满激情，在不知不觉中更加努力地学习，变得越来越优秀。

“皮格马利翁效应”启示我们：赞美和期待具有一种超常的能量，能够改变人的行为与思想，激发人的潜能。一个人得到别人的信任与赞美后，会变得更加自信和自尊，从而获得一种积极向上的原动力。为了不让对方失望，他会更加努力地将自己的优势发挥到极致，尽力达到对方的期望。相反，如果向对方传递了一种消极的期望，则会让他变得自暴自弃，向着消极的一面发展。

小金句

情感直接来自我们自己的想法、观点、态度和信仰。

——艾利斯

2. 改变不合理的认知

理性情绪疗法的创始人艾利斯提出一个著名的 ABC 理论。理性情绪理论认为，随时间的推移，正确的认识一般会带来适当的行为和情绪反应，而错误的认知是导致不良情绪产生的直接原因。去掉头脑中的不合理信念，用合理信念取而代之，分为五步，可称为 ABCDE 理论。

A——诱发性事件。

B——个体在遇到诱发性事件之后相应而生的信念，即他对这一事件的看法、解释和评价。

C——在特定情景下，个体的情绪及行为的结果。

D——与不合理信念辩论、对抗。

E——辩论后产生的心得情绪或行为后果。

通常，人们会认为人的情绪及行为反应是直接由诱发性事件 A 引起的，但 ABC 理论指出，诱发性事件 A 只是引起情绪及行为反应的间接原因；而 B 人们对诱发性事件所持的信念、看法、解释才是引起人的情绪及行为反应的更直接的起因。

问题情境 A	当众发言
不合理观念 B	我一定要表现得很好，否则会被人笑话
情绪/行为反应 C	紧张、焦虑、浑身发抖，无法集中注意力
反驳不合理观念 D	如果我没表现好，结果真的有那么糟糕吗？别人会整天无事可干，评论我吗？我想表现好，就一定能表现得好吗？有些结果怎样并不完全由我控制。我为什么非要表现得那么好呢？难道敢于尝试不是一种勇气吗？别人上来难道就一定比我强吗
处理问题的态度 E	如果我继续坚持这个信念，我会更焦虑，而且会更糟。你想紧张就紧张吧，你想脸红就使劲红吧，爱怎样就怎样吧

3. 转移注意力

注意力转移法就是把注意力从引起不良情绪反应的刺激情境转移到其他事物上去或从事其他活动的自我调节方法。当出现情绪不佳的情况时，要把注意力转移到使自己感兴趣的事上去，如外出散步，看看电影、电视，读读书，打打球，下盘棋，找朋友聊天，换换环境等，有助于使情绪平静下来，在活动中寻找到新的快乐。

4. 适度宣泄

遇有不良情绪时，最简单的办法就是宣泄。宣泄一般是在背地里，在知心朋友中进行的。采取的形式或是用过激的言辞抨击、谩骂、抱怨恼怒的对象；或是尽情地向至亲好友倾诉自己认为的不平和委屈等，一旦发泄完毕，心情也就随之平静下来；或是通过体育运动、劳动等方式来尽情发泄；或是到空旷的山林原野，拟定一个假目标大声叫骂，发泄胸中怨气。必须指出，在采取宣泄法来调节自己的不良情绪时，必须增强自制力，不要随便发泄不满或者不愉快的情绪，要采取正确的方式，选择适当的场合和对象，以免引起意想不到的后果。

5. 情绪升华法

升华是改变不为社会所接受的动机、欲望而使之符合社会规范和时代要求，是对消极情绪的一种高水平的宣泄，是将消极情感引导到对人、对己、对社会都有利的方向上去。例如，一同学因失恋而痛苦万分，但他没有因此而消沉，而是把注意力转移到学习中，立志做生活的强者，证明自己的能力。

项目九　孔子的心韵

中国传统文化中积淀、传承着中华民族的大量心理习俗。心理习俗是指人在长期的生产、生活活动中创造、传承、演变和积累的，并伴有鲜明地域性、复杂性、民族性等的准则、制度、习俗、谚语、神话、故事、诗歌等文化遗留物。它们作为人类历史承续、积淀、享用的心理智慧，绵延不绝地支配、指引和解释着人们的日常心理和日常生活。

知者不惑，仁者不忧，勇者不惧。

——孔子

儒学中包含着促进人们心理健康发展的智慧。

齐鲁文化的核心——儒学

齐鲁文化在中国文化和文明发展史上占有重要的地位，这是人所共知的。

作为齐鲁文化核心的儒学，产生于春秋时期的鲁国，由孔子开创，孟子、荀子等继往开来，而且在孟、荀所处的时代在周边的齐、卫、燕、赵、魏等国都有不同程度的传播发展。秦始皇统一天下后，客观上为儒学的进一步走出山东创造了时机。但是，儒学复古和崇尚仁义的思想观点并不被崇尚法治、专权的秦始皇重视，他反而制造了

“焚书坑儒”的文史劫难。直至西汉，齐鲁的儒生们才得以施展才干抱负。汉武帝在位时采纳儒生董仲舒的建议，“罢黜百家，独尊儒术”，最终奠定了儒学的正统地位。

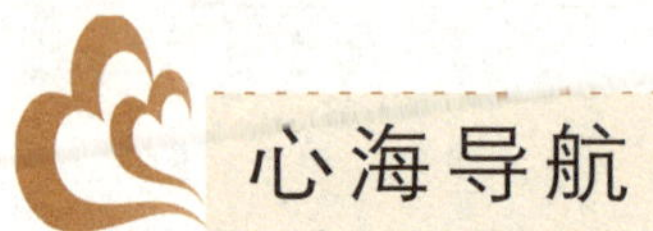

心海导航

一、孔子的基本心理学思想

> **万花筒**
>
> 儒学在山东有着广泛而深厚的社会基础，影响了一代又一代山东人的性格。比如，山东人淳朴厚道，与人为善，任劳任怨，顾大局，重实干。

中国传统文化中的心理学思想本身固有一系列的基本范畴。我国老一辈心理学家经过研究，把它概括为形神、心物、天人、人禽、知虑、情欲、志意、智能、性习、知行。中国传统心理学思想的基本观点，现在一般公认的有形神观、心物观、天人论和人贵论等。孔子虽然未明确提出这些观点，但也涉及其中的某些方面。

1. 形神观——不信鬼神与死后自知

对待鬼神，孔子的态度是“敬鬼神而远之”。孔子认为，凡人死后，尸体要埋到地下，这就叫作“鬼”。而尸体埋在土里腐烂了，臭气蒸发出来，这就叫作“神”。人死后形体腐朽，精神便不复存在。另外，孔子还认为死人无知。

2. 天人论——“尽人事”而后“知天命”

孔子有信天命、听天命，甚至畏天命的一方面。他所讲的“天命”（包括单讲的“天”或“命”），并不是一个活灵活现的、直接对人间发布命令的人格神，而只是被当作人力无法抗拒的大自然发展的必然规律。正因为孔子认为“天命”具有自然运行的必然性而又难以抗拒，所以他就强调要“知天命”和“尽人事”。“知天命”是指要认识自然规律，还一贯地追求，直到五十岁始达目的，即所谓“五十而知天命”。“尽人事”是说，虽然“天命”难以抗拒，但一个人还是要尽人事，并“知其不可而为之”，至于事成与否，则只能听天由命。

3. 人贵论——智慧说与道德说

自从古老的典籍《尚书》提出“惟天地，万物父母；惟人，万物之灵”之后，绵延数千年，绝大多数思想家都认为“天地之间人为贵”。如：孔子在《孝经》中说：“天地之性，人为贵。”荀子说：“然则人之所以为人者，非特以二足而无毛也，以其有辨也。”有辨，即有辨别能力而高于动物。突出人的智慧高于动物，得出了人为贵的思想。

中国古代思想家十分重视伦理道德。以道德作为人与禽兽区别的重要标志，由此论证了“人为贵”的思想。荀子说：“水火有气而无生，草木有生而无知，禽兽有知而无义，人有气、有生、有知，亦且有义，故最为天下贵也。”

二、孔子的知虑心理思想

1. 感知论——“多见”“多闻”

关于感知，孔子十分重视闻与见，强调“多闻，择其善者而从之”“多见而识之”“多闻阙疑”等，要求人们通过感知手段去获得知识，提高修养。同时还主张把“多闻”“多见”与“多识”“多问”结合在一起，强调“每事问”“不耻下问”等，通过解决疑问，提高感知效果。

小金句

内省不疚，夫何忧何惧？

——孔子

2. 思维论——“近思”“远虑”

孔子认为“近思”是指考虑当前的问题。与“切问”即问与自己有关的问题联系在一起，则更显示了“近思”即思的基本含义。“远虑”指考虑长远未来的问题，与“近忧”联系在一起，也就表明了“远虑”具有预见性，对人们接物处事十分重要。孔子的思想开创了将思维过程分为“思”和“虑”两个阶段的先河。

同时，孔子还提出“三思”与“九思”的思想，这里不是指具体数字，而是指反复、多次的意思。“举一反三”“一以贯之”等有关思维方法的思想至今仍有借鉴意义。

三、孔子的情欲心理思想

孔子以“爱”与“恶”之情的两极来定义“仁者”，开创“情二端”说。同时，以“欲或不欲”来解说“仁德”（“己所不欲，勿施于人”）。他认为，以“欲”为中介或以“欲”的满足与否为手段，可以建立良好的人际关系。

对于情欲，孔子既主张节情，也主张节欲、不欲与推欲。

四、孔子的志意心理思想

“三军可夺帅也，匹夫不可夺志也。”孔子认为，一个人必须有坚强的意志，才可能成为“志士仁人，无求生以害人，有杀身以成仁”。在这种思想指导下，孔子特别重视立志的意义。他要求学生“志于道”“志于仁”“志于学”。孔子也强调“笃信”，人要相信自己的力量和能力，并相信自己所追求的理想、目标和对象的正确性和可靠性。当然，孔子更重视“有恒”在意志活动中的作用。在孔子看来：“善人”尚容易遇到，但有恒心的人却是凤毛麟角；如果一个人没有恒心，即使想做一个装神弄鬼给人治病的巫师也很难。

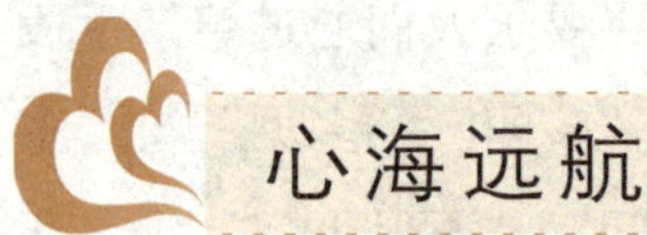

孔子开创并由其弟子继承和发展而形成的儒家文化，提倡以礼作为促进心理健康的行为规范，以中庸作为促进心理健康的方法，以和作为心理健康的目标。

一、礼仁一体——心理健康的行为规范

孔子把春秋时代看作是“礼坏乐崩”“邪说暴行”不断发生的大乱时代。为制止这种混乱，孔子提出了仁义学说，其主要目的在于“明人伦”，通过人们自身的良好道德修为，建立良好的人伦关系，达到人和的目的。儒家强调的人伦思想，既有精华成分，也有糟粕。如果剔除其中一些不合时宜的因素并对之进行创生性转化，对处理人与社会以及人与人的关系也未尝不具有现代价值。

儒家的礼的思想实质就是一套赖以维持社会稳定、和谐秩序的典章制度和行为规范。孔子要求人们做到“非礼勿视，非礼勿听，非礼勿言，非礼勿动”，并指出“不知礼，无以立也”，一切言行均要以礼依归，并把它提到人们在社会中安身立命的高度。

在儒家看来，仁与礼应该是统一的。从孔孟开始，儒家援仁

入礼，认为仁存于内，礼形于外。仁是礼的基础，礼是仁的目标。他们把礼奠基于仁之上，将规范与修养，权利与义务，外在控制与内在自觉巧妙地结合在一起，社会的稳定性便大大增强了。这是儒家社会政治伦理观的最显著特色，值得我们认真总结，创造性汲取和借鉴。

二、中庸之道——心理健康的方法

中庸思想在儒家思想中居于中枢地位，同时也得到了道家、佛家的认可和推崇。中庸本质含义为“不偏不倚，无过不及”。中庸有很多具体表现，比如：人格上，倡导冲和的气象；认识上，强调兼听兼明，不可固执己见；性格上，倡导中行的人格；情感上，“发乎情，止乎礼”，一切以礼为依归；言行上，“从心所欲不逾矩”；等等。用一句话来概括，就是要求人们摒弃“过”与“不及”两个极端，以不偏不倚、中正客观的立场观点来看待与处理问题，让内心始终处于平衡、宁静状态。这对现代人寻求正确生活方式，追求完美婚姻，走向事业成功有一定的引导作用。

三、以和为贵——心理健康的目标

崇尚和谐是中华传统文化的最高价值。和的思想内在蕴涵相当丰富：既是一种价值观念，也是一种审美情趣；既是一种思维方式，也是一种行为模式。

在人与人的关系（包括人与社会以及个人与个人的关系）问题上，儒家思想重视人际和谐。在人与自身关系中（即人生问题上），强调知足，适可而止。

齐鲁大地孕育了以孔子思想为代表的儒家思想学说，涵养着世世代代的齐鲁儿女，影响着个体的心灵地貌、人格构图和社会生活模式。当然，这其中也有一些消极影响因素。比如，过分强调社会性取向，容易造成个体压抑、人格依赖、求同心理，因为自我会有退缩倾向性等。个体言行的高度约束性，要求人们“自省”等，往往使个体需要、欲望、情感受到过分压抑，无法进行正常表达和必要宣泄，其结果会引起一定程度的焦虑不安以及谨小慎微等。

本模块拓展练习

1. 正确认识自己

高职生怎样获得他人对自己的评价？你可以请身边的人帮助你完成以下内容，并真诚地告诉对方你希望听到他们最客观、最真实的想法。

项　目	调查者	调查结果
父母眼中的我		
老师眼中的我		
朋友、同学眼中的我		
自己理想中的我		
现实中的我		

通过比较，看一看，你对自己的认识全面吗？你能从中发现自己的优点和不足吗？

2. 训练营地

画出我的生命线

目的：引发对于自己生命中三个阶段（过去、现在和未来）的思考；帮助正确分析过去发生的事情对现在和未来的影响，并学会规划未来。

时间：30 分钟。

准备：每人一张 16 开的白纸和两支笔（一支颜色鲜艳的笔，如红色的；一支颜色黯淡的笔，如黑色的）。

程序：首先，请伴随着音乐，拿出一点点时间，回想一下你的过去、现在，想想你设想中的未来。接下来，请拿出一张白纸、一支颜色鲜艳的笔和一支颜色黯淡的笔，用颜色区分心情。把纸横放好，然后从中部画一条长长的横线，加个箭头在末端。在原点处标上O，在箭头处标上你为自己预计的寿数。然后在白纸的顶端写上“×××的生命线”。这条线标示了你一生的时限。最后，根据你规划的生命长度，找到你目前所在的那个点，标出来，比如说你现在16岁，就标出16岁的那个点。在这个点的左边，代表着过去的岁月；右边，代表着未来。把过去对你有着重大影响的事件用笔标出来，比如你7岁上学了，就找到7岁对应的位置，填写上学这件事。如果你觉得是快乐的事，你就用颜色鲜艳的笔来写，并要写在生命线的上方；如果你觉得快乐非凡，你就把这件事写得位置更高些。比如你10岁时失去了某个亲人或生了一场大病，就找到10岁对应的位置，填写上这件事。这件事让你觉得悲伤、痛苦，就用颜色黯淡的笔写在生命线的下方；这件事越让你痛苦，你所写这件事的位置就要越低。依此操作，你就用不同颜色的笔和不同位置，记录了自己在今天之前的生命历程。

分享：看看是线上面的事件多，还是线下面的事件多。学会调整自己看世界的眼光。好好规划自己的未来，让它合理而现实。

3.训练营

天使与恶魔

目的：通过练习，学会合理宣泄情绪。

程序：三人一组，大家轮流扮演天使、凡人与恶魔。担任凡人者说出自己在宣泄情绪时期的困扰；恶魔说出令他人反感的话，目的是让凡人随心所欲，不考虑他人，只考虑自己；天使则必须帮助凡人合理宣泄情绪，以自己和他人都能够接受的方式解决好问题。每次由天使先说30秒，再换恶魔说30秒，到每个人都轮过三个角色为止。

分享：情绪宣泄的时候往往不经意间会伤害到自己或他人。事后想想，真是后悔莫及。在冷静的时候想想自己遇到情绪困扰时会有什么不合理的想法，让心里的“天使”与“恶魔”对抗，提前为自己敲响警钟。

科学学习　提升智慧

模块三

项目一　怎么爱上学习

项目二　驾驭学海方舟

项目三　学会“不紧张”

项目一　怎么爱上学习

走进职业学校的大门，我们充满对未来生活的憧憬和想象。然而，我们回想以往不理想的学习成绩，扪心自问，我们真的很笨吗？我们真的不能学好吗？同时，想到社会竞争激烈，学不好将无法立足于社会，内心充满顾虑和彷徨，我们该怎么做呢？

人非生而知之者。

——韩愈

知之者不如好之者，好之者不如乐之者。

——孔子

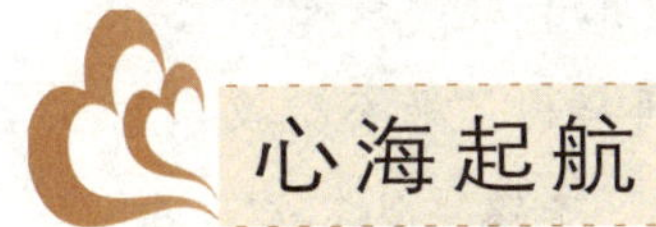

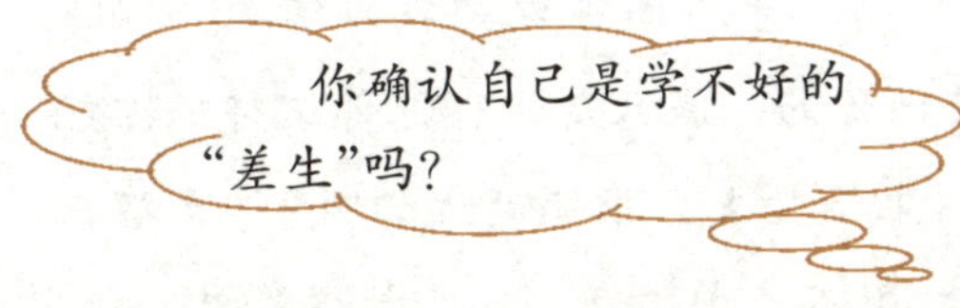

李涛同学的无助

李涛是职业学校计算机专业的新生，高中时由于父母的离异，他情绪一度低落，无心学习，学习也一落千丈，对学习再也没有了以前的自信和动力，从此课上说话、课下上网游戏成了他的一切，高三毕业面对可怜的分数，在父亲的督促下只好进入职业学校。踏入职业学校的校门，面对十几门陌生的专业课和自己曾经落下的文化课，他很快给自己进行了定位，自己是“差生”，学也学不会，而且职专生也没有前途，于是又进入了高中时混天度日的状态。

温馨提示

“习得性无助”(learned－helplessness)是1967年美国心理学家塞利格曼等人在研究动物时提出的。他们用狗做了一系列经典实验。起初把狗关在实验箱（穿梭箱）里，箱子中间有个隔板，如果狗在一边遭遇电击，它会很快跳到隔板另一边逃避电击。如果电击前发出灯光警告，狗能学会电击之前逃到另一边。但是如果研究者把狗放进实验箱之前拴住它们，使其不能逃脱并给它痛苦的电击，那么之后这只无助的狗再进入穿梭箱也将无法学会跳跃，不但不逃，反而不等电击出现就先倒在地上开始呻吟和颤抖。本来可以主动地逃避却绝望地等待痛苦的来临，这就是习得性无助。

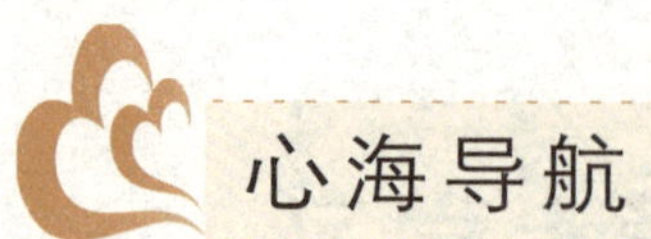

心海导航

随着我国市场经济的不断发展，产业结构和劳动力结构不断调整，技能型人才需求高速增长，我们作为新时代的高职生要成长为具有学习能力的高技能毕业生显得愈发重要。同时，处于青年初期的我们，高职阶段也是人生发展的关键时期，应主动适应学习化社会的需要，明晰学习的意义，更加注重自己学习能力的培养，学会学习。

小故事

子路问学

子路见孔子，子曰:“汝何好乐?”对曰:“好长剑。”孔子曰:“吾非此之问也，徒谓以子之所能，而加之以学问，岂可及乎?”子路曰:“南山有竹，不柔自直，斩而用之，达于犀革。以此言之，何学之有?”孔子曰:“括而羽之，镞而砺之，其入之不亦深乎?”子路再拜曰:“敬而受教。”

把这段文字翻译成今天的话就是，子路去见孔子。孔子问他:“你喜好什么?”子路回答说:“我好练武。”孔子说:“这不是我想要问你的。我只是说，像你这样的才能，如果再在好学喜问上下功夫，谁能赶上你呢?”子路说:“南山生长的竹子，用不着去揉直，自然长得笔挺。把它砍下来，做成竹箭，照样能够射穿用犀牛皮做的甲、盔和盾。由此说来，为什么还要学习呢?”孔子说:“如果把竹箭的后尾装上硬羽，箭首装上磨得尖锐的箭头。它射到甲、盔、盾上，不是更加深入了吗?”子路听了，连连下拜道:“我一定要好好接受您的教导。”

温馨提示

由孔子和子路的对话可以看出，孔子用形象的比喻告诉子路学习的重要意义。

我们每个人对学习的意义都有独特的解读。正是学习让生命有更多的真实意义，让我们接触新的事物并看到更多的可能性。学习可以让我们认知和改造世界。除此之外，学习还可以让我们更好地认识自己：了解自己如何学习，自己是怎样一个人，掌握能让自己变得快乐的学问，通过与他人、环境的关系发现独特的自己，学会快乐地享受生活。

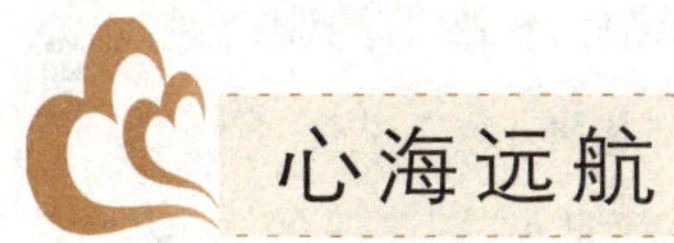

心海远航

一、学习，我能行

在现实生活中，自信是成才与成功的前提。自信心强的人，一般拥有充沛的精力和顽强的毅力。精力似一股取之不尽的清泉，给人们提供用之不竭的动力；毅力则是一把神奇的刻刀，专门雕刻强者的形象。心中有自信，成功有动力，自信是对自我能力和自我价值的一种肯定。

在平时的学习生活中，我们要给自己设立“合适”的小目标，当通过努力实现一个个小目标时，你的自信就会油然而生，继而成为自己前进的动力。

温馨提示

“合适”的目标——跳一跳可以摘到桃子。这是关于维果斯基的“最近发展区”理论的实际例子。我们学生的发展有两种水平：一种是学生的现有水平，指独立活动时所能达到的解决问题的水平；另一种是学生可能的发展水平，也就是通过学习所获得的潜力。两者之间的差异就是最近发展区。教学应着眼于学生的最近发展区，为学生提供带有适度难度的内容，让学生通过努力可以达到，调动学生的积极性，发挥其潜能。

二、兴趣是最好的老师

兴趣不仅是事业成功的助推剂，也可以让人感到快乐，减轻疲惫感。“压力之父”赛利博士曾经说，尽管他每天从早晨五点工作到深夜，但他认为自己这辈子从未做过一件工作，自己整天在“游玩”。因为对他而言，从事自己喜欢的研究就是游戏。

人的各种兴趣不是天生的，而是在实践活动中逐渐形成并得到发展的。通过有意识地培养和激发，每个人都可以形成广泛的、浓厚的、稳定的兴趣。具体来说，可以从以下几个方面来培养和激发学习方面的兴趣。

小金句

我认为对于一切情况，只有“热爱”才是最好的老师。

——爱因斯坦

1. 保持一颗好奇心

所谓好奇心，就是对自己所不了解的事物觉得新奇而感兴趣之心。一般来说，一个人如果对某种事物或某项活动有好奇心，就会逐渐形成对某种事物或某项活动的兴趣。因此我们要培养学习兴趣，首先应培养自己的好奇心。一要始终保持童心。只有保持一颗童心，才能对眼前的事物和活动感到新奇。正是在这个意义上，居里夫人说："一个在实验室中的学者，并不只是一个技术人员，他也是一个孩子。"二是要始终以不熟悉的眼光和心态去观察熟悉的事物，不能"司空见惯"，也不能"见怪不怪"。三是对事物要多疑、好问。多疑和爱提问题是好奇心强的表现，只有始终保持多疑、好问的习惯，才能始终保持对于事物的兴趣。

"山重水复疑无路，柳暗花明又一村。"学习兴趣就是在不断的探究中变得越来越深刻。因此，平时要留心观察一切事物，多给自己提一些"为什么"，经常与同学、老师一起讨论研究学习中的问题，感受知识的魅力。

2. 通过热情来培养、激发兴趣

兴趣是和一定的情感相联系的意识倾向，而热情则是强烈、稳定、持久的情感。可见，热情和兴趣是紧密相连的。事实证明，一个人如果对事物不热心，就不可能对某事物给予关注，更谈不上探索。换言之，一个人只有对某事物很热心，才能去关注它，研究它。不能设想，一个对某事物心灰意冷、毫无感情的人，会对某事物有极大的兴趣。所以，立志成才、成功的职校生，应当对生活和学习、科学始终充满热情。

3. 用目标来引导、培养兴趣

兴趣往往是在需要的基础上产生的。生存的需要，使人对食物产生兴趣；而施展自己的才能、实现自己的理想目标的需要，会使人对学习、研究产生兴趣。著名的数学家陈景润，正是为了实现自己少年时代的理想目标，才对哥德巴赫猜想产生了浓厚的兴趣，进而取得举世瞩目的成就的。所以，一切立志成才和成功的职校生，应当从现在起，就用远大的学习理想目标来培养自己的兴趣。

4. 培养兴趣爱好，必须坚持循序渐进的原则

俗话说："不能一口吃个胖子。"培养兴趣爱好也是这样，不能操之过急。因为兴趣和成才、成功虽然有一定的联系，但这中间需要经过艰苦的学习和探索。以弹琴为例，喜欢弹琴和能把琴弹好是两码事，从喜欢弹琴到能把琴弹好，这中间需要经过长期艰苦地练习，需要由易到难，由浅到深，一步一步地进行，所以

万花筒

心理学家曾对三千多名缺乏学习兴趣的青少年进行心理训练，要求参与训练的青少年选择一门不感兴趣的课程，每天进行如下练习：

A. 面带微笑、搓着双手，做出摩拳擦掌、跃跃欲试的样子，而且让自己充分感觉到这一点。

B. 心中默想：下面的学习内容将是我能够理解的，我将高兴地学习。

C. 提醒自己：一定努力地去学习，要比平时更细心一些，要花更多的时间。

结果发现，绝大多数同学逐渐对头疼的课程产生了兴趣。这种练习方法非常简单，坚持一段时间，就会改变你的学习心态。

培养兴趣和爱好，应当遵循循序渐进的原则。

5. 搭建创客社团的平台

学校可以成立一些创客社团，如烹饪、动漫、茶艺、编织等。学生通过积极参加创客的实践活动，在活动中得到积极的肯定和赞扬，体会到成功的愉悦，慢慢激发对学习的兴趣。

三、树立终身学习新理念

身边的榜样

终身学习的“工人院士”李万君

“你是兄弟，是老师，是院士，是这个时代的中流砥柱。表里如一，坚固耐压，鬼斧神工。在平凡中非凡，在尽头处超越，这是你的人生，也是你的杰作。”这是2016感动中国节目组委会给予获奖者李万君的颁奖词。作为中车长客股份公司转向架制造中心焊接车间的高级技师，30年来李万君将手中的焊枪运用到极致，以不断创新的焊接方法和20多项国家专利为中国高铁事业的发展贡献了来自技术工人的力量。

1987年，李万君职高毕业来到长客做焊工，倔强的他从未停下学习的脚步，练就一身过硬本领。他三获市焊技大赛冠军，两获国家大奖，获6项国际焊工证书。发明的“新型焊钳”法获国家专利被推广。

速度为350 km / h的高铁动车组的转向架焊接是关键技术，连引进方德国都没有运营先例，他却摸索出“环口焊接七步操作法”，达到成型好、质量高、可批量生产的水平，令国外专家惊讶！他被聘为焊接工艺评定组专家。他制定出20多种操作规范，技术攻关150多项，其中21项获国家专利。他总结出“二氧化碳气体保护焊快速培训法”，不到两年带出400名从未接触焊接的大学生新员工，全部考取国际焊工证。至今他已为公司培训出万人次以上的优秀焊工，共考取国内外资质证书2000多项。他领导

万花筒

终身学习是指社会每个成员为适应社会发展和实现个体发展的需要，贯穿于人的一生的、持续的学习过程。国际21世纪教育委员会在向联合国教科文组织提交的报告中指出：“终身学习是21世纪人的通行证。”终身学习又特指“学会求知，学会做事，学会共处，学会做人”。这是21世纪教育的四大支柱，也是每个人一生成长的支柱。

“工人院士”李万君

的工作室被国家授予“李万君大师工作室”等称号。他自己也获得“电视大学机械制造与自动化专业优秀学员”称号，获得奖学金。他先后获全国五一劳动奖章、全国技术能手、中华技能大奖等称号，当选党的十八大代表。成名后谢绝做官、谢绝到国外公司高就，继续在长客专心做“车间大师”。

温馨提示

李万君通过自己的亲身经历告诉我们一个道理：学校学习只是学习的一部分，我们必须改变传统的学习观念，不断学习和应用新知识才能适应经济社会发展的需要。

庄子曾说：“吾生也有涯，而知也无涯。”荀子在《劝学》一文中提到的“学不可以已”，正是我们今天所提倡的终身学习。目前，经济社会的发展主要呈现出三大态势：科技发展日新月异，知识、信息呈爆炸式增长，经济结构和就业结构发生重大变化，人们的职业和岗位变动更加频繁。知识更新的速度加快，我们在学校获得的知识已远远不能适应职业生涯发展的需要了。这些新的变化，要求我们必须终身不断地学习，才能有效地从事知识社会的劳动与创造。

终身学习相对于传统学习而言，是教育观念上的根本变革。传统的观点把人生分为两个阶段，一个是学习、受教育阶段，另一个是工作、劳动阶段，因此常常把学校教育看成学习的全部。终身学习则包括了学校学习、社会学习、一切场合（工作场所和社会生活等）的正规学习和非正规学习。终身学习的目的，不仅是掌握知识，更重要的是学会学习，增强创造力；学习主体也没有资格限制，任何人都是这个学习体系中的一员；终身学习在时间和范围上包括一个人一生中所进行的任何形式的学习。社会在总体上将会用能力取代知识，用需求取代文凭，为终身学习提供广阔的舞台。

温馨提示

我国著名科学家钱伟长之所以取得丰硕的成果，90 多岁时仍然头脑清晰、思维活跃，精神仍处于相当年轻的状态，是因为他追求进步，不断学习新知识，掌握新技能，站在时代前沿，走在时间前面。

所以，我们只要适应学习型社会的要求，树立终身学习的理念，在实践中不断学习，掌握扎实的技能，并在实践的基础上进行理论知识再学习，再实践，周而复始，就会掌握人类历史长河中不断涌现的知识技能，创造出步步精彩的人生！

项目二　驾驭学海方舟

在当今知识爆炸的时代，通畅的信息渠道、丰富的在线资源，以及种类繁多的书籍，为我们提供了获取大量知识的机会。在机遇面前只有了解自己的学习能力，掌握良好的学习方法和策略，才能在知识社会中娴熟地运用“学习”武器，让学习变得轻松又高效。

> 上学以神听，中学以心听，下学以耳听。
>
> ——孔子

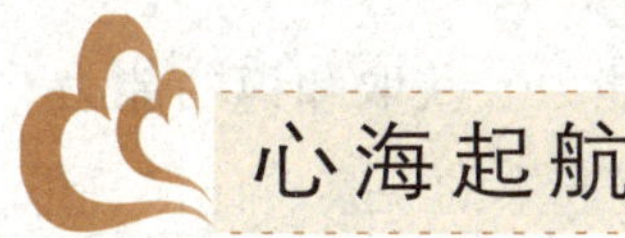

让我们赶快进入课堂学习，为刘畅同学寻找解决烦恼的办法。

刘畅同学的烦恼

进入职业学校的刘畅就做好了打算：“学点真本事，以后立足于社会。”他非常努力，玩的时间很少了，一段时间下来，却没有明显起色。是方法不对吧？他想。于是，他开始扫描班里学习好的同学，最后锁定了 A 和 B，作为学习对象。他发现 A 学习好，课下又很能玩，学得很轻松，于是他亦步亦趋地模仿 A 的各种学习行为，结果学习成绩不但没有提高，反而略有下降。看来，投机取巧不行，还是学学刻苦用功的B吧。于是他又亦步亦趋地追随B。结果发现，学得太累了，没几天就坚持不了了。到底怎么回事呢？该怎么办呢？刘畅陷入了沉思……

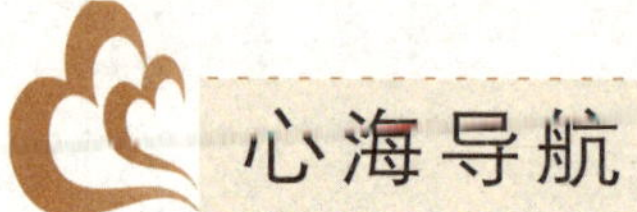

刘畅想提高学习成绩的心情可以理解，但是苦于没有了解自己的学习能力，没有找到一套适合于自己的学习方法和策略，所以事与愿违。科学的方法与策略是点金术，是通向成功的桥梁。一个不懂得学习方法和策略的人，既不了解学习的可爱之处，也不会知道学习的真正用途。掌握了科学的学习方法与策略，就像拥有了一把智慧的金钥匙，一定会打开知识宝库的大门。

一、学习能力

学习能力包括听、说、读、写、计算和交流沟通的能力。对我们而言，它主要包括组织学习活动的能力、获取知识的能力、运用知识的能力以及伴随学习过程而发展起来的观察、记忆、思维等智力技能。

1. 组织学习活动的能力

组织学习活动的能力指能在课内外的知识学习、动作技能学习等活动中组织本人或集体进行学习，包括确定学习目标、制订学习计划的能力，选择合适的学习方法和自我考核、自我评价以及自我调节的能力。组织学习活动的能力是学习能力的先导。

2. 获取知识的能力

获取知识的能力指我们在学习过程中能很好地理解、消化、吸收所学知识，善于通过有效方法和途径寻找有关知识，不断完善自己的认知结构。获取知识的能力包括阅读能力、听记能力和搜集信息资料的能力，它是学习能力的重点和关键。

3. 运用知识的能力

运用知识的能力指能够把掌握的知识在学习与生活中，以至

> **万花筒**
>
> 睡眠有助于学习和学习后的记忆保持。睡眠有助于学习的观点一直都被研究者当作儿戏争论了很多年。不过，最近的神经科学研究显示，至少对于某些学习来说，睡眠是有帮助的。例如，睡眠能够帮助学习者巩固程序性记忆，从而提高技能学习的效率，如练习体操和弹钢琴等。
>
> 一项研究从脑机制的角度考察了睡眠与学习的关系。脑成像的结果显示，在练习阶段被激活的脑区，在睡眠的时候重新活动了起来。
>
> 除了晚上的睡眠以外，中午的打盹儿对学习也有好处。实验表明，脑在一定的时间范围内只能接收一定数量的信息，并需要时间进行巩固和加工，然后才能接收和加工新的信息。这些发现也印证了俗语“磨刀不误砍柴工”的道理。

在今后职业生涯中加以灵活、有效运用的能力。运用知识的能力包括表达能力、操作能力、信息处理能力和问题解决能力，是学习能力的最终体现。

4. 智力技能

学习过程也是我们认知能力不断发展的过程。在整个学习过程中，始终伴随着智力活动，主要包括观察能力、记忆能力、思维能力等。其中，观察能力是基础，记忆能力是桥梁，思维能力是核心。智力技能是学习能力的灵魂。

二、学习方法和策略

过去，人们常常认为只要肯吃苦、勤奋，就会取得好成绩，甚至大肆赞扬“笨鸟先飞”这种观点。是的，“笨鸟先飞”从学习态度上的确值得赞扬，但是作为一种学习方法则无可取之处。因为没有一只鸟天生愚笨，只要掌握了正确的学习方法，“笨鸟”也能变成“聪明鸟”。当代科学研究已经发现，学习的效果=10%的智商+40%的努力程度+50%的学习策略。可见，好的方法与策略在成功学习中占了绝对的比例！世界教科文组织郑重提出“学会学习”，并且给“文盲”下了一个全新的定义：“未来的文盲不再是不识字的人，而是没有学会怎样学习的人。”“今天教育的主要内容百分之八十以上都应该是方法……方法比事实更重要。”这说明，我们要想在有限的一生中学到更多知识，在现代社会中生存、适应、发展，仅靠“铁杵磨绣针，功到自然成”的方式进行学习，已经难以适应现代社会的知识剧增、更新速度。因此，我们要坚持不懈地努力，更要掌握优良的学习方法与策略，学会管理自己的学习。只有这样，才能具备最主要、最根本的素质和能力，才可以在激烈的竞争中立于不败之地。

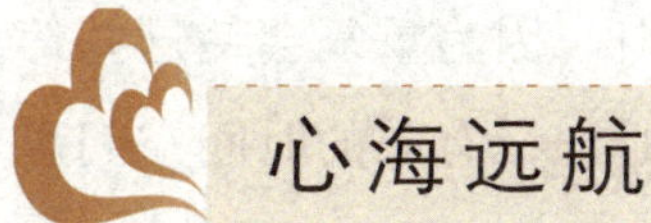

那么有效的学习方法与策略究竟是什么？这要根据不同的学生、不同的任课老师等具体情况来选取。

一、有效学习的方法

小金句

学而不思则罔，思而不学则殆。

——孔子

有效学习方法应该具备以下三个条件：符合个人的认知规律；符合自己的个性特点；符合不同的学习内容和不同任课老师的特点。

学习方法极具个性化，可以借鉴，但绝不能照搬。张三和李四方法虽然不同，但都可能取得良好的学习效果。因为人与人之间总是千差万别的，只有适合自己特点的方法才是最好的方法，这是我们在学习中首先必须明确的观念。在掌握学习方法上，只有共同规律可以遵循，没有"放之四海而皆准"的普遍适用的方法。尤其是那些特别具体的学习模式，更不是人人都适用。只有找到"适合自己"的方法，你才会告别"盲目努力"和"无效劳动"，从此搭上"灵活"和"高效"的快车。

二、如何制定适合自己的学习方法

1. 确保对学习的自信心和愉快、平和的情绪

这是高效学习必不可少但又最容易被忽视的"心理背景"。人在方法不当，虽很努力但效果不好时，总会认为是自己"脑子笨"的缘故，这种归因使他顿时失去信心，甚至完全放弃学习，而实际上他们的智力是完全没有问题的。另外，情绪也是很重要的，如果一个人心中总是充斥着激愤、烦躁、焦虑、自卑、内疚、嫉妒等情绪，他还怎么学习呢？只有在愉快、平和的心境下，神经系统才能提供畅顺的信息传导通路。可见，学习过程也是对心理素质的锤炼过程。

2. 利用复述与复习策略

"熟读唐诗三百首，不会作诗也会吟。"背诵能减缓记忆的消退。因为重复会使这些信息在感觉记忆与短时记忆有限的时间空间里凸显出来，从而更容易识别而进入长时记忆。

心理学家艾宾浩斯（H. Ebbinghaus）研究发现，遗忘在学习之后立即开始，而且遗忘的进程并不是均匀的。最初遗忘速度很快，以后

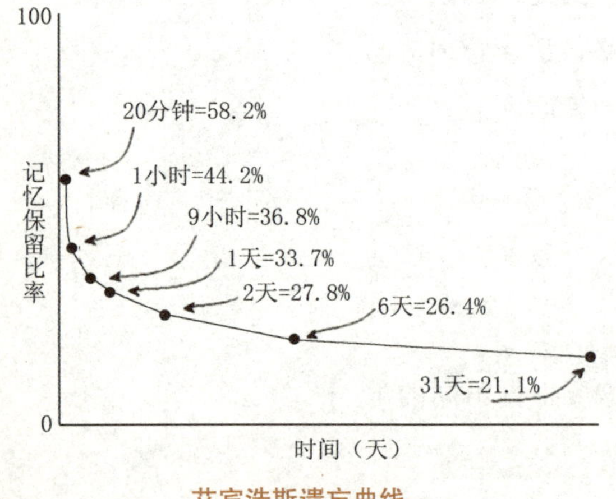

艾宾浩斯遗忘曲线

逐渐缓慢。他将实验结果绘成描述遗忘进程的曲线，即著名的艾宾浩斯记忆遗忘曲线。观察曲线，你会发现，学得的知识在一天后，如不抓紧复习，就只剩下原来的25%左右。随着时间的推移，遗忘的速度减慢，遗忘的数量也就减少。有人做过一个实验，两组学生学习一段课文，甲组在学习后不复习，一天后记忆率36%，一周后只剩13%。乙组按艾宾浩斯记忆规律复习，一天后保持记忆率98%，一周后保持86%，乙组的记忆率明显高于甲组。

所以，学习中应抓住重点，在课后和单元及阶段结束后对照笔记进行复习，并坚持做适量练习；对学习的知识进行及时有效的复习，如在睡前把书上的知识像放电影一样，在脑子里过一遍；整理与充实读书笔记，对知识进行归类，使知识深化、条理化是我们提高学习效率的策略之一。

3. 了解你的学习现状，充分利用元认知策略

有的学生在基础没有打好的时候就去钻研许多难、偏、怪的题目，既浪费了大量的时间，效果又很不好；有的学生整天忙于做作业，而各科老师布置作业时又缺乏协调，作业量偏多，令一些学生穷于应付，没有自己独立的时间来查漏补缺，结果越来越跟不上。因此你只有了解自己的情况才知道自己“需要学什么”，才可以制订真正适合自己的计划。

元认知是一种自我意识，让我们了解自身学习的优点和缺点。培养元认知策略，可增强学习责任感和解决困难能力。

成功的学生往往是一个积极而主动的学习者，具有较高的利用元认知的能力。在实际学习中，我们制订学习计划，并对计划执行过程以及结果进行评估，保证能够抗拒外界的干扰，及时发现学习过程中的问题，调整自己的学习，就是元认知策略的应用。

4. 学会利用资源管理策略，合理安排作息时间

保证旺盛的精力，知道什么时候学习，什么时候娱乐和休息；根据生物节律安排学习内容，知道什么时候学习最好，什么时候学什么内容最好。这些就得利用好帕累托原则。

帕累托原则是由19世纪意大利经济学家帕累托提出的。其核心内容是生活中80%的结果几乎源于20%的活动。比如，是那20%的客户给你带来了80%的业绩，可能创造了80%的利润；世

界上80%的财富是被20%的人掌握着，世界上80%的人只分享了20%的财富。因此，要把注意力放在20%的关键事情上。

80/20法则对我们的自身学习有重要的现实意义：学会避免将时间和精力花费在琐事上，要学会抓主要矛盾。

美国管理学家科维提出，把工作按重要和紧急两个维度进行划分，基本可以分为四个“象限”：

A.重要且紧急（比如救火、抢险等）——必须立刻做。

B.重要但不紧急（比如学习、做计划、与人谈心、体检等）——只要是没有前一类事的压力，应该当成紧急的事去做，而不是拖延。

C.不重要但紧急（比如同学约你踢足球，因缺守门员而紧急约你等）——只有在优先考虑了重要的事情后，再来考虑这类事。人们常犯的毛病是把“紧急”当成优先原则。其实，许多看似很紧急的事，拖一拖，甚至不办，也无关大局。

D.既不重要也不紧急（比如娱乐、消遣等事情）——有闲工夫再说。

时间管理“四象限”法则的关键在于B类和C类的顺序问题，必须非常小心区分。另外，也要注意划分好A类和C类事情，都是紧急的，分别就在于前者能带来价值，实现某种重要目标，而后者不能。

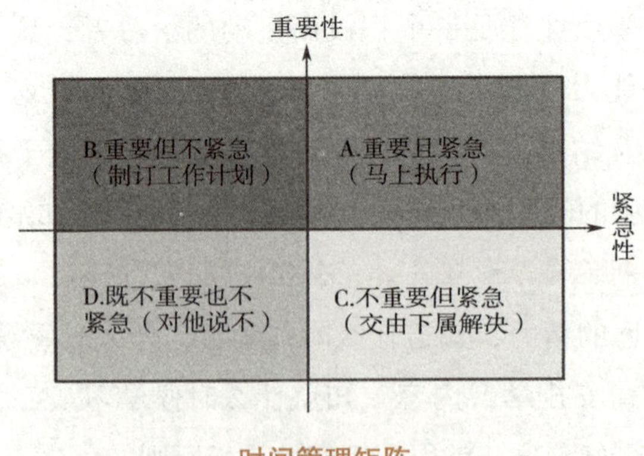

时间管理矩阵

项目三　学会“不紧张”

学习是学生第一要务和主导活动，作为职校生，我们的身心发展也主要是通过学习来实现的。职校教育阶段是我们学习与发展的重要时期、黄金时期，而学习心理问题也是我们最普遍、最常见、最突出的心理问题。我们或许因为考试来临而焦虑，或许因成绩不良而惆怅……面对随之而来的这些压力，我们应积极应对，努力挖掘自己的学习潜能，摆脱焦虑心理，掌握扎实的知识技能，为适应社会打下坚实的基础。

千磨万击还坚劲，任尔东西南北风。

——郑板桥

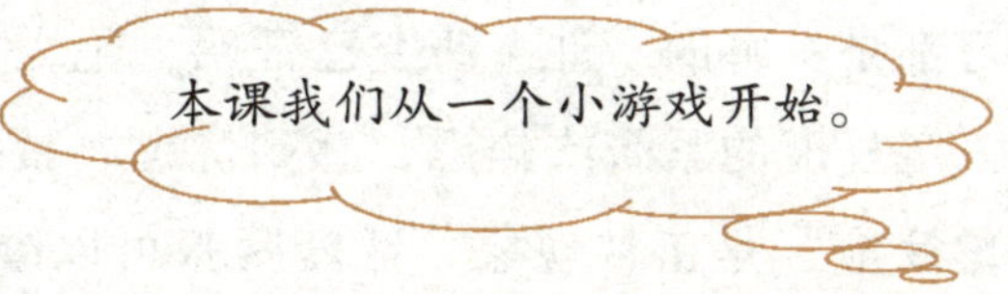

小游戏：天气预报

根据老师的指导语做动作，听到“小雨”时拍肩，“中雨”拍腿，“大雨”鼓掌，“狂风暴雨”跺脚；然后两个人一组，一个人说“小雨”“中雨”“大雨”“狂风暴雨”等口令，另一个人做相应动作，然后交换。

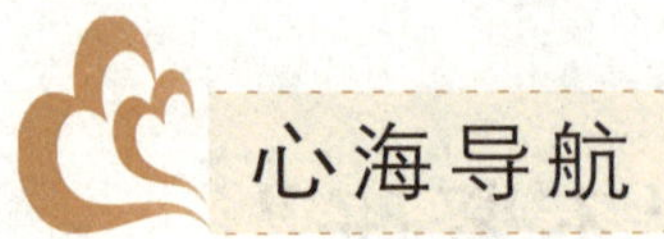

心海导航

万花筒

学习压力是指由学习引起的心理负担和紧张，来自两个方面：外部，如面临决定前途（升级、升学乃至就业）的考试等；内部，如学生个体与社会期望差距很远，又没有能力实现社会期望。

小故事

焦虑的小马

小马是高职一年级的学生，平时认真听课，及时完成作业，经常受到老师的表扬。小马父母也希望小马好好学习，以后可以找到一个好工作，改变家庭境遇不好的状况。小马也非常想凭着自己的努力让父母过上好日子。可是，一遇到大的考试，他内心就很不安，越想考好，就越紧张，有的时候甚至失眠，导致上课复习时精神恍惚，注意力不能集中，考试成绩也越来越差，本来平时会的题目也不能答对，自己的焦虑越来越严重。

温馨提示

考试焦虑是个体在考试准备、参加、反馈等阶段，对考试情境产生的认知反应、生理唤醒和行为表现相互作用的、复杂的情绪反应。

学习压力主要来自我们的学校、家庭和社会。在学习生活中，我们感受到的压力常常是与考试联系在一起的。如果我们不能摆脱对考试过度紧张的心理压力，就会表现出情绪低落、信心不足，有时还会伴有失眠、烦躁、焦虑等失衡现象，严重影响我们的学习效率和身心健康。

过大的学习压力就会产生考试焦虑，但是并非所有的焦虑对学习都是有害的。许多研究已证明，绝大多数考生在临考前都有一定程度的紧张或焦虑，感到忧虑、紧张，有压力，这属于焦虑反应，是正常现象。适度紧张可以维持考生的兴奋性，增强学习的积极性和自觉性，提高注意力和反应速度等。也就是说，在考试及其准备过程中，维持一定程度的紧张是有必要的。满不在乎、没有压力、过于放松、训练没有紧张感，就不能激起学习的积极性，学习效率也不高。学习效率在一定范围内随着焦虑的增强而提高。但过度在意考试和比赛也会影响同学们的思维活动，反而引起学习效率的降低，给考试或者比赛带来消极的影响。

许多同学在考试或者比赛前稍感紧张和压力，就怀疑自己患有“考试焦虑症”，把大量的精力用于对付“压力”，这不仅减缓不了紧张情绪，反而会更加紧张，影响考试和大赛成绩。那么，什么是心理压力的“度”？心理压力的度，不像血压、身高那样具有客观标准，而是在每个同学身上存在个别差异。但是，一般而言，具有适度心理压力的同学，都有下列一些显著的特征：学习效率有所提高；头脑处于兴奋状态而不易疲劳；即使自感睡眠状态不好，起床后仍精力充沛；平时想到比赛和考试会感到紧张，但能较快进入复习和训练状态，使紧张情绪消失，进入考场或者赛场前几分钟，可能情绪不稳，心跳加快，但马上就能心绪平稳，专心应考或者应赛。

但是，考试过度紧张则是有害的，过度紧张会导致失眠、烦躁、焦虑等心理和生理反应，从而影响学习效率。而考试中的紧张焦虑会影响正常的思维活动，对考试产生消极影响。

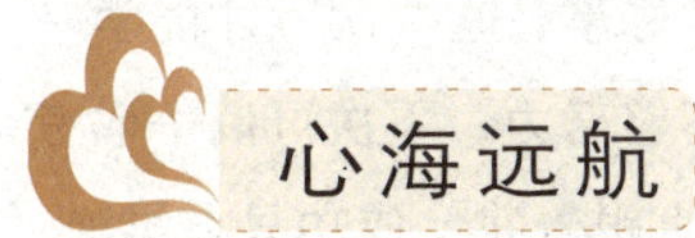

如何应对学习压力

在平时的生活中，我们应该怎样积极应对学习压力，消除考试焦虑，保持一种积极向上的心态呢？

1. 以积极的心态去面对

压力犹如一把双刃剑，既有弊端，也有益处，有的同学承受不了压力，自暴自弃；有的同学则在压力的推动下，更加积极向上，最终硕果累累。所以说，积极乐观的心态可以帮助我们减压。

2. 树立合理的学习目标

正确评价自己，既看到自己的优势，也要看到自己的不足；考试目标不要定得太高，理想与现实之间的距离不要太大。

有些同学平时学习不努力，考试时临时抱佛脚，当然会慌张。因此，平时多下功夫，考试时才会信心百倍。还有的同学虽然复习得不错，但是对于自己的学习情况没有把握，因而也会焦虑。那么你就可以对自己的学习情况，弱点、漏洞及改进措施进行系统分析，了解自己的实力、特长和不足。知己知彼，在考试中遇

温馨提示

下面的小游戏可以帮我们缓解压力：请充分地利用你的感官。静站在某处，环顾四周，但是看看就可以了，不要去做任何的分析与解释。观察一些光线、形状、颜色、质感等。关注每个东西宁静的样子，关注那个容许所有事物存在的空间。倾听声音，但不要去判断它。聆听声音之下的宁静。触摸一些东西，任何东西都可以，并感觉和认可它们的存在。观察你呼吸的节奏，感觉空气的流入流出，感觉在你体内的生命的能量。允许外在和内在所有事物的发生，接受万物的“本来面目”，深深地迈进当下时刻。

到难题时就不至于毫无准备而造成心理压力。

3. 进行积极的自我暗示

要经常告诫自己：“我紧张，别人也一样”“别人能行，我也行”“我已准备得比较充分”“我的状态很好”。当我们想达到某个目标时，先要告诉自己“我能成功”。晚上睡觉前自己大声重复一遍，第二天早上我们一定会感到舒服得多，做起事情来也会很有信心，学习压力在无形中就减轻了。

4. 允许别人比自己出色

不过分和别人比较考试的结果和名次，不过分看重每一次考试的得失，但要看重平时学习上点点滴滴的努力，以平常的心态去对待考试和比赛。

5. 学会接受最坏的情况

接受失败的可能，让自己输得起。应该看到，当前的考试失利，对于自己的长远发展未尝不是一件好事，吃一次亏才能学一次乖嘛！如：“这次考不好，说明我不够努力，下次可以争取考好”；“只要我一直努力，机会就会一直跟着我，成功只在早晚，而不在一时”。

6. 合理宣泄

当压力大时，自己便会处于一种莫名其妙而又难以言明的精神痛苦中，整天心神不定，焦躁不安，看不进书，吃不下饭，睡不好觉，对一切都不感兴趣，甚至坐卧不安、心跳加快、胸闷气短、容易出汗。这种情况出现时，不要闷在心里，找你信任的人把苦恼说出来。你可以找朋友、同学谈心说笑，参加一些文体活动，使自己的焦虑郁闷情绪，在不同场合上得以宣泄从而达到情绪的稳定。

7. 创设良好的学习氛围

我们要努力创设一个令人愉快的、不容易分散注意力的学习空间。比如，房间干干净净，书籍摆放井然有序，和周围同学相处融洽，等等，这都会产生一种良好的学习氛围。宽松的学习环境有助于减少我们的学习压力。

身边的榜样

大国工匠“00后”王长伟

王长伟，男，2000年12月26日出生，共青团员，唐山劳动技师学院综合技术系2016级春招烹饪班的学生。初中时期的分流生，技能学习的天之骄子。

2016年春天，文化课成绩不理想，他以一名分流生的身份，来到唐山劳动技师学院综合技术系，开始烹饪专业的学习。在职业教育的培育下，他仅仅用一年多的勤学苦练，就成了该烹饪专业佼佼者，在学院、市、省、国家级各类专业比赛中屡获殊荣。一名初中的分流生蜕变成技能学习的天之骄子。他用积极进取、昂扬向上的蓬勃朝气，在钻研技术、掌握技能的实践中，踏实勤勉、谦虚好学、执着痴迷，用行动展示着新时代高职学生的风采；在圆梦大国工匠的道路上，书写出了属于自己，也属于祖国的青春华章；他用学技报国的优异成绩，诠释职校学生的美丽。

博识强记，梦想起航

入学之初，他就拥有了自己的梦想——学到真技能、真本领，成为一个用技能报效国家、为国争光的人。他喜爱果酱画，但没有美术基础，他就照着图片先在纸上画，刚在盘子上画时，连他自己都看不出是什么，但兴趣鼓起他梦想的风帆，恶补美术基础知识，自定学习任务，每天一幅果酱画交给老师，一个月的潜心感悟、刻苦练习，他在学院举办的技能比武中，从开始的第三名一直到获得金奖，被授予“果酱画师”称号。随着职业成就感慢慢提升，梦想开始起航。

执着梦想，砥砺奋进

王长伟在果酱画上的小有所成，为他的梦想插上了翅膀。第二学期开设雕刻课程后，他又有了新想法——把在纸上、盘子上画过的造型变成立体的形象。老师讲授基本

小金句

当你勇于面对既成的事实，并且接受已经发生的情况，就能克服随之而来的任何不幸的第一步。

——詹姆斯

温馨提示

王长伟用实际行动向我们证明了职校生只要坚定理想信念、踏实肯干，也能一步步实现自己的人生梦想。

要领时，他专心听、认真学，回家后反复练。学艺的道路是艰难的。练习果蔬雕刻的过程中，需要耗费大量的原材料。他的家庭不富裕，他就利用所有的周末去做小时工。在练习西瓜雕刻时，下刀稍微不当，西瓜就会炸裂开，手上伤痕累累是生活的常态。有时为了一个细节，他一遍遍地修改，每天练习到深夜。但是，困难都被他一一克服了。在院系领导、老师、家人的支持、鼓励下，他用自己的努力实现亲人的期待、回报学院和老师的培养，成为一个让老师骄傲的学生。

牛刀小试，初露锋芒

2017 年暑假，王长伟参加了 2017 年中国技能大赛全国烹饪及餐厅服务职业技能大赛（河北赛区），获得了烹调银奖；参加了“西海岸杯”青岛大师赛，获得了雕刻金奖。这些沉甸甸的奖牌，让他深深地认识到，自己虽然初中没有上完，但不一定就没有成功的机会。选择职业学校，选择学习技能，他选对了，做一个技艺精湛的工匠照样能实现自己的人生梦想。

本模块拓展练习

1. 学会管理时间

(1) 讨论时间的运用：可以运用“重要”和“紧急”两个维度进行自我判断。

(2) 分析时间的分配：可以通过“学习的比萨”活动进行自我分析。拿出一张大白纸，在上面画一个大圆，表示一周全部的时间。根据生活中各项活动内容所占时间比例的大小和多少，将这个大圆圈分割。

活动反思：①我的大圆圈总共有多少项目？②哪些项目是必需的，哪些项目是可以删除的？③哪些项目的分量可以增多，哪些项目的分量可以减少？④学习时间占其中多少？

(3) 重新规划。

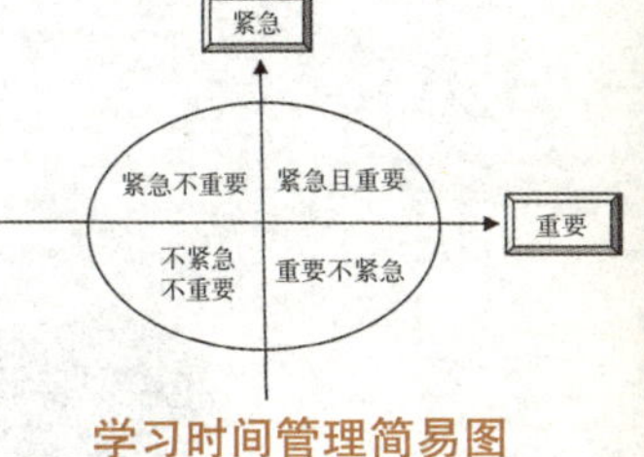

学习时间管理简易图

2. 寻找应对压力、焦虑的良策

(1) 现场调查：(结合本班实际谈谈) 你对自己的××考试成绩 (或技能大赛结果) 满意吗？为什么？你认为有哪些原因帮助你取得了满意的成绩或导致你未考出满意成绩？

(2) 以下是几个同学面对考试的不同心态。结合自己的亲身感受说一说，这种心态对吗？

① 技能大赛只有一次，考好了，同学羡慕、老师赞誉，用人单位“争抢”，所以一定要考好。② 这次，我一定要考到班级前五名，要不然，对不起家长的期待、老师的教诲。③ 上次没有考好，爸妈一个星期都沉着脸，想想就心烦。这次要是再考不好……④ 平常没学好，临时抱佛脚吧，俗话说：“临阵磨枪，不快也亮。”⑤ 明天考试，今天拼了，今晚一定要开夜车，抓紧一分一秒……

(3) 小组讨论并分享：压力对你有哪些影响？你都有哪些减压的好方法？

涵养关系　愉悦心灵

模块四

项目一　你我沟通无极限

项目二　青春期遇上更年期

项目三　“铁哥们儿”的心灵桥梁

项目四　和“教授”过招

项目五　谈情说爱那点事

项目六　他欠揍吗

项目七　准备踏入职场

项目一 你我沟通无极限

沟通是人的基本需要，任何人成长都离不开与其他人交往和沟通。通过沟通，我们的心智得以成长；透过沟通，我们才能认识外界、了解他人。不良的沟通会导致人与人之间的问题，而良好的沟通，则会使问题得以顺利解决。学会沟通，对顺利度过高职生活和应对以后的职场以及社会生活都至关重要。

君子之交淡若水，小人之交甘若醴；君子淡以亲，小人甘以绝。

——庄子

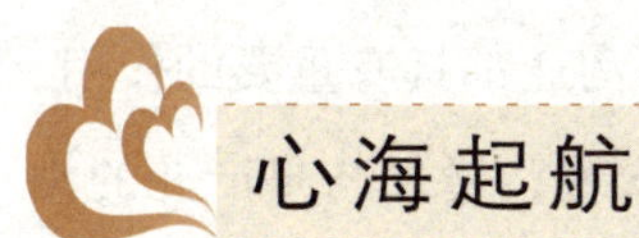

让我们通过一个小故事开始新的课程学习。

为什么处理关系这么难

小李，某高职院校一年级女生，最近陷入了深深的苦恼中。她说：“我来校半年多了，一直没有适应人际关系，感觉同学们各忙各的，我也不知道该怎么跟大家搭讪，现在一个知心朋友也没有，感到非常孤独。人际交往怎么这么困难啊!”

进入职业院校以来，小王能力出众，很快当选了班委，进入了学生会，成了老师的得力助手。就在小王摩拳擦掌，准备好好展现自己的时候，班里很多同学却渐渐疏远了他。小王不解，问同学自己做错了什么，有同学冷嘲热讽："您能做错什么，您可是老师跟前的大红人，怎么能跟我们这些凡人在一起。"小王认为积极表现没有错，可同学的疏远让他非常难受，苦恼不已。

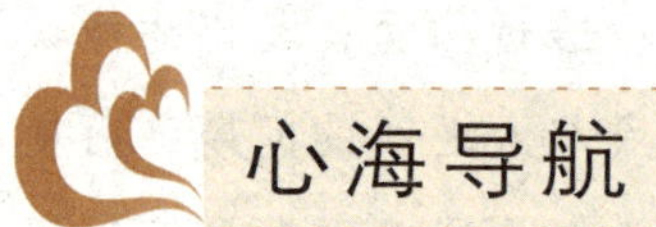

一、认识沟通

沟通，即人际沟通的简称，指的是社会中人们传递信息、交流思想、表达情感的行为和过程。一般来说，沟通是为了达成相互性的理解和一致性的认识。

1. 从本质上说，沟通是人的基本需要

无论是对于生理健康还是心理健康，沟通都具有重要的作用。心理学家以早产儿为对象所进行的实验发现，增加与早产儿的沟通，并对他们进行按摩，有助于提高早产儿的存活率并使他们最终实现正常发展；而没有做这种实验处置的早产儿，则多数具有这样或那样的问题。同时，沟通对于成年人的身体健康也有重要作用。一系列的医学研究表明，那些缺乏亲密友谊和家庭关系等充足社会关系的人，比那些拥有良好社会关系的人更容易患心脏病、高血压等重大疾病，更容易过早死亡，并且也更容易受到感冒等日常疾病的侵扰，需要更长的时间从疾病和伤害中恢复过来。总之，沟通与我们的身体健康有密切关系。

2. 沟通也是我们心理健康的需要

在智力活动和智力发展方面，沟通是必要的前提。缺乏沟通机会的孤儿与保持正常沟通的儿童相比，智力发展明显滞后。那些由非人类抚养长大的儿童，他们的智力远不能达到正常儿童的

水平，即使他们后来再获得人的教育，也无法适应人类社会。这一事实表明，智力或者说大脑的发育是建立在人际沟通的基础之上的。

3. 沟通还是一个人学习进步和事业成功的得力助手

朱熹曾说："共君一席话，胜读十年书，若说到透彻处，何止十年之功也。"可见，有效的沟通能够促进学业的进步。沟通能力也是协作能力的一种，只有与他人保持良好的沟通和协作，人们才能更快更好地获得自己所需要的资源，进而才能使自己将来在事业上左右逢源，最终取得成功。

> **万花筒**
>
> 影响沟通的因素起码有三个：传送者、信息与接收者。传送者是传递信息的人，接收者是接受信息的人。沟通是否有效受许多因素的影响，回馈是其中之一。单向沟通是传送者在传递信息后，缺乏回馈。双向沟通则是传送者得到了回馈，比较肯定地知道他传递出的信息如何被接收者解释。

二、沟通的分类

从不同的角度出发，我们可以划分出不同的沟通类型。

按照语言作为沟通工具的标准划分，沟通可分为口头语言沟通、书面语言沟通和非语言沟通。

按照沟通规范程度的标准划分，沟通可分为正式沟通和非正式沟通。

按照信息传播方向的标准划分，沟通可分为上行沟通、平行沟通、下行沟通。

按照沟通意识的标准划分，沟通可分为有意沟通和无意沟通。

按照沟通意愿真假的标准划分，沟通可分为真实沟通和虚假沟通。

三、沟通的原则

1. 尊重原则

尊重是指在与人沟通时，不带任何功利目的，对对方表示温暖和接纳。尊重是沟通的前提。一个人要得到别人的尊重，首先要尊重别人。我们要尊重别人，必须首先认识到人与人之间在人格和法律地位上是平等的。具体来说，我们要尊重他人的人格尊严、自由、合法权利、宗教信仰和民族习惯，尊重他人的思想、情感、言行和生活方式，尊重他人的劳动和创造，等等。

> **万花筒**
>
> 沟通并不是一件容易的事情：
>
> 两个人在交流时，其实是六个人在交流；
>
> 你以为的你，你以为的他，真正的你；
>
> 他以为的他，他以为的你，真正的他。

沟通需要建立在相互尊重的基础之上，但这并不是说当别人不够尊重你时就要放弃与别人沟通而“以牙还牙”。相反，我们仍然应该想办法使自己赢得别人的尊重。如果最终不能奏效，那么我们可以在保持风度的前提下亮明自己的底线和原则。

小故事

问路

有位考生进京赶考途中迷了路，见到路边有位老人，忙问：“喂，到京城还有多远？”老人见状回答：“三百丈。”书生不解：“别人谈路程都论‘里’，你这里怎么论‘丈’？”老人回答：“你无‘理’，我自然无‘里’，只好论‘丈’。”

2. 真诚原则

真诚是打开别人心灵的金钥匙，因为真诚的人使人产生安全感，减少自我防卫。越是好的人际关系越需要关系的双方暴露一部分自我，也就是把自己的真实想法与人交流。当然，这样做也会冒一定的风险，但是完全把自己包装起来是无法获得别人的信任的。

3. 主动原则

主动对人友好、主动表达善意，能够使人产生受重视的感觉。主动的人往往令人产生好感。在人际交往中，我们应该尽量主动与别人联系、主动提供帮助、主动询问别人、主动反馈信息、主动承担责任。

4. 共情原则

共情，又称移情，指的是一种能设身处地体验他人处境，从而拥有感受和理解他人情感的能力。共情意味着超越自己的自恋状态而去理解别人的心理和情感。共情会使别人感到被理解、被接纳，并使其愿意更进一步地开放自己，进行深入的自我表达，从而有助于开启一种深层次的心灵沟通。

小故事

把伤害写在沙子上

两个阿拉伯人在沙漠中长途旅行。旅途中他们吵架了，一个人盛怒之下给了另外一个人一记耳光。被打的人羞愤异常，愣了好半天，最后一言不语，在沙子上写下了：今天我的好朋友打了我一耳光。

经过艰苦跋涉，他们终于踏上了绿洲，看到了清澈的河水。两个人兴奋极了，摇摇晃晃向河边走去。此刻，由于极度的炎热、饥渴和劳累，他们的身体承受力已达到极限，刚到河边，被打的那个人便一头栽进了河里。另一个人赶忙上前，费了九牛二虎之力才将他救起。被打的那个人醒来后拿起剑在石头上刻下：今天我的好朋友救了我一命。

朋友不解："为什么我打了你，你要写在沙子上，而我救了你，你却要刻在石头上呢？"那人笑笑，回答："把朋友的伤害写在沙子上，风会很快抹平它；把朋友的帮助刻在石头上，可以经得起沧海桑田……"

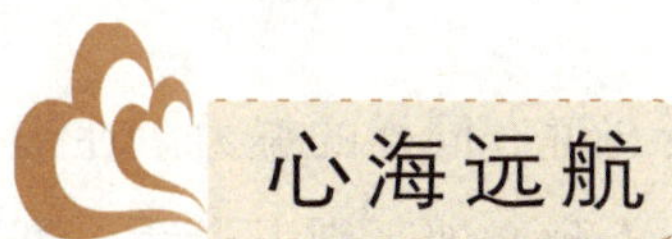

一、沟通的技巧

1. 善于传达和接收情绪

善于传达和接收情绪有助于沟通的开展和深入，尽管有些情绪可能是负面的。如果人们善于与别人的情绪协调一致，或者很容易让别人的情绪跟着自己的走，他们的人际互动在情绪层面就会顺利得多。成功的领导者和演说家都是善于调动公众情绪的人。情绪夹带是影响力的核心。不善于接收和发送情绪的人很容易遇到人际关系问题，原因在于别人与他们相处时常常感觉不舒服，但是他们自己也说不清楚为什么会这样。

温馨提示

沟通中的肢体语言技巧：保持微笑并适时点头，身体适度前倾，保持真诚有效的目光交流，不要双手抱在胸前。

2. 训练表达能力

表达能力指的是人运用语言、文字、图形、表情和动作等媒介来让别人理解、体会和掌握自己的思想、情感、想法和意图的能力。良好的语言表达应该发音准确、吐字清楚、抑扬顿挫有节奏、带有情感，并能够与肢体相协调，且意图表达清晰、词汇丰富。

小故事

顾客与商贩的不畅沟通

顾客：“豆腐多少钱?”

商贩：“两块。”

顾客：“两块一块?”

商贩：“一块。”

顾客：“一块两块?”

商贩：“两块。”

顾客：“那就是五毛钱一块呗。”

商贩：“一边凉快去……”

3. 耐心倾听

温馨提示

有效倾听的技巧：专注，期望对方优秀，全身心聆听，调整节奏。

听是与人沟通的最基本的技巧，听与说有同样的魅力。在沟通中，倾听体现了对别人的尊重。一个人耐心地听别人说话，可以给对方满足感，激发对方的表达欲望。当对方滔滔不绝的时候，一定是感觉很棒的时候，对方甚至可以把你当成知心朋友。倾听还能帮助我们获取更多的信息。每个人表达信息的层次是不一样的，可能有的人开门见山，有的人半天也说不到正题。只有通过耐心倾听，我们才能掌握尽可能多的信息，以便处理和解决问题。在倾听的同时可以静心地观察对方的肢体动作及表情。有时肢体动作和表情可以表达出比说话内容更真实的内容。

在倾听时，我们要表示出自己的诚意，并充满耐心。听就要真心真意地听，当别人讲话不那么有条理甚至不正确的时候，我们也要鼓励对方把话说完；而当别人讲话有道理时，我们应该及时做出简短的反馈，如“对”“是这样”“你说得对”等或点头微笑表示理解。倾听时，开小差，随意打断别人的谈话，或借机把谈话主题引到自己的事情上，一心二用，任意地加入自己的观点做出评论和表态等，都是很不尊重对方的表现，比不听别人谈话产生的效果更加恶劣，一定要避免。

4. 善于提问和回答

提出问题并期望对方给出进一步的回答是沟通的核心环节，因为只有在来回的提问和回应中，沟通才能真正得以深入。恰当的提问可以帮助我们寻找线索，挖掘细节，确定讲话者的参照系统，明确讲话者的需求、希望和担心等，从而使我们获得更加全面和更加深入的信息。同时，提问也是我们表达自己观点的有效方法。有时候，直接表明我们自己的观点会显得比较尖锐，这时我们可以借助提问来隐晦地表达自己的观点。

二、人际交往中的心理效应

心理效应是社会生活中较常见的心理现象和规律，是某种人物或事物的行为或作用，引起其他人物或事物产生相应变化的因果反应或连锁反应。同任何事一样，它具有积极与消极两方面的意义。正确地认识、了解、掌握并利用心理效应，在人们的日常生活、工作中具有非常重要的作用和意义。高职学生了解人际交往中的心理效应，有利于更好地把握人际交往的技巧。

1. 首因效应

首因效应指第一印象对人们日后交往关系的影响。初次对人知觉时形成的印象往往很深刻，而且对以后的人际知觉会起很重要的作用。人们对一个人的态度、行为，很大程度上依赖于对其的第一印象。第一印象好，继续交往的积极性就高。高职生在人际交往中要注意给他人留下良好的第一印象。

2. 近因效应

近因效应指的是最后的印象对人们认知具有的影响。最后留下的印象，往往是最深刻的印象，这也就是心理学上所阐释的后摄作用。在高职生的人际交往中，第一印象固然重要，最后的印

温馨提示

提问和回答的技巧：在提问时，要注意运用诸如“你认为呢”“你觉得如何”“你的意思是”之类的中性语句，不要使用带有敌意性的措辞。提问时，我们可以首先表达对于信息的兴趣和理解，一方面可以通过信息的重复来检验对方的真实意图及自己的理解是否准确，另一方面可以鼓励对方继续同自己交流。而当我们借助于提问来表达自己的观点时，我们可以采取假设性的提问方式，以便让别人想象，鼓励对方从不同的角度展开思考。

在回答问题时，要注意：一次最好回答一个问题；简明扼要，切忌长篇大论；去除问题中的情绪性成分；学着将负面问题转化为对我们有利的陈述。

温馨提示

一般而言：在对陌生人的认知中，首因效应比较明显；而在对熟识人的认知中，近因效应比较明显。这就告诉我们，在与他人交往时，既要注意平时给对方留下的印象，也要注意给对方留下的第一印象和最后印象。

象也是不可忽视的。

3. 光环效应

光环效应又称晕轮效应，指的是在人际交往中，人们常从对方所具有的某个特性而泛化到其他有关的一系列特性上，从局部信息形成一个完整的印象，即根据最少量的情况对别人做出全面的结论。所谓“情人眼里出西施”，说的就是这种光环效应。在高职生的人际交往中，光环效应也是一种常见的现象。例如，我们会赋予外表吸引人的同学较多的理想的人格特征，常常为那些长相比较动人的同学设计美好的未来。

4. 投射效应

投射效应是指在人际交往中，认知者形成对别人的印象时总是假设他人与自己有相同的倾向，即把自己的特性投射到其他人身上。所谓“以小人之心，度君子之腹”，反映的就是投射效应的一个侧面。再比如，一个对他人有敌意的同学，总感觉对方对自己怀有仇恨，似乎对方的一举一动都有挑衅的色彩。

5. 定势效应

定势效应是指由于人们头脑中存在着某种想法，而影响对他人的认知和评价。在人际交往中，当我们认知他人时，常常会不自觉地产生一种有准备的心理状态（出现原有的某种想法），并从这种心理状态出发，按照事物的一定的外部联系进行认知和评价，于是也就产生了定势效应。

定势效应在某种条件下有助于我们对他人进行概括的了解，但往往会使我们产生认知的偏差。例如：农村来的同学往往会认为城市来的同学见多识广，但狡猾、小气；城市来的同学则倾向于认为农村来的同学孤陋寡闻，但忠厚、老实。

项目二　青春期遇上更年期

亲子沟通是人与世界的最初交往，它构成了我们人际交往的起点。每一个人都是带着父母和家庭的印记与世界相沟通的。父母越是慈爱、家庭越是和睦，孩子的心理就越是健全，进而就越是能够与他人建立起良好的沟通关系。

> 一个美好的家庭，乃是一切幸福和力量的根源。
>
> ——冰心

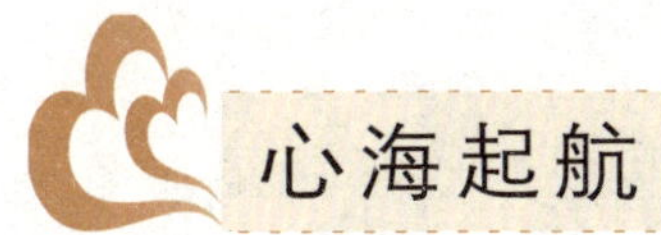

你跟父母聊天，说什么呢？

我跟父母怎么了

班里有位同学，在班会上说起，自己和父母已经几乎没有真正的沟通了。尽管还会例行公事打电话汇报，但父母对自己的关心只限于物质生活的层面：有没有生病？和同学相处还愉快吗？而她也总是例行公事地回答，且总是报喜不报忧：一切都好，每天按时吃饭和睡觉，同学和老师都很好。实际上，她的生活里早已出现了许多新事物，她也交了很多新朋友，她的学习、她的爱好、她的业余生活都在发生变化，但这些并不存在于与父母的交流中。

“父母眼里的我，和真正的那个我，恐怕是完全不一样的两个人吧。”她说。这句话引起了大家的共鸣。在我们长大以后，和父母之间“真正的沟通”好像日益减少。明明知道父母是爱自己、关心自己的，也想要给父母回应，但是回家没说几句话，特别是说到自己的学习、生活、恋爱问题，不知道为什么就会和父母争执起来。

“我是爱我的父母的，这一点我很确定。”她说，“但现在，即便是在最脆弱和孤独的时候，我好像也会自己扛着，而不会再像小时候那样，去寻求父母的安慰和帮助了。”对父母“又爱又恨”，感到“既亲密，又陌生”，这正常吗？

万花筒

亲子关系对于每一个人来说都非常重要，可以说，它是生命中形成的最初的人际关系。心理学的研究表明，一个人基本态度、行为模式、人格结构的形成，可追溯到婴儿期的亲子互动阶段。亲子关系对孩子的生理健康、认知、情感和行为的发展、未来成就等都具有关键性的影响。良好的亲子关系能够促进成长中的孩子愿意主动习得基本知识、技能、行为及价值观，促使孩子能够成功地发展各种社会人际关系。但是，如果亲子关系出现了失调的状况，就会影响孩子的心理健康并有可能导致问题行为出现。

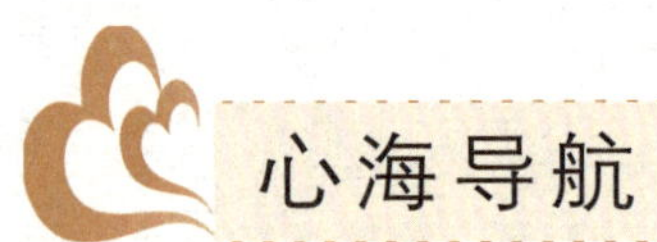

一、亲子关系

所谓亲子关系，是指父母亲与子女之间的关系。亲子关系亦称父母子女关系，包括亲子之间的权利和义务以及亲子之间的情感等，是家庭关系的重要组成部分。

二、亲子关系对心理健康的影响

1. 亲子关系直接影响孩子语言及认知能力的发展

幼年时期是人类语言及认知能力发展的关键期，一旦错过了这一关键期，人就不再能够通过学习或训练达到正常的语言和认知水平。事实证明，如果缺乏必要的亲子互动，孩子的语言及认知能力就不可能正常发展。

小故事

不会说话的男孩

据外媒报道，人们曾在俄罗斯发现了一个不会说话的7岁男孩。被发现时，他与自己31岁的母亲及一些鸟类生活在一起。他的妈妈从来不和他说话，所以他也不会说话，只会像鸟儿一样叽叽喳喳。听不懂别人说的话时，他就会做鸟类拍翅膀的动作。

2. 亲子关系直接影响孩子对世界的基本态度的形成

良好的亲子关系会使幼儿感到安全和温暖，从而有助于幼儿积极地探索和认识世界。不良的亲子关系会使幼儿对世界产生畏惧、焦虑等感觉，从而不利于幼儿心理的社会化和健康发展；严重时，还会产生反社会、自虐等行为倾向，既容易伤害自己，也容易危害他人。

3. 亲子关系直接影响孩子人格结构的形成和发展

人格指的是个体在先天生物遗传的基础上，通过与后天社会环境的相互作用而形成的相对稳定和独特的心理行为模式。人格形成的起点就是早期的亲子活动。父母的行为模式及与孩子的互动模式直接塑造着孩子的行为模式，因为父母是孩子最初的模仿对象，父母的行为习惯、为人处世的态度及对爱与宽容的理解与行动，都会被孩子无声地接受下来。

4. 亲子关系也会影响孩子人际交往能力的发展

当孩子在被爱、被需要、被欣赏、被接受的关系中长大时，孩子就容易形成健康的心理和与他人建立起良好的交往关系。而当孩子成长在家庭冷淡、无爱的环境中时，长大后就会不易相信别人，不善建立良好的人际关系。

三、青春期的亲子关系

“每一次我想更懂你，我们却更有距离，是不是都用错言语，也用错了表情。”这首歌是很多高职阶段学生与父母关系的写照。

万花筒

1959年，美国心理学家哈洛及其同事做了这样一个实验：将不同年龄的小恒河猴和它们的母亲分离开长短不同的一段时间，用两种模型当作代理的或装扮的“母亲”来抚养小猴。一种是用绒布缝制的“猴妈妈”，另一种只是用光秃秃的铁丝网编成的“猴妈妈”。

实验发现，几乎在所有的时间里，小猴都偎依于绒布“妈妈”身边，而只有当寻找食物时，它们才短暂地去铁丝网“妈妈”那里。这表明，生理上对食物的需要和心理上的接触安慰是分离的，而且这两种需要能从不同的物体上得到满足。

所以，亲子联结并非像哈洛做实验之前人们普遍认为的那样，仅仅取决于食物强化，而更多的是取决于由母亲的身体提供的接触安慰。也就是说，良好的亲子关系更重要的是为孩子提供心理上的安全感、抚慰感。

进一步的观察也证明了这一点，那些由绒布“母猴”“抚养”大的猴子不能和其他猴子一起玩耍，性格极其孤僻，甚至性成熟后不能进行交配。这表明，如果没有心理上的安慰，孩子是不可能健康成长的。

高职阶段的子女正值青春期。从心理学的角度说，人的心理在青春期会发生巨大的变化：由于独立自我的快速觉醒，青少年会要求从思想、情感、行为等各个方面脱离父母的影响；相应地，父母的榜样作用和权威地位会得到削弱，青少年也不再愿意向父母吐露心事，而是开始寻求与同伴的亲密关系。

这种变化是正常的，但也蕴含着“危机”。因为尽管青少年感到自己已经长大成人，但实际上，青少年心理尚不够成熟，情绪变化大，思考问题爱钻牛角尖，不够透彻和全面，容易走极端。

与此同时，大多数青春期子女的母亲正处于更年期阶段。她们开始走向衰老，身体状况开始走下坡路；情绪不够稳定，易激动，易怒，易紧张焦虑；注意力不够集中，不易集中自己的思想，不易集中自己的精力；心理敏感性增强，易敏感；记忆力减弱。更年期的母亲看着“半成品”的孩子，恨铁不成钢。尤其是父母投入了大量的心血并寄予很高期望的时候，非常希望孩子能够听话，然而往往事与愿违。母亲与孩子心里都不愉快，且要表达，母亲有无名怒火，孩子易激惹，一个要管，一个不服，造成战事不断、矛盾激化。

在父母看来，青春期的孩子特别不稳定，孩子在这个时期容易走错路，有时候会影响孩子的一生。父母往往会因此陷入巨大的焦虑和担忧中，希望能够帮助孩子平稳度过青春期。然而，父母越是担忧和唠叨，子女越是觉得父母事事都在管着自己，越是想要脱离父母的“管控”。父母说东，子女就要往西。在心理学上，子女的这种心理行为被称作“叛逆心理”。

由于这种心理，青少年与父母会很容易形成紧张乃至于对立的亲子关系。

一、如何与父母温情相处

亲子关系是一种双方的关系，所以，建立和维护良好亲子关系需要家长和我们共同努力。

1. 双方反思

理想的家庭教育需要父母与孩子双方的反思，需要开诚布公地双向互动。经过不断调适，在彼此真诚互见、相互尊重的基础上，才有可能收获良好的亲子关系。离开了这一前提，父母与孩子对彼此的成见只会越来越深，最终形同陌路。

作为孩子，我们要明白，天底下的父母多是爱自己的，父母的心态或习惯既然很难改变，那就改变自己的心态，即明白父母也是普通人，他们内心也有挣扎。多一些理解，也便多了回旋的空间。

我们也可以通过推荐相关文章等方式，促使父母明白，每一代孩子各有自己的精神世界和成长轨迹，鼓励孩子去探索和顺利完成自我同一性，才是家庭教育的关键。

2. 换位思考

青春期的子女需要得到父母的尊重，同样的道理，子女也应该尊重自己的父母。我们和父母说话时随心所欲，不顾及父母的感受，却不知自己的言行已经让父母难过伤心。我们总是斥责父母不尊重我们，当我们以同样的方式反驳父母时，我们不也成了自己“不喜欢”的那种人了吗？所以，与父母沟通时，我们也要注意方式。一旦父母对我们放心了，他们也就不再那么唠叨，不再不尊重我们了。这不就是我们想要的效果吗？而这实际上也是父母想要的效果。

二、来自心理咨询师的建议

1. 警惕“伪独立”状态

独立不是与父母决裂，也不等于与父母情感隔离。我们必须明白的是，我们的独立和与父母之间的链接不是非此即彼的。如果我们所认为的独立是与父母完全割裂，这可能是我们陷入了不健康的“伪独立”状态。而和父母之间的关系缺乏满意度，也会使我们感到更孤独、不快乐。

2. 主动修复与父母的过去

当我们认为自己受到童年创伤的困扰时，会更容易对父母产生矛盾的情感。在现实中，很多情况是双方并未就此进行充分的沟通和处理，子女觉得父母对自己有所亏欠，但父母甚至从来都不知道自己过去的行为曾经对子女造成了什么样的伤害，或者不明确造成伤害的原因。

因此，处理童年创伤可能是第一步，我们可以试着与心理咨询师或者父母坦诚、深入地探讨过去。

3. 抛弃偏见，选择信任

我们可以给予父母“有能力”的预设，而不是本能地认为他们“不能”学习和理解我们现在的生活。有时候，父母并不像我们想象中那么古板或者不通情理。当我们觉得父母一定无法理解我们时，我们也对父母做出了批判，实际上我们也没有用开放的态度对待父母。当我们用语言告诉父母什么是自己更想要被对待的方式时，我们用实际行动去示范一种信任、开放的态度，这可能是更有效的。

温馨提示

和父母讲道理时不带情绪，不抱怨父母；讲出自己的真实感受、想法，让父母尽量放心；学会道歉，让父母看到你的懂事。

4. 逐步向父母介绍一个新的孩子

我们可以帮助父母了解我们所处的环境，了解我们生活和心理上的变化。这个过程可能是循序渐进的。我们可以从尝试向父母介绍我们的学校、介绍我们身边某个新朋友开始，尝试和父母说一说我们在学校遇见的趣事，告诉父母我们现在喜欢看哪个媒体的文章，让父母慢慢了解和走进我们的世界。渐渐地，也许让我们特别难开口的某个话题，会在某一天被父母自然地接受。

我们会认为，父母年龄比我们大，是照料者的身份，但是实际上，父母和子女一样，也是第一次应对这些亲子间的问题和挑战。而且，大多数时候，父母与子女相比，更加不具备接受心理咨询和援助的条件，信息的接收渠道也更加有限，在关系的处理上只能靠自己摸索。主动付出努力，尝试与父母重新链接，归根结底是为了我们自己。我们在这世上如此渺小、如此孤独，而父母是可以尝试去链接、降低彼此孤独感的人。我们已经上高职了，在实践中成长得更加丰富、更加立体。也许，是时候向父母重新介绍自己了，也是时候重新认识父母了，就像初次相逢一样。

温馨提示

每年5月的第2个周日为母亲节，每年6月的第3个周日为父亲节。请各位同学献出你们对父母的爱吧！

项目三　“铁哥们儿”的心灵桥梁

朋友带给我们温暖、支持和力量，让我们感受到生活的美好。有了“铁哥们儿”“好闺蜜”，我们的高职生活才不会失色和乏味。在心理学中，“铁哥们儿”“好闺蜜”表示一种非常亲密的同伴关系。研究表明，同伴关系对于青少年的发展和社会适应意义重大。

> 匹夫不可以不慎取友。友者，所以相有也。
>
> ——荀子

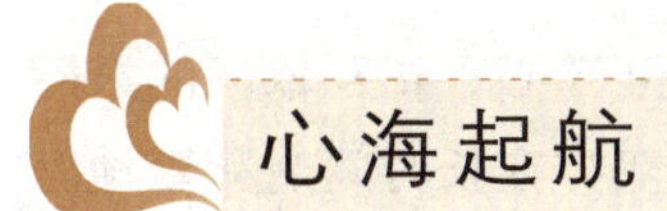

正确认识和理解同伴关系，掌握同伴沟通的原则和技巧，是我们这一节的主要任务。

小张的难题

上高职二年级的小张学习很刻苦，除了学习没有其他爱好，也没什么朋友。在学校，班主任安排她当寝室长。小张非常想和寝室同学好好相处。但时间一长，她发现自己真的无法和室友好好相处：她习惯早睡，室友却喜欢聊到深夜；她比较爱干净，室友却喜欢乱丢乱放，把寝室搞得乱七八糟。于是她就以寝室长的身份向室友提出了一些建议和要求。室友不但不听，反而恶言相向。就这样，小张与室友经常会因为一些琐事发生争执。小张认为自己是对的，但室友并不理睬，几乎不搭理她。现在小张和室友的关系很糟，她已经到了孤立无援的地步。

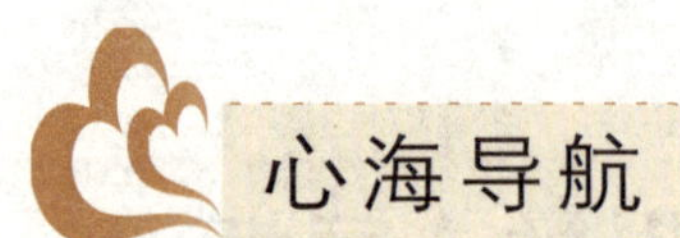

心海导航

一、同伴关系

同伴关系主要指同龄人间或心理发展水平相当的个体间在交往过程中建立和发展起来的一种人际关系。它在青少年的发展和社会适应中具有无法取代的独特地位，是不容忽视的重要的环境因素之一。

二、同伴关系的类型

> **小金句**
>
> 朋友，可以把快乐加倍，把悲伤减半。
>
> ——西塞罗

1. 一般伙伴型

一般伙伴型同伴关系指彼此心理相容、愿意交往，但相互间只是一般友伴的关系，尚未进入亲密友谊的关系状态。许多高职生之间相互认识，但交往泛泛，他们之间的关系始终停留在一般伙伴关系上，并没有形成亲密的友谊关系。

2. 亲密友谊型

亲密友谊型同伴关系是一种双方相互知心、相互依赖的人际关系。这种亲密关系有三个特点：一是双方在长时间内频繁地互动，共同从事多种活动；二是双方坦诚相见，彼此视为知己；三是双方相互之间的影响力大。在校园或班级里，常常看到一些学生凑在一起，三五成群、形影相随，彼此依赖、相互信任，他们之间的关系就属于亲密友谊型。

3. 排斥型

排斥型同伴关系指一种心理上不相容、不愿交往的人际关系，分为双方排斥型和一方排斥型。前者是双方相互排斥，后者主要是一方排斥另一方。排斥的程度又可分为一般性排斥、冲突性排斥以及极端的对抗性排斥。欺负现象就是一种极端的对抗性排斥。

4. 冷漠型

冷漠型同伴关系是彼此既不相互吸引，也不相互排斥，个人既无积极体验，也无消极体验。班级中的“孤独儿”在同学中既不受欢迎，也不受排斥与反对，常常被冷落在一旁、遭到忽视。这就是一种相互疏离的冷漠型关系。

三、同伴关系的功能

社会心理学研究发现，青少年时期的同伴交往尤其重要。青少年时期是人发展的一个重要时期，同龄的伙伴们面临着同样的问题，有着更多的共同语言。另一方面，青少年想从同伴、集体对自己的反应中发现自己、认识自己，进而完善自己。因此，这一时期的同伴交往往往影响人一生的发展。

1. 满足心理需要

同伴关系能帮助人克服孤独感，满足其被尊重、被关心、被理解、被认同等基本的心理需要。高职生正值青春期，在这一阶段，人的自我意识迅速发展，因而极度渴望被理解和认同。同伴的肯定和理解有助于满足青少年的这些心理需要。

2. 帮助自我发现

同伴关系能帮助人发现被他人看到的自我，进而能够使人更好地实现社会化和个性化。研究发现，一个人在学会与他人交往之前，是不可能真正获得自我感的。通过其他人的眼睛来观看自己，人自身的态度就会发生变化。当受到赞扬或批评的时候，人会无意识地产生从自爱到自弃的各种自我态度。

同伴关系是青少年自我发现的最重要的一面“镜子”，它既照出了自我，也照亮了自我发展的方向。青少年受同伴的影响很大。同伴关系具有提供榜样、期待和强化的功能，从而能使青少年形成各种不同的社会行为、观点和态度，逐步实现个体的社会化。

3. 提供情感支持

同伴关系还能为青少年提供情感支持，促进其心理健康。青少年多喜欢和同伴分享自己的喜怒哀乐，因为大家有共同的社会地位、相似的身心发展水平，更容易彼此肯定。通过这种分享，青少年就能获得一种不同于亲子关系的情感归属，这对于青少年的成长具有积极的影响。

同伴关系对个人的影响既有积极的一面，也有消极的一面。在现实生活中，很多人也会因为交友不慎而导致各种各样的问题出现，甚至有的人还会因此误入歧途。

万花筒

即使成年人也需要伙伴来克服孤独感。在电影《荒岛余生》中，那个漂流到孤岛上的快递员也需要把一个排球看作“伙伴”，从而满足他的基本心理需求。

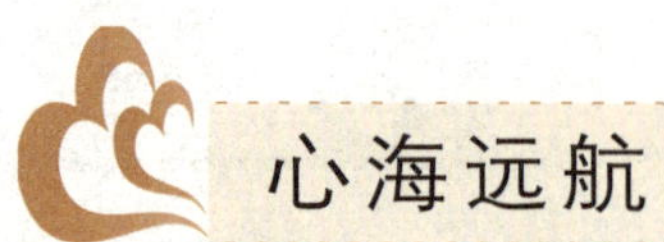

对于高职学生而言，同伴交往主要指的是同学交往。同学之间的交往虽然较单纯，但也是非常微妙的。一方面，同学年龄相仿，经历大致相同，兴趣爱好相近，又共同生活在一个集体，学习相同的专业，沟通与交往较容易；另一方面，同学来自不同地域、不同家庭，生活习惯、个性气质存在差异，再加上空间距离小、交往密度高而自我空间相对狭小，而且对人际交往的期望较高，一旦得不到满足，容易采取消极退避的态度。

一、建立良好同伴关系应遵循的原则

1. 加强沟通与交流

良好的同伴关系需要互相了解。要达到彼此了解，就要加强交流，在思想和态度方面加强沟通。为此，可以在课余时间多参加一些集体活动、社团活动，增进彼此间的了解和友谊。

2. 学会关心他人

得到他人的关心是一个人的基本需要。你关心他人，你在他生活中的意义将增加，自然他也会转而关心你。一旦彼此之间互相关心，同伴关系自然就密切了。

3. 学会宽容

当观点不一致时，应心平气和地向他人讲明你的想法，与其多多沟通，增进相互理解，使彼此间的感情融洽。切记不可粗鲁、顶撞，那样会伤害朋友的自尊心。凡事多从他人角度着想，自己有错时应主动承认、道歉，对同学的缺点也要抱以宽容的态度。

4. 学会赞美他人

处于高职阶段的学生极其渴望得到他人的认可。如果在人际交往中，人人都善于赞美他人，善于夸奖他人的长处，那么同伴相处将变得容易得多。

5. 距离产生美

人与人之间应当适当保持距离，为彼此的心灵留出一点空间，让彼此都感觉到自由，这样才有利于持续交往。

6. 掌握交谈技巧

在与同伴交谈时，要注意倾听他的讲话并给予适当反馈。聚精会神聆听代表着理解和接受，是连接心灵的桥梁。在表达自己的思想时，要讲究含蓄、幽默、简洁、生动。含蓄既表现高雅和修养，同时也起到了避免分歧、说明观点、不伤关系的作用。幽默是语言的调味品，它可使交谈变得生动有趣。简洁要求在与人谈话时掌握“该说的说，不该说的不说”原则。生动是以情动人。

二、同伴交往中的“雷区”

为了更好地与同学相处，除了要遵循之前提到过的人际交往的基本原则外，还有一些“雷区”不要踩，需要注意以下几点：

1. 忌人格不平等

同学在人格上是平等的，因此彼此应相互尊重。自傲或自卑者都可能与其他同学人为地拉大距离。

2. 忌小群体

在一个班集体中总有一些关系不错的朋友，但忌长时间地接触几位关系好的同学，而不和其他人相处。

3. 忌不正当攀比

同学交往，免不了攀比，关键看比什么，是志气、信心，还是虚荣。如果是比思想进步、学习进步，这当然好；但如果比物质，就不可取了。

4. 忌说长道短

同学间相处要谨言慎行，在背地里说长道短，是同学间最忌讳的事情。正确的做法是：自己不传、不说，听到别人说，要认真分析真伪，不要轻信及盲从。

5. 忌说话伤人

“良言一句三春暖，恶语伤人六月寒。”要自觉培养尊重别人的能力，讲话应温文尔雅，讲究语言美。忌自以为是、出言不逊、恶语伤人。

6. 忌不良效仿

同学之间互帮互助，共同进步才是有益的往来。“近朱者赤，近墨者黑。”要善于交友，学会选择，真诚待人。

项目四　和“教授”过招

未来，会有很多的情谊值得我们去回味、品尝，也会有许多的情谊值得我们好好珍惜，更会有许多的情谊使我们终生难忘。在校园生活中，与老师的这份情谊便是值得回味，应该倍加珍惜的！

一日为师，终身为父。

——《太公家教》

心海起航

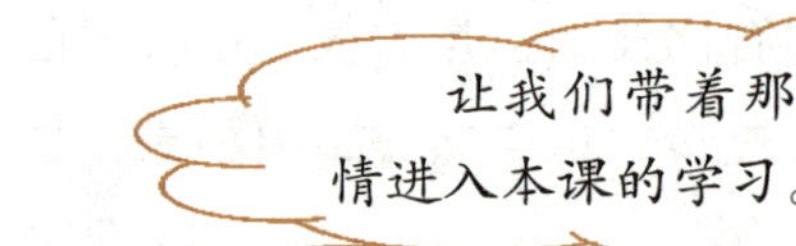

鲁迅尊师

鲁迅对启蒙老师寿镜吾一直很尊敬。他到南京读书后，每当放假回绍兴时，总要抽空看望寿老师。1902 年至 1909 年，在东渡日本留学期间，他经常写信向寿老师汇报自己在异国的学习情况。他奉母命从日本回绍兴办婚事，仅在家中停留了 4 天，但仍在百忙中抽时间专程探望了年逾花甲的寿老师。鲁迅在日本还拜章太炎为师学文字学。章太炎逝世后，他连续撰文两篇纪念。

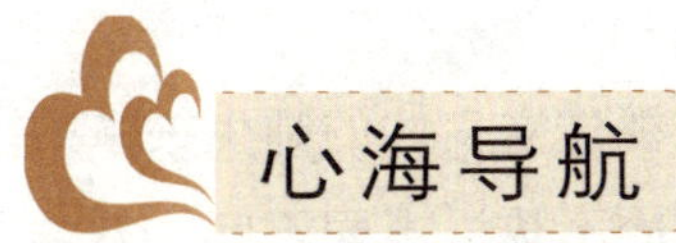

心海导航

人生，其实就是一场盛大的遇见，你若懂得，在遇见时，就一定要感激，就一定要珍惜。在我们的漫漫人生路上能遇到许许多多的老师，他们或给我们指导或给我们批评，都是为了让我们越来越好，让我们变得熠熠生辉。所以，遇见时一定要感激，在一起时一定要珍惜，挥别时一定要微笑。

一、老师是学生的引领扶持者

老师与学生是校园里的两大基本群体。老师是学生人际交往的重要对象，师生关系是学生人际关系的重要内容。师生关系如何，直接影响到学生是否能够健康地学习成长，并在很大程度上决定了学校能不能对学生的身心施加符合社会要求的影响。

对于学生成长进步来说，老师起到的作用有：是文化的传播者，是学生道德人格的导师，是学生心灵的保健医生，是学生的朋友，是学生的榜样。

总之，老师是学生攀登人生阶梯的引导者和扶持者，也是人类灵魂的工程师。

> **小金句**
>
> 学贵得师，亦贵得友。
>
> ——唐甄

二、师生关系的类型

交往与接触是师生关系的前提，是教育实践范畴的重要内容之一，既是学校教育价值的根本体现，也是实现这一价值的重要途径。从职业院校师生之间的交往与接触的情况看，可以把师生关系分为以下五种类型。

1. 紧张型

这种类型的师生关系表现为教师个性品质不完善，喜欢以自我为中心，对待有一定个性和思想的学生简单粗暴，主要依靠自身的强制力来影响学生，喜欢训斥、批评学生，对“后进生”讽刺、挖苦，伤害学生的自尊与人格。与之相联系，学生对教师心中不满，行为多抗拒或不合作。师生情感对立，人际关系紧张，教学气氛压抑、沉闷，教育效果低下。

2. 冷漠型

这种类型的师生关系表现为教师无视建立良好的师生关系的重要性，对待工作缺乏热情，对学生不冷不热、不闻不问，教学管理松弛，或者是只教书不育人，把学生思想政治教育单纯理解为是学生工作部门的事情，与己无关。师生之间实际交往时间很少，没有课余的交流，双方互不了解、互不信任、互不亲近，彼此漠不关心。课堂气氛平淡无奇、缺乏生气，学生对教师敬而远之，师生之间互不吸引。

3. 庸俗型

这种类型的师生关系表现为师生间交往的实用性、功利性、商业性色彩浓厚。教师对学生过分迁就，该严不严，该管不管，着意迎合学生，满足学生不正当的要求；而学生对教师则曲意逢迎，刻意讨好，请客送礼。原本纯洁的师生关系沦为庸俗的物质利益关系、商品交易关系和金钱关系。

4. 对话型

对话型师生关系是作为对话主体的师生双方在平等基础上进行思想交流活动。对话的双方遵从平等原则，摒弃主从关系，强调主体双方是平等的，都有表达自己思想和情感的权利，能够敞开真实自我进行交流和沟通。在对话型师生关系中，师生为教育活动所吸引，共同参与、合作、创造相互交往的活动，使知识和真理通过讨论而被接受，使思想、情感、意义呈现和渗透。师生的精神境界发生变化，形成民主、平等的良好关系。

5. 合作型

合作型师生关系是指教师和学生在教育教学过程中结成的相互合作的关系，以师生间的合作为核心。师生交往正常而频繁，相互理解、相互信任、相互尊重，教学气氛活跃，师生配合默契，教书育人、教学相长，人际关系融洽和谐，取得较好的教育效果。

合作型师生关系具有平等性、共创共享性、非强制性的特征。教师自觉消解个人的权威，以学生为本，在理解的基础上接受学生，师生在课内外积极交流、沟通，在学习中共同探究、共同体验，最终实现师生素质共同提高。

小金句

在教师与学生两人之间，不需要第三者参加，常常在一起成为伟大而精选的伴侣。

——赫尔巴特

三、当代和谐师生关系的特点

建立和谐师生关系是提高教育教学质量和促进学生身心和谐健康发展的关键。和谐的师生关系就是教师与学生之间达到相互融洽、完美配合的最佳状态。具体而言，和谐的师生关系有以下几个特点。

1. 完美发展——和谐师生关系的出发点与终极目标

教育的本质是培养人，人是一切教育活动的出发点和归宿，促使人的发展日趋完美是和谐师生关系的终极目标。使人的发展日趋完美，本是教育的目的，当然也是建立和谐师生关系的目的。师生双方发展的日趋完美主要表现在品德维度、知识维度、能力维度和人格维度。

2. 民主平等——和谐师生关系的时代特征

随着社会的进步，民主与平等日益成为社会的主流思想，深入人心。师生关系是时代精神的反映，师生关系的性质“在总体上是与社会主流人际关系的性质相一致的”。

师生双方是平等的主体，在民主的氛围中平等地参与教育教学活动。师生双方均以主体人格的身份彼此敞开内心世界的大门，进行主体间的平等的对话、交流和沟通，这是生命与生命的平等交流与沟通。

3. 情感交融——和谐师生关系的前提

师生关系作为一种人与人的关系，更多的是一种情感关系。由于情感是人的精神生活中最基础、最核心的部分，师生情感的交融就有了特别重大的意义。只有师生情感交融，才谈得上师生之间真正的心灵沟通，才能把他们的心紧紧地连在一起，也才谈得上真正和谐的师生关系。因此，师生情感交融是和谐师生关系的前提和重要表现。这种以情感交融为前提的和谐师生关系，是“师生创造性充分发挥的催化剂，是促进人的性情和灵魂提升的沃土……是真、善、美的统一体”。

4. 师导生本——和谐师生关系的保证

以学生为本，是近些年越来越为大家所接受的教育理念。以学生为本，教育教学的出发点是学生，目的是实现学生的健康发展。但是，这只是问题的一方面。另一方面，作为学生来说，他们到学校的主要目的就是为了接受教育。他们也许在个别方面比老师懂得更多，但从总体来看，他们还处在不成熟的、正在发展中的状态，需要老师在知识、能力和人生等方面引导。

小故事

毛泽东向老师敬酒

1959年6月，毛泽东回到故乡韶山，特意邀请自己在私塾读书时的老师毛宇居一起吃饭。席间，毛泽东热情地向老师敬酒。毛宇居说:“主席敬酒，岂敢岂敢!”毛泽东笑着回答:“敬老尊贤，应该应该!”

四、当前师生矛盾产生的原因

引发师生矛盾的原因是多方面、多层次的，有共性原因，也有个性原因。

1. 高职学生所处的特殊身心发展阶段

高职学校的学生处于青年初期，个体的生理发展已经接近完成，心理发展走向成熟但是还未成熟，发展过程中的主要矛盾在一定程度上变成了自身内部矛盾，即自己的社会责任与自己本身尚不成熟之间的矛盾。由于缺乏个人阅历和人生经验，知识积累也不够丰富，在面对与教师的矛盾时容易陷入主观的自我意识，不能以公正的心态对待师生矛盾，不能成功化解师生矛盾。

2. 当代高职学生所处的社会环境的影响

我国逐步建立起社会主义市场经济体制，在这种环境下成长起来的高职院校的学生深谙市场经济的规则，要求以最少的成本获得最大的收益，更好地为自己积累更多的知识资本，以迎接日益严峻的社会竞争和职业挑战。然而学校也在计算教育成本，教师工作量激增、科研压力不减，人才流失等问题也日益严峻。这势必会激化师生之间的矛盾。

社会转型时期，高职院校学生的思想观念以及价值取向呈现出多元化、个性化、矛盾化的特点。有的学生价值观混乱、诚信缺失、对他人冷漠、个人主义趋势加强等，也会成为师生矛盾激化的导火索。

3. 个性原因，即高职学生自身的原因

由师生矛盾引发的师生冲突多见于学生个体与教师群体或个体之间。高职学生方面的个性矛盾往往可能直接引发师生矛盾。如学生的人格特质、个体需要、个体经历都不尽相同，但是目前的班级授课制使得教师不可能满足每个学生的个性需求。

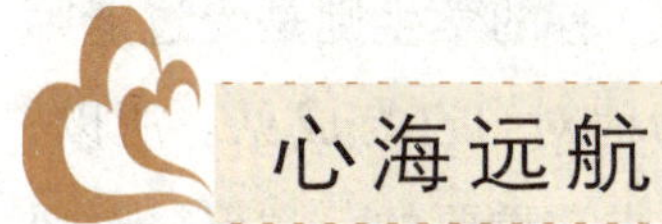

师生关系融洽，学生能与老师友好相处并有效交流与沟通，对促进学生的学习与成长非常重要。

如何建立和谐的师生关系

1. 尊重老师

老师把所有知识无私地、毫无保留地教给了学生，如果他们希望得到什么回报的话，就是希望看到学生成才、成熟，在知识的高峰上越攀越高。学生要尊敬老师，见到老师要礼貌地打招呼。尊重老师，尊重老师的劳动是师生和谐相处的前提。

2. 遇到问题及时联系老师

学生在校期间遇到棘手的问题，最好的解决办法就是寻求老师的帮助，这不仅有利于解决问题，还有利于培养师生感情。老师每学期带的学生比较多，不可能完全了解每个学生心中的想法，如果学生遇到问题时不主动联系老师，不仅老师起不到启迪和导向的作用，而且学生很有可能在解决问题时陷入囧途，迷失自我。

除班主任以外，任课老师并没有多少时间和学生直接交往，常向老师请教学习上的问题，会加深师生间的了解和感情。

3. 客观看待老师

刚进入高职院校时，学生心中的老师形象和实际的老师形象有差别。学生往往开始的时候把老师的形象定得比较高。“金无足赤，人无完人”，每个人都不可能非常完美，老师也一样有自己的缺点。我们要客观看待每一位老师，不要抱太多的幻想，也不要过于贬低，要看老师的优点，毕竟老师在很多方面都是值得我们学习的。

如果老师有的观点不正确，或误解了某个学生，做学生的应该把他置于长者的位置，照顾他的自尊心和面子。

4. 学会控制自己的情绪

大部分高职院校的学生都是年轻人，有时本身稍带冲动的情绪。有的学生明知自己错了，受到批评之后，即使心里服气，嘴上也死不认错，与老师的关系闹得很僵。有的学生则是受过老师一次批评心里就特别怕那个老师，认为他对自己有成见。所以，学会管理自己的情绪对高职学生来说是非常重要的。“忍一时风平浪静，退一步海阔天空”，遇事冷静思考，用合理的方法如转移注意力、合理宣泄等来控制情绪，做情绪的主人，切莫被情绪操控。这样，在师生交往中也有利于师生关系的和谐。

与老师关系融洽，既可以促进学习，也可以学到很多做人的道理，会使你一生受益无穷。

项目五 谈情说爱那点事

爱情是高职生较为关心的话题之一。爱情令同学们寻觅和向往。然而，恋爱问题恰恰又是同学们最为困惑的问题之一，一旦处理不当，会严重影响学习、生活乃至心理的健康发展。

> 如果一个人没有能力帮助他所爱的人，最好不要随便谈什么爱与不爱。当然，帮助不等于爱情，但爱情不能不包括帮助。
>
> ——鲁迅

心海起航

爱的悲剧

小丽是一位美丽、善良的学生，她与一位高中男同学原健青梅竹马。两人从高一到大四整整相恋了七年，大学期间每年寒暑假才能见上两面。小丽就在这种对寒假和暑假的期盼中度过了四年的大学生活。尽管大学中追求她的男生不少，条件优秀的有很多，但在她眼中，在家乡等待她的他才是她唯一的选择，才是值得她去爱、去奉献的人。

然而，就在即将毕业的时候她收到了他的一封信，信中说，他早已不爱她了，在家乡一直和一位女孩相爱，为了不影响她的大学学习，才一直没有告诉她。看完这封信，她顿时感到天旋地转。她不停地问自己，他为什么说

> **小金句**
>
> 痛苦中最高尚的、最强烈的和最个人的乃是爱情的痛苦。
>
> —— 恩格斯

分手就分手？难道她的七年的初恋就这样结束了吗？她付出的那么多的情感就这样付诸东流了吗？她变得消沉了，内心充斥着强烈的失败感，整日精神恍惚，没有头绪。她认为自己不会再爱上别人了。七年的感情都不可靠，世界上还会有真正的爱情吗？她开始恨他，恨他欺骗了她，她想要报复，想要和他一起离开这个世界。

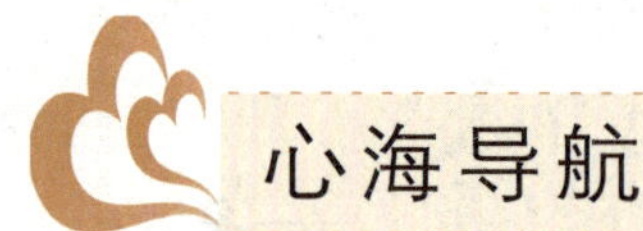

不正确的恋爱观多么可怕，足以毁掉一个人甚至两个家庭。这堂课，我们将学习如何面对爱情那点事。

心海导航

一、爱情的定义

对普通大众而言，爱情似乎是一种不言自明的现象，因此这里我们无意给爱情下一个更为完整的定义，而是试图结合现代心理学的视角，这样来理解爱情：爱情是男女之间基于性的吸引而建立起来的相互接纳、相互需要、相互爱慕的一种亲密的情感关系。这里有三种含义：一是爱情以性的相互吸引为前提，这是爱情与其他各种情感关系的区别；二是爱情是男女双方之间的相互接纳、相互爱慕、相互认可、相互需要；三是爱情是建立在二人之间的亲密的情感关系，爱情关系在本质上讲是一种包含了特殊情感的人际关系。

二、恋爱的人的心理特点

学生恋爱心理受个性、周围环境、自身修养等条件的影响，错综复杂、丰富多彩，有健康和非健康之分，也有正确与非正确之别。

1. 隐蔽与羞涩

20 世纪 80 年代初期以前的学生，在恋爱过程中往往羞怯或怕遭到外人谴责和干预，特别是恋爱初期，他们恋爱常不公开化。但是，随着改革开放的深入，传统的价值观念受到冲击，现在的学生一改过去谈恋爱的羞涩与含蓄，使得恋爱公开化。只要留意一下，不难发现，在教室、食堂、校园的林荫道上经常有一对对热恋中的情侣，这已成为现今高职校园中的一道“风景线”。

2. 重精神满足

当前人们一般寻找理想一致、情趣相投的人生伴侣，更注重人的内在美。学生择偶多注重精神需求，重视对方的思想、人品和学识才干。

3. 兴奋与冲动

热恋中的情侣感情炽热，常眉目传情和倾心交谈乃至拥抱接吻。由于感情兴奋过度，恋爱中有时难免引起性冲动。性冲动并不可怕，属正常心理和生理现象，可怕的是因冲动而干出有损身心健康的事。当前的事实是，因性冲动而发生的婚前性行为在学生中开始衍生。

4. 渴望与思念

热恋中的男女双方都渴望在身心上与对方融为一体，希望与恋人长久地厮守在一起，若一日不见，便“如隔三秋”。

5. 美化与幻想

“情人眼里出西施。”恋爱中的男女总把对方想象得如天使一般，情人的优点在他们心中锦上添花，恋人的缺点他们却视而不见。他们整天沉浸在美好的幻想中，想象着与心爱的人手牵手共创幸福美好的生活。

6. 奉献和表现

在恋人面前力图完善自己，以最佳形象出现，表现得更好。也希望为恋人多做贡献，以博得恋人的欢心，展示自己的一片诚心。男生帮女生打水买饭是常见现象。

三、异性间情感的甄别

1. 爱情与友情

爱情与友情是人类情感生活中的一对孪生姐妹。爱情和友情都是人们之间相互倾慕的感情，是在人们相互尊重、理解、帮助支持的前提下，共同培育的珍贵感情，都能达到心心相印并令人从中获取力量与幸福。但友情比爱情更具有广泛的交往关系，即友情不受性别、年龄、职业以及朋友数量的影响。

而对异性的朋友，除了性欲等自然因素外，实际上，区分异性间的友情和爱情并不容易。友情的产生是容易的，只要一方面相投即可，而爱情的产生是两性间全方位的碰撞，并且是含有生理吸引的。要区分异性间的友情是否已发展为爱情，主要看一方对另一方的好感有无变化。双方只是感到交往中彼此心理上的愉悦、吸引或眷恋，却没有意识到共同的道德感和责任感，那么好感就没有发展成爱情。因此，男女在交往中，当关系进一步发展时，就应当区分自己感情的性质，识别对方对自己感情的性质，以免误入情感的误区。

2. 一见钟情

进入青春期的男性女性对异性表现出一种亲近、向往和眷念的情感，这是青春期性心理的一种反应，通常被称作“求异心理”。他们在心理上产生了爱恋的萌芽，往往期待着一见钟情的满足。

一见钟情只能说是某些爱情事件中的触发。性爱的特点之一是直觉性，双方往往因首次见面而决定性爱的有无。你看到一个健康美貌、风度翩翩、气质非凡的异性，唤起你对他（她）的性爱欲望，但未必能“两相情愿”。即便对方接受了你的爱，也不一定能“鸾凤和鸣”，因为决定爱情成功与否的，除了起始条件的有无，更重要的是感情的深浅，而一见钟情只是爱情起始的一种形式。

一见钟情是由性吸引力决定的。不可否认，性吸引力大，可以加强性爱的强度，点燃爱情的火焰，在此基础上，加深相互间

万花筒

一见钟情带来的美好姻缘被传为佳话：黑格尔40岁时一下子看中了玛丽，向她求婚，玛丽欣然答应，经过挫折，终成夫妇；戴高乐第一次遇到叶凤·汪杜洛小姐便爱上了她，两人共同度过了50年的美好岁月；卓文君隔帘看到温文尔雅的司马相如，夜间逃出深堂大院，与司马相如一同私奔，结为美好夫妻；郁达夫初见王映霞，一见如故，激动异常，后来成婚……当然，文学作品中的一见钟情就更多了：贾宝玉初见林黛玉，似曾相识；张生撞见莺莺，一拍即合；约翰·克利斯朵夫与坐在另一辆火车上的法国少女交错而过，恋意顿生；欧也妮看到查理，当晚就失眠了……

的了解，增添爱情的砖石，的确可以促成许多美好姻缘。然而，一味追求一见钟情，过分强调一见钟情在爱情中的价值，往往是令人失望的。

3. 爱慕心理

进入青春期之后，青少年学生的生理和心理都发生很大变化，情窦初开的男女之间由相互疏远，转化为有了一种情感的吸引，进而有彼此接近的需要，这在心理学上被称为“异性思慕”或“爱慕”。

事实上，异性思慕是青少年学生心理发展的一个重要阶段，是其心理发展正常的一种表现。应该说这种感情是青少年学生未来发展健康的爱情、婚姻，组建和睦家庭的心理基础。这种感情可以让你学会如何去关注他人、体验别人的需要和情感，所以，当这种感情空降到你身上时，不要感觉羞耻，也不要感到惊慌，因为它是如此自然，不带一点杂质。

然而，这种情感同时也会带来诸多问题，这是由于少男少女们的社会阅历、知识水平、认识能力、生存能力等还有待发展。比如，有些高职学生将这种初期的异性思慕与吸引误以为是爱情，因此过早陷入情网不能自拔。

心海远航

一、如何建立亲密关系

小故事

走多近才合适

阿丹和男友形影不离。当二人穿着情侣装出现在大家面前时，男的英俊帅气，女的小鸟依人，真是羡煞旁人。二人好得像一人似的，整天腻在一起。但是，好景不长，一对佳偶很快变成怨偶。原因是，阿丹事事都要男友帮忙，对男友的学习、生活事事都要关心、干涉，特别是男友因为承担系里的学生工作，少不了与女生有一些接触，让阿丹惴惴不安，她每次都要反复盘问，时间一长，男友心生不满，冷战不断升级。

恋爱中的人常有这样的疑惑：二人走得太近，会太黏糊；离得太远，又会显得疏远。女生更有这样的困惑："我把心都给了他，还分什么你我？我全心地爱着他，什么都为他着想，为什么总得不到他的回报？"亲密关系中的双方，究竟应该保持多远的距离？心理学研究表明：健康的亲密关系，其实依托的就是两个人的独立和自信。在什么地方体现独立和自信呢？

1. 有各自的职业和兴趣

职业对个人而言，不仅具有经济意义，更具有不可替代的社会心理价值。通过职业，个人奉献劳动，收获薪酬以及生存的能力和信心，收获被他人需要、被社会认可和接纳的成就感和价值感。一个人有了职业，就必然有了与社会打交道的机会，也必然拓展了个人的心理视野，生活内容也更加丰富多彩。对于学生而言，就是要有各自的学业追求、事业规划。

2. 有各自的朋友圈

有的人在恋爱之前几乎没有同性朋友，恋爱后，恋人便成为自己唯一的寄托。有的人一旦投入恋情中后，便将已有的各种情谊尽数抛弃，很快进入了只有二人的世界，并将自己所有的悲喜都寄托在对方身上。想象一下，即便恋人使出浑身解数，也不可能让对方百分之百快乐和满意。

3. 具备自己独立解决问题的能力

当你遇到难题的时候，是首先想找另一半帮忙呢，还是会自己独立解决？事实是女性一旦有了亲密爱人，原先能够自己解决的事情也变得解决不了了。有人一针见血地指出，女人一旦恋爱，就成了"生活残障"人士。而亲密爱人，刚开始可能会怜香惜玉、乐此不疲，时间一长就会烦恼，心想，这个女人怎么这么娇气和麻烦。要知道，一个自立的人永远都是值得尊重的人。

4. 有自己独立的时间和空间

这里的时间和空间既指物理上的也指心理上的。两个人缠得太近，缠得太紧，极易导致过多的占有和纠缠不清，怨愤和私欲如影随形。在亲密关系中，有一个反应链，当亲密中的一方对另一方抱有希望的时候，就会产生期待，期待导致要求，要求导致依赖，依赖就是一种控制。对另一方而言，对方的欲望每前进一步，他的心理压力就增加一级。只有成为一个独立的自己，才能控制好各自的欲望，在沟通协调的基础上获得适当的满足。

亲密关系说到底是两个独立的人在某些事情上的合作与合伙。比如在经济上，在生活细节上，在情感分享上，在养育孩子上，在性活动上，等等。任何两个人，由陌生到熟悉到相爱，都是一种合作与合伙的关系。在这个合作与合伙的过程中，是两个独立的人在平时的基础上彼此交流、分享、分担和协调，而不是单纯的依靠和享用。当你发现自己成天围着一人转的时候，同时也会发现自己变得好猜疑、嫉妒、自卑和心胸狭隘，情绪阴晴不定，喜怒无常，缺少独立的人格，亲密关系也会受到威胁。

温馨提示

亲密关系的几大误区：

1. 我的心思不说他也知道。

2. 性即亲密，亲密即性。

3. 一旦开始亲密关系，它就会自动成长。

4. 爱一个人，就可以接受对方的批评。

5. 把所有隐私都告诉对方才叫亲密。

二、爱情问题的处理艺术

高职生在恋爱过程中也许会碰到很多麻烦，如自己并不爱对方，对方却拼命地纠缠；彼此爱着对方，但又常常发生冲突；自己喜欢的异性却喜欢别人；失恋；等等。这些爱情问题该如何处理呢？这里主要介绍学会拒绝、解决冲突、学会面对“多角恋爱”和失恋的处理艺术。

1. 拒绝爱的艺术

有爱的能力的人不是对爱来者不拒，也不会将谈了一段时间发现不适合自己的人简单地拒之千里。当然也有不少高职生，当别人向自己示爱时有些优柔寡断，既怕伤害对方又怕对方误会。拒绝爱，一是要对他人尊重，要感谢对方对自己的欣赏和感情。二是要把握时机和方式，态度明确，表达清楚，即向对方表明只能是什么样的关系，同学还是一般朋友，或者什么都不是。三是行动与语言要一致。可能有些学生怕对方受伤害，虽然语言上拒绝了对方，但是行动上还与对方有较亲密的接触，这样容易使对方误解，认为还有机会，还纠缠在与自己的情感中。

2. 解决恋爱冲突的艺术

恋爱是恋人双方彼此交流，不断加深了解与增进感情的过程。恋人之间出现冲突争吵是不可避免的事情。处理不好，会伤害感情；处理得好，可以增进相互了解、增进感情，所谓“不吵不相爱”就是这个道理。爱的冲突一方面来自日常生活中的不一致或不协调，另一方面可能来自性格的差异。相爱的人不应寻求两人的完全一致，而是要学会协调、合作。爱需要包容、理解、体谅，要会用建设性的方式去解决冲突。沟通是非常有效的方式。恋人间需要有效的沟通，清楚表达自己的思想、感受。伤害性的争吵或者冷战都不利于问题的解决。

3. 如何面对“多角恋爱”

“多角恋爱”是指同时与数个异性建立恋爱关系，企图同时占有数个异性的感情而玩弄爱情。“多角恋爱”历来被认为是典型的爱情不专一。当发现对方存在“多角恋爱”时，自己应当尽快从恋爱中撤退，避免受到欺骗和伤害。

4. 积极面对失恋，提高恋爱挫折承受能力

有恋爱就会有失恋，失恋会使人产生痛苦的感觉。失恋考验的是人的耐受挫折的能力。失去爱会使人感到一种重要关系丧失，一种身份丧失，需要一定的时间去面对和适应。应该正确认识失恋：失恋只是一种选择的结果；在失恋中学习，把失恋作为一种人生的财富；失恋给人再恋爱的机会。“失恋，是人生交响乐中的一段小小的插曲，留下一段美好的回忆，丰富着自己的人生。”“失恋可以磨炼自己的性格和意志，使自己更加坚强！”“爱情要能承受生离和死别。”

项目六　他欠揍吗

校园里有美丽的风景，也会有阴暗的角落。如何预防来自同伴的欺凌？当伤害来袭，我们该怎样处理？还校园一片最阳光、最安全的净土，你我都有责任。

恃德者昌，恃力者亡。

——司马迁

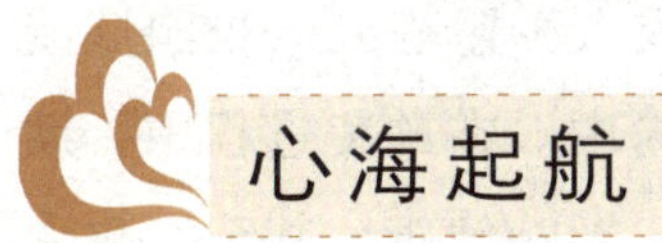

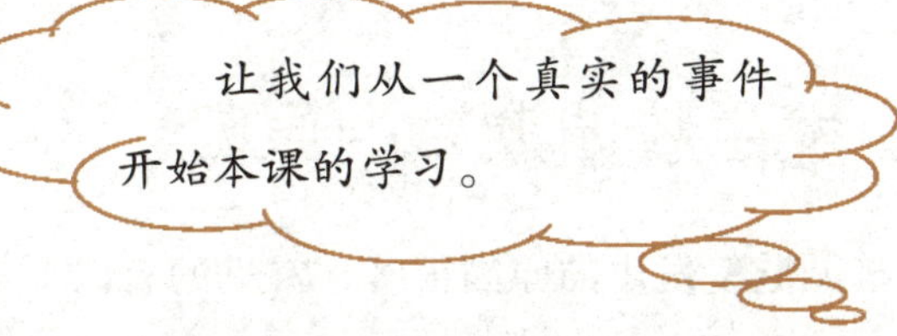

校园欺凌后果严重

2018年1月9日，15岁的初三女生小怡（化名），为了这几天的月考，在上学的车上都不忘复习。吃完午饭后，她又回到教室继续学习，但她没想到，前座男同学突然持刀刺向了她。这一幕发生在福建莆田仙游金石中学。小怡第一时间被送往医院，但最终抢救无效，不幸身亡。犯罪嫌疑人自行到派出所投案。

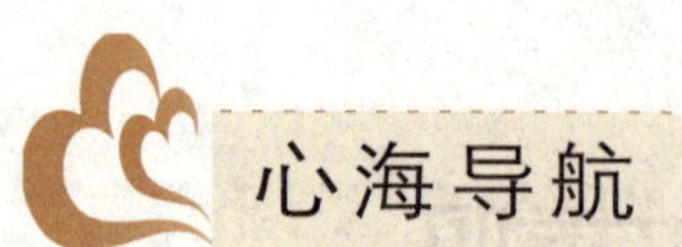

一、什么是校园欺凌

欺凌，具有恃强凌弱之意。20世纪70年代，挪威学者欧维斯认为，欺凌行为是一群或单个学生，用某种负面行动，重复且长期地对待某特定学生或一群学生。

可见，欺凌行为有三个要素：意图伤害、重复且长期、不平等的权力关系。负面行动指欺凌者有意图地进行攻击性行为。这里的欺凌不只是身体攻击，也可能是情感或心理攻击，亦可分为直接的（如身体伤害）与间接的（如社会孤立）欺凌。换言之，无论是肢体上的踢打、言语上的威吓、关系上的排挤，还是身体或性别上的嘲弄，都被视为欺凌。

校园欺凌实施环境多为校园周边或人少僻静处。校园欺凌多数发生在校园内、学生上学或放学途中。在欺凌过程中，欺凌者会对受害者造成身体及心理问题，影响健康，甚至影响人格发展。

> **温馨提示**
>
> 可以通过以下情况识别校园欺凌：
>
> 1.学生身上出现来历不明的外伤和瘀青。
>
> 2.学生精神明显变得异常紧张，经常会流露出沮丧、伤心的情绪，甚至有自杀倾向。
>
> 3.学生的衣物经常出现撕扯痕迹，个人物品经常损坏或丢失，或者学生频繁地找家长要钱。
>
> 4.学生出现厌学情绪，经常装病请假，甚至逃学。

二、发生校园欺凌的原因

导致校园欺凌发生的原因很多，常见的有以下几种。

1. 网络信息

由于现代社会信息大爆棚，青少年可以通过互联网获得任何想要的资讯。而年轻人缺乏对事物的判断能力，一味寻求新奇与刺激，最终会造成不良后果。例如暴力电影，青少年对电影中被美化的黑帮人物十分推崇，将电影中的拉帮结派、等级制度带到学校生活中，动不动就对低年级的学生打骂、呵斥，却对高年级、比自己更强大的学长毕恭毕敬。

2. 网络游戏

网络游戏也是传播暴力行为的温床。很多沉迷于网络游戏的孩子会将游戏与现实相混淆，他们在游戏中通过挥舞拳头和刀刃来赢得比赛，却忽略了现实中类似的暴力行为会带来的危害。

3. 学校管理不到位

发生校园欺凌，学校也难辞其咎。如果发现班级里有有暴力倾向的学生，教师一般采取的方式是私下谈话、找家长，缺乏有效的应对措施。教师绝大多数是女性，她们很难控制学生，特别是能够制造暴力事件的男性学生。一些学校也缺乏对学生进行“如何避免暴力”的教育，导致学生对暴力事件不知所措。一些受害学生如果举报施暴学生，有时得不到有效保护，还会受到打击报复，这让受害者敢怒不敢言。

4. 家庭教育失误

发生校园欺凌，还有来自家庭的原因。很多家庭的家长都在外工作，很少有时间与子女进行交流。有的家长缺乏教育经验，一旦遇到问题，就用拳脚加棍棒体罚。久而久之，子女丧失与人沟通的能力，将在家庭中受到的苦闷委屈向身边比自己弱小的同学进行暴力宣泄。还有的家庭对子女的变化疏于察觉，看见子女有暴力倾向或是受到伤害也不闻不问，耽误了对孩子实施帮助的时间与机会。

万花筒

有研究者调查发现，欺凌者主要是三类人：行为儿童（也称品行障碍），学困生（个子高大、成绩差的男生居多）和适应障碍者（对环境、人际关系的适应有障碍）。

三、易受欺凌者的特征

有些人容易遭受欺凌，这类人包括：性格内向、害羞、怕事者；在同学间不受重视，只有很少朋友，在学校中十分孤单者；缺乏与朋辈相处的社交技巧，容易引起同学不满和反感者；有身体障碍、智力障碍者；沉默、表达能力不佳者；性格或行为上有异于他人者。

四、主要的欺凌行为

在校园中，哪些行为被认定为欺凌行为呢？欺凌行为主要包括：叫受害者侮辱性绰号，指责受害者无用，喝骂受害者；对受害者的身体或物件重复地进行物理攻击，如对受害者拳打脚踢、掌掴拍打、推撞绊倒、拉扯头发；损坏受害者的个人财产、教科书、衣服等，或嘲笑受害者；传播关于受害者的谣言和闲话；恐吓、胁迫受害者做他们不想做的，威胁受害者服从命令；让受害者遭遇麻烦，或令受害者招致处分；中伤、讥讽、贬抑、评论受害者的体貌、家庭等；分派系，孤立或排挤受害者；敲诈，强索金钱或物品；画侮辱画；网上欺凌，即在网络或论坛上发表具有人身攻击成分的言论；等等。

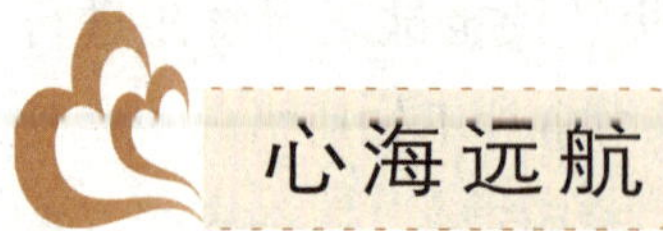

一、防止校园欺凌有妙招

在学校里，一些很简单的做法对防止欺凌却很有效。比如：培养自尊、自信的人格，壮大自己的气场；和同学友好相处，平时说话讲分寸，给别人留面子；在校内校外都不拉帮结派，以免和一些喜欢惹事的人走得太近；加强体育锻炼，强身健体，让欺凌者不敢轻易靠近；在学校不佩戴贵重物品，不显露钱财，以免引起他人的贪念；上下学和同学结伴而行，尽量不独自待在厕所、操场等偏僻的角落；保护好自己的网络相册的密码，不轻易发布自己的照片、视频于社交媒体；等等。

二、遇到校园欺凌如何做

如果我们真的遭遇了校园欺凌，如下方法会帮到你：

若被多人围困，要懂得周旋，一旦对方放松警惕，立刻趁机逃跑。

不要与欺凌者硬碰硬，更不能逆来顺受。与不法行为做斗争一定要讲策略，运用智慧，具体情况具体分析，尽可能避免正面的直接搏斗，以免引起不必要的伤亡。必要时尽量满足对方提出的要求，与此同时一定要记住对方的体貌特征，及时报警，或向老师、家长寻求帮助。

及时向路人求救或偷偷发送短信至12110。

看到其他同学正遭受侵害时，不能坐视不理，应赶紧报告老师或报警。

要增强法治意识，在侵害发生后，要能够勇敢站出来，用法律武器维护自己的正当权益。

三、如何控制情绪，减少暴力

高职生受挫以后，心理处于焦虑、愤怒、冲动的应激情绪状态之中，如果得不到妥善化解，高职生可能表现出攻击、轻生等种种消极的行为反应。这无论对社会，还是对高职生个体都会带来不良的结果。因此，采取可控的、合乎社会规范的方式宣泄受挫后的紧张心理，恢复平衡，对于高职生来说就是十分必要的了。在高职学校中，自我疏导、情绪宣泄、运动宣泄、心理咨询等是儿种主要的方式。

自我疏导是高职生受挫以后，通过语言或文字方式主动地向老师、同学、朋友，也包括使之受挫的对象进行理智的倾诉，消除紧张心理，恢复心理平衡。这是一种简单且十分有效的宣泄方法。

高职生受挫以后往往处于悲痛之中，如果一味压抑这种悲痛的情绪，高职生可能会变得忧心忡忡、脾气暴躁，这有可能对其心理造成极大的伤害，或者引起其产生身心疾病或精神疾病，或者对他人、社会带来不利影响。因此，处于悲痛之中的高职生，不妨在适当的场合痛痛快快地大哭一场，宣泄心中的苦闷与悲伤。痛哭使悲痛情绪畅快淋漓地宣泄出来，同时流出的眼泪把紧张的情绪或悲伤时体内产生的某种化学物质带出体外，这对于高职生成长是非常有利的。

运动宣泄是值得提倡的一种良好的宣泄方式。受挫的高职生通过参加各种体育活动，消除悲观、失望的情绪，激发积极进取的朝气。在某种意义上，激烈的体育活动是受挫之后“攻击”行为方式的“合理化”，或“攻击”行为方式的一种替代方式。同时，在体育运动中，增大了呼吸量，加速了新陈代谢的过程，调节了大脑神经活动，直接接触自然环境和社会环境，加强人际交往等，都十分有利于受挫高职生恢复心理平衡和信心。

心理咨询对受挫的高职生来说，应当看作是帮助自己克服消

小金句

小不忍，如妇人之仁、匹夫之勇皆是。

——朱熹

极、悲观情绪，宣泄紧张心理，解除心理困惑，取得心理平衡的重要途径。高职生应该首先排除由于缺乏对心理咨询的了解而形成的“有心理疾病才去进行心理咨询”的误解。假如自己受到挫折，或者心中不快，或者心理困惑、有障碍，甚至只是想找人谈谈，都可以去进行心理咨询，从而及时宣泄自己内心的不良情绪。

项目七　准备踏入职场

短暂而美好的高职生活结束后，绝大多数高职学生将告别校园，满怀激动地迎来人生的一个新阶段，那就是职场。踏入办公场所，以往校园的种种都将被职场的生活方式所取代。高职学生必须要做好准备，以便将来能尽快适应自己的工作，融入职场里，完成自己由学生到职场人的角色转换。

世事洞明皆学问，人情练达即文章。

——《红楼梦》

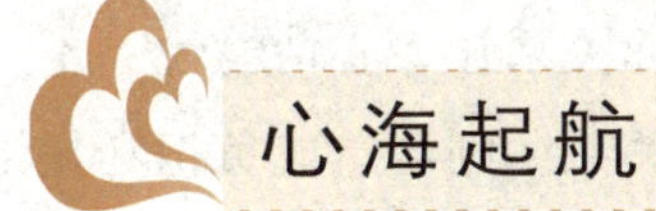

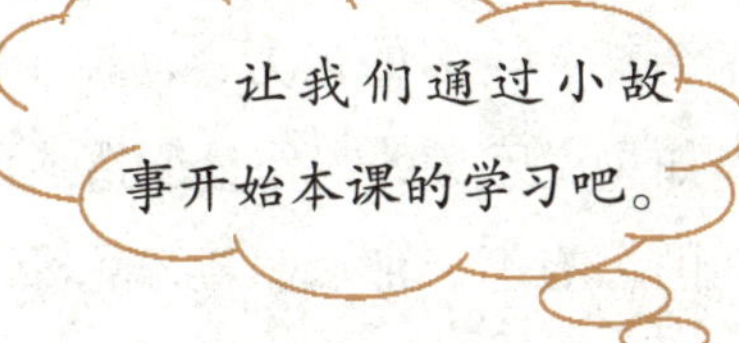

职场新人的苦闷

高职毕业后的小晓“过五关斩六将”，如愿进入了自己心仪的单位。她从上班的第一天起，就发誓要努力工作，好好表现。为了给领导留下个好印象，小晓每天第一个上班，最后一个下班；汇报工作时，突出自己的优点，引起上司的注意。她的努力很成功，可身边的同事们却渐渐疏远她。有一次，公司让员工两人一组完成问卷调查，可没有人愿意跟小晓一组，甚至有同事向上司反映，说小晓没有合作精神。小晓既困惑又委屈：自己错在哪？

新人小王进一家调研公司不到半年，便萌生了辞职的

温馨提示

同事之间的关系、与上司的关系是高职学生进入职场后必然要遇到的重要人际关系。处理好职场人际关系，能使人心情舒畅，工作愉快；反之则会使人情绪压抑，影响工作和生活。刚刚踏入职场的“菜鸟”要想追求成功、掌握命运，学会处理人际关系是需要迈出的很关键的一步。

念头，不是因为工资低，而是觉得领导对她有“偏见”。小王性格耿直，说话直，上次新员工评分，主管给她的分数不高，她一急就找到了部门经理，结果主管碍于经理的面子给她改了分，但从此再没给她什么好脸色。小王很是苦闷，想跳槽走人了。

心海导航

一、职场人际关系概述

职场人际关系，是在职工作人员之间各类关系的总汇。与职场相关的人际交往，大致有平级同事之间、上下级之间、职场与生活之间这几种类型。在以上不同情境中，每个人分饰不同的角色，展现出不同的交往规则。

良好的职场人际关系是工作和情绪的润滑剂，它能使人保持良好的工作热情和生活激情。健康的人际关系让人心情愉悦，不至于消耗人过多的精力；而畸形的人际关系，则会造成负担和扭曲。如果说巨大的工作量所造成的“掏空”，还只表现在对体力和时间的占有上，那么，要小心翼翼处理无处不在的人际关系，则构成了一种精神上的“掏空”。

良好的职场人际关系能使自己的人生更具有目的性和趣味性。人际关系是自我价值实现的手段而非目的，拥有良好的人际关系能让人生少些阻碍，能更顺畅、更有趣味性地实现人生目标。良好的职场人际关系既能够为个人提供一个施展自我才干的舞台，也是修身养性、完善自我的需要。

温馨提示

人际关系，说到底要落到“人”上来。但凡异化或畸形的人际关系，一个直接标志是对“人”的轻视。不良的职场规则，使得一些人不得不戴上“面具”生活。从小的方面说，非正常的职场人际规则，将使人时刻处于精神上的高压之下，产生“累觉不爱”的掏空感；从大的方面来看，职场人际关系扭曲，将影响正常工作的开展，继而对整个社会的发展节奏产生负面影响。

小故事

入职之后的困境

小李是刚踏入职场的学生，意气风发，满怀信心。他在高职学院学的专业技能十分扎实，入职面试时，单位领导对他十分满意。可没想到刚进入办公室，一些人际烦恼接踵而至。单位适婚青年很多，生孩子的同事也很多，小李觉得适度的人情往来是必要的。可这个单位有些不成文的规则，比如“份子钱”的多少代表感情深厚与否。小李刚工作，自己还租住着房子，“份子钱”让他不堪重负，他对单位的这些规则很不认同，但为了工作还是勉为其难。可别的同事发现，小李刚入职时的积极的工作状态已不复存在，小李自己说工作就是“当一天和尚撞一天钟”，态度越来越消极。

二、职场沟通的基本原则与方式

刚踏入职场的学生，要想建立良好的职场人际关系，不妨从以下几个方面入手。

1. 弄清自己的角色

不同的角色有不同的职责，决定了你的立场和处事方式。角色就是用怎样的行为与人相处，用怎样的行为与人发生关系。在一个高效率的组织中，上司与下属是相辅相成、亲密合作、有效协调的统一体。任何人的权力都是有极限的，即使地位再高，有时还是要向一个更高的权威负责。也就是说，下属的角色是绝对的，上司的角色是相对的。对于职场人士来说，要想尽快地成长，必须先从一个好下属做起，满足领导对自己的角色期待，做成长型员工。

2. 相互尊重

要想赢得别人的尊重，首先要学会尊重别人，包括尊重对方的隐私和劳动成果等。彼此尊重，从自己先做起，宜采用商谈、讨论以及提出建议的方式，而不能以“命令”或责怪的口吻把自己的想法强加于沟通对象。

3. 大局观念

与领导意见相左，或与同事发生矛盾时，要站在大局的角度考虑问题，学会忍耐和包容。作为一名合格的员工，不论何时何

温馨提示

向上司请示汇报时，你要：

1. 仔细聆听上司的命令。
2. 与上司探讨目标的可行性。
3. 拟定详细的工作计划。
4. 在工作进行之中随时向上司汇报。
5. 在工作完成后及时总结汇报。

万花筒

白金法则是美国最有影响的演说家之一、商业广播讲座撰稿人托尼·亚历山德拉博士提出的，他还撰写了专著《白金法则》。白金法则即你想人家怎样待你，你也要怎样待人。用这种为人处世的观念和方法，能使我们在社交中始终处于主动地位，有的放矢地处理好各种关系。

地，都要目光高远，看到单位美好的发展前景；不论说话还是做事，都要把单位利益放在第一位。当与他人发生矛盾时，要学会灵活表达自己的观点，少争多让，以大局为重。

4. 保持距离

与领导、同事和客户都要保持适当距离，不搞小团体。与领导、同事过于亲密，就容易让彼此有过高的期望值，很容易惹麻烦，容易被误解。把朋友的感情带到同事间来，在有的情况下是可行的，但是在某些情况下则不太容易处理好。另外，在办公室的利益冲突下生长的友谊有时候很脆弱，很容易受伤。最好和同事、领导保持一定的距离，这并不是排斥友谊，而是要遵守同事间的游戏规则。

万花筒

职场中有个刺猬法则：

两只困倦的刺猬，由于寒冷而相拥在一起，可是因为各自身上都长着刺，刺得对方怎么也睡不舒服。于是，它们分开了一段距离，但寒风刺骨，它们又不得不凑到一起。几经折腾，两只刺猬终于找到了一个合适的距离：既能互相获得对方的体温，又不至于被扎。刺猬法则就是人际交往中的心理距离效应。它告诉我们：人与人之间应该保持亲密关系。但这是亲密有间的关系，而不是亲密无间的。我们要学会运用刺猬法则，与同事相处时既不要拒人于千里之外，也不要过于亲密，彼此不分。

三、冲突管理的沟通策略

在日常工作和生活中，同事和上下级之间难免有冲突，如不自控，冲突愈演愈烈会影响工作、伤害感情。

（一）引发职场冲突的原因

1. 权利与责任归属的冲突

职场是一个团队，但是工作难免有模糊地带，每个人都希望自己有更大的决定权利，同时又希望自己所需要承担的责任越少越好。在这种心态下就特别容易产生冲突。

2. 层级所产生的冲突

不同层级之间沟通，要清楚地表达自己的意见又要让对方接受是件不容易的事，每个层级的人在面对工作任务时思考的方式是存在差异的。

3. 利益的冲突

绩效的考核、升迁是衡量工作表现的重要指标。每个人都希望能够实现最好的绩效，但很可能会不小心或无意识地侵害他人的利益导致产生冲突。

4. 沟通技巧不佳

只在意讲出自己的话，不管别人要不要听，有时在沟通的时候缺乏聆听和同理心，缺乏清晰的表达，在误解信息时又将责任归咎于对方。

5. 个人特质

情绪控制不好，工作能力不佳，不尊重别人权益，不懂得换位思考。

6. 外在的因素

家庭因素或是个人竞技因素引发的压力，导致情绪失控。

（二）如何处理职场冲突

当遇到职场冲突时，学会如何处理职场冲突是十分有益的。越是遇到冲突，越是要冷静，思考三个问题：你要表达什么，你要如何表达，你是谁。冷静思考完这三个问题，能帮助你实现与对方的有效沟通，减少不必要的冲突。除了思考这三个问题，你还要做到以下几点：

1. 闭口倾听

如果发生了争吵，切记免开尊口。先听听别人的，让别人把话说完，要尽量做到虚心诚恳，通情达理。靠争吵绝对难以赢得人心，立竿见影的办法是彼此交心。愤怒情绪发生的特点在于短暂，“气头”过后，矛盾就较为容易解决。当别人的想法你不能苟同，而一时又觉得自己很难说服对方时，闭口倾听，会使对方意识到，听话的人对他的观点感兴趣，这样不仅压住了自己的“气头”，同时有利于削弱和避开对方的“气头”。

2. 平心静气

心理学家提出了能使人平心静气的三项法则：“首先降低声音，继而放慢语速，最后胸部挺直。”降低声音、放慢语速都可以缓解情绪冲动。而胸部挺直，就会淡化紧张的气氛，因为情绪激动、语调激烈的人通常都是胸前倾的，当身体前倾时，就会使自己的脸接近对方，这种讲话姿态能人为地造成紧张局面。

3. 交换角色

在人与人沟通过程中，心理因素起着重要的作用，人们都认为自己是对的，对方必须接受自己的意见才行。如果双方在交流时，能够交换角色而设身处地地想一想，就能避免大动肝火。当冲突发生时，在内心估计一个后果，想一下自己的责任，将自己升华为一个有理智、豁达气度的人，就一定能控制住自己的心境，缓解紧张的气氛。

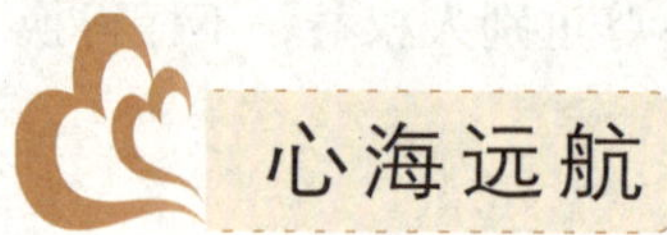

自检职场人际关系的问题

职场人际关系十分微妙复杂，稍有不慎，就会陷于被动，可以说每个在职场上摸爬滚打过的人都会对此深有感触。而及时检讨，反省自己的行为，进行积极有效的心理调整，让自己适应多变的人际关系，不失为增强生存能力的好办法。因此，职场中人有必要时常就以下几方面进行自检。

1. 你会算计别人吗

任何人都会对别人的背后算计非常痛恨，算计别人也是职场中最危险的行为之一。这种行为带来的后果，轻则被同事所唾弃，重则失去饭碗，甚至身败名裂。

如果经常有把事业上的竞争对手当成“仇人”“冤家”的想法，想尽一切办法去搞垮对方的话，那么就很有必要检讨一下了。老板绝对不希望自己的手下互相倾轧，而希望每一个员工都能发挥自己的长处，带来更多的效益。互相排斥只会增加内耗，使企业受损。同事也同样讨厌那些喜欢搬弄是非、使阴招、发暗箭的人，因为每个人都希望有一个和谐宽松的工作环境，并与自己志趣相投的人共事。

2. 你经常向别人妥协吗

当然，在与同事的相处中还会有互相竞争的成分，因此，恰当使用接受与拒绝的态度相当重要。一个只会拒绝别人的人会招致大家的排斥，而一个只会向别人妥协的人不但自己受委屈，而且还会被认为是老好人、能力低、不堪大任，且容易被人利用。因此在工作中要注意坚持一定原则，如果被卷入诸如危害公司利益、拉帮结伙、损害他人等事件中去，要避免被人利用。

3. 你喜欢过问别人的隐私吗

在一个文明的环境里，每个人都应该尊重别人的隐私。如果你发现自己对别人的隐私产生浓厚的兴趣时，就要好好反省了。窥探别人的隐私向来被认为是个人素质低下、没有修养的行为。也许有许多情况是在无意间发生的，比如你偶尔发现了一个好朋友的怪僻行为，并无意间告诉了他人，这样不仅会对朋友造成伤害，还会失去你们之间的友谊。

偶尔的过失也许可以通过解释来弥补，但是，如果这样的事件发生过几次，那么就要从心理上检讨自己的问题了。此外，除了学会尊重他人以外，在与同事的交往中还要保持恰当距离，注意不要随便侵入他人“领地”，以免被人视为无聊之辈。

4. 你经常带着情绪工作吗

如果在工作中经常受到一些不愉快事件的影响，使自己情绪失控，那可犯了大忌。如果看到自己不喜欢的东西或事情就明显地表露出来，那么只会造成同事对你的反感。每个人都有自己的好恶，对于自己不喜欢的人或事，应尽量学会包容或保持沉默。

5. 你经常向同事借钱吗

处理好同事之间的经济关系相当重要。由于平时会在一起聚会游玩，发生经济往来的情况可能会比较多，最好的办法是AA制。当然，特殊情况下向同事借钱也没有什么不妥，但记得要尽快归还。如果经常向别人借钱，会被认为是个没有计划的人，别人会对你的为人处事产生不信任。记住，不要轻易欠别人一块钱，并把这一点作为一个原则。当然也不要墨守成规，遇到同事因高兴的事请客时不要执意拒绝，同时记得要多说一些祝贺的话。

本模块拓展练习

1. 给父母的一封信

学习了如何与温情的父母相处后，你有什么话想对父母说？不妨给父母写封信，把你想要表达的用纸和笔传递给他们。

2. 团体小游戏：优点轰炸

以班级为单位，分成6个小组。每个组员轮流对中心人物的优点或所欣赏之处（如性格、外貌、处事方式等）进行称赞。只说优点，态度要真诚，要努力去发现别人的长处，不能毫无根据地吹捧，那样反而会伤害别人。

要求参加者要注意体验：

(1) 被人称赞的感受如何？

(2) 别人说出的哪些优点是自己以前知道的，哪些是未曾意识到的。

(3) 称赞别人是什么感受？

(4) 他们所说的符合你自己吗？

珍爱生命　灿烂人生

模块五

项目一　呵护一花一世界

项目二　阳光总在风雨后

项目三　拒绝成长路上的诱惑

项目四　远离那只“黑狗”

项目五　幸福之花别样红

项目一　呵护一花一世界

古往今来，无数的人都在探索生命的奥秘。生命的意义何在？生命的价值是什么？人为什么活着？如何看待生死？这些对于生命本身的思考和探索，是人类自身不可回避而又最为重要的课题。

有时我想，要是人们把活着的每一天都看作是生命的最后一天该有多好啊！这就更能显出生命的价值。

——海伦·凯勒

让我们从一首诗来开始本课。

热爱生命

汪国真

我不去想，是否能够成功，既然选择了远方，便只顾风雨兼程。

我不去想，能否赢得爱情，既然钟情于玫瑰，就勇敢地吐露真诚。

我不去想，身后会不会袭来寒风冷雨，既然目标是地平线，留给世界的只能是背影。

我不去想，未来是平坦还是泥泞，只要热爱生命，一切，都在意料之中。

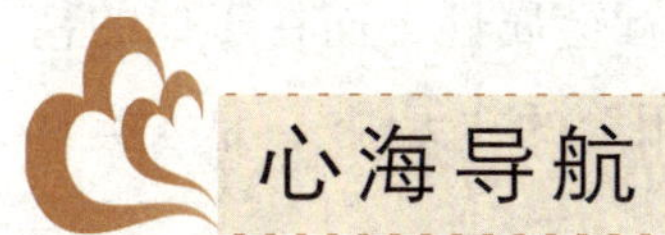

心海导航

一、生命的本质

生命是大自然最为神奇的创造。每一个生命都是奇迹般的存在。

但是，什么是生命？

这是一个关乎人类的根本性问题。和德尔菲神庙门楣上刻的那句“认识你自己”一样，“什么是生命”的问题，直指人类对自身的认知与理解。

恩格斯在《自然辩证法》一书中提出了著名的生命定义：“生命是蛋白体的存在方式，这个存在方式的基本因素在于和它周围的外部自然界不断地新陈代谢，而且这种新陈代谢一停止，生命就随之停止，结果便是蛋白质的分解。”

生命是本能、情感与智慧的完美结合，是自然生命、社会生命、精神生命三个层次整体性的构建。

1. 自然生命

自然生命是一切物质财富和精神财富的基础和载体，没有它，一切都将无从谈起。说到底，它是“1”，后面的都是“0”；爱惜、尊重和敬畏人的自然生命，乃是人生的首义。在理解自然生命的内涵时，应该包含着对自身知、情、意等生命要素的体认和关怀，以及对他人知、情、意等生命要素的体认和关怀。每个人的生命都与他人的生命处于同等的位置，生命从本原上来说是平等的。

> **小金句**
>
> 本来，生命只有一次，对于谁都是宝贵的。
>
> ——瞿秋白

2. 社会生命

社会生命是生命观的重要内容，包括生活角色、权利义务、社会关系等，属于社会学意义的层次。社会生命犹如人的躯体，背负着人生的诸多意义，承上启下，展现风采，位居生命的中间状态，有着 10 倍于“1”的生命质量，更精彩、更灿烂。

3. 精神生命

精神生命是在动物本能生命基础上产生的高级生命形式，是自然界中绽放的最美丽“花朵”，是一个人最为高贵的品质。人区别于动物，其实不在于他的自然属性和社会属性，而在于他的精神生命。精神生命是一种能够超越“有限”的“无限”，是人类具有的一种伟大力量。

二、生命的特点

> **小金句**
>
> 生命没有完结，生命只有前进。
>
> ——萧伯纳

1. 生命的不可逆性

从胚胎期，生命便一直生长、发育，直至衰亡。它绝不会“倒行逆施”，返老还童也绝非现实。生命是一种状态，这种状态是连续性的，它包括个人生命连续和物种生命连续。

2. 生命的不可再生性

生命，对任何人来说只有一次。世间常说，“人死不能复生”，便道出了这个真理。生命不可中断，个人生命的中断便意味着死亡，不可以死而复生，不可以逆转；物种生命不可以中断，中断就会灭种，永远从地球上消失。

3. 生命的不可互换性

生命为个体所私有，相互不得交换，彼此不可代替。

生命是一切智慧、力量和美好情感的唯一载体，失去它，一切都不存在，它是任何东西都不可以替代的。人类生命的价值就在于它是人类创造和实施一切价值的前提和先决条件。我们应该认识自己的生命，认识自己的生命价值，珍爱生命；同时尊重他人的生命，并在此基础上探寻生命的意义，找到自己存在的价值，正确定位、提升生命的质量。

三、当代高职学生应该树立的生命观

珍惜自然生命，懂得社会生命的价值和意义，追求和扩展人的精神生命，珍惜、爱护每一个独立的生命个体，树立积极向上、健康科学、正确合理的生命观。

1. 自然生命观

自然生命是生命观的内核和原点。高职生生命观中最为本质的内容仍然是如何善待生命的问题，每一个自然生命对其他的自然生命都处于一种天然的契约关系之中，自然生命的平等地位并不是自己单方面决定的，它是由他人给予的。人的自然生命当然是自己的，但却只有在他人的比照和支持下才能更好地展现自我，只有在自然界的大系统中才能得以存在和发展。要塑造完美的自然生命，必然要对人本身、人与社会、人与自然的关系进行深入分析和理解。

2. 社会生命观

道德是处理人际关系以及个人与集体关系的准则和规范。道德具有两方面的含义，一方面是指个人对社会的责任与义务，另一方面是指社会对个体的责任与义务。道德既内含着对个人的要求，也包含着对个人的支持。道德缺失，并不仅仅意味着一个人品质的低劣，而且说明其很可能不具备与他人和谐共处的能力，更重要的是，他更难以通过道德途径实现从自然生命向社会生命的跃升。杜尔凯姆在《自杀论》中得出一个结论："自杀与由个人组成的社会团体的融合程度成反比关系。"这里的"融合"强调的是个体在思想和感情上与集体意识相一致，而不仅仅是形式上的共处。当个体陷入存在性危机，又无法获得道德的救赎，自杀与杀人的危险就开始显现。

3. 精神生命观

精神生命属于心理学和哲学层面，其精髓在于不停地奋斗，或拼搏终生、自强不息，或平淡守拙、厚德载物，或科学发现、感悟真理，或鞠躬尽瘁、肩担道义，等等。只有精神生命才能把一个人从芸芸众生中超脱出来，只有精神生命才能让一个人更好地审察自然、体悟自身，只有精神生命才能让一个人走出小我，走进大我，走出小家，走进大家，融入自然，融入世界。

要全面认识人的生命层级，一方面要充分认识精神生命对自然生命和社会生命的养护，另一方面要积极寻求自然生命、社会生命和精神生命之间的有效融合。高职院校的学生作为时代人才必不可少的组成部分，不能仅仅满足于生活在自然生命和社会生命之中，而是应当十分关注自己的精神生命。精神生命的超越性对于弥补自然生命与社会生命的缺陷和不足是十分重要的。

小金句

我以为人们在每一时期都可以过有趣而有用的生活。我们应该不虚度一生，应该能够说："我们已经做了我能做的事。"人们只能要求我们如此，而且只有这样我们才能有一点快乐。

——居里夫人

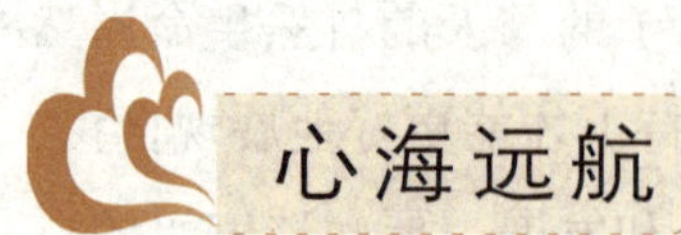

一、珍爱生命

1. 生命的艰难诞生

我们常说“有缘千里来相会，无缘对面不相逢。”人类的受孕过程中，精子和卵子的相遇也是一种缘分。它们要冲破重重关隘才能“终成眷属”。整个过程奇妙而艰险，甚至有点惊心动魄。它们的生命力有多强呢？当女性卵巢排出一个卵子后，会被输卵管的伞端抓到输卵管内，依靠输卵管的推进功能向子宫方向移动。由于卵细胞比较大，又没有自主活动能力，所以移动得特别缓慢，只好等待“追求它的无数精子的到来”。不过，精子追求卵子的过程异常艰难、残酷，数以亿计的精子就像参加一场游泳比赛，它们要冲破各种关卡，战胜同伴，最终只有1个精子成为游泳健将，与卵子结合，成为受精卵，开始生命的旅程。

人类整个的孕育过程和分娩过程非常艰辛，所以我们要加倍珍惜我们的生命。

2. 生命的终结

在现实中，相当一部分职校生不能正确对待生与死，有的恐惧死亡，自暴自弃、颓废堕落；有的所谓看透人生，认为人生在世，重在享乐，开始放纵生活、游戏人生；有的则不知所措、陷入迷茫，开始得过且过……

我们要从理论上认识死亡，正确对待自己、亲人和他人的死亡，在思想上对死亡有所准备。死亡是人生的内在规定，是随时都可能的可能性存在。死亡就如四季交替，是人必须面对的应有之事。海德格尔认为死亡不是现成的、已经实现的东西，死亡是存在的状态和过程，因而是不可摆脱、不可逃避的，死亡乃是人走向终结的存在，它贯穿或伴随着人的一生；人的存在乃是走向死亡的存在。同时，“死”和“生”不可共存，我们“生”的时候是无法真正地感受和知晓死亡的，当我们“死”了以后也无法感受和知晓死亡。既然如此，就不该畏惧一个自然存在、不可避

万花筒

有一次已经读高中的儿子因为妈妈总是唠叨，不耐烦地顶撞了母亲，母亲气得半死。当晚，父亲便约儿子一起出门散步。两人走了好久，父亲说道：“顶撞妈妈时，下列的事任选一样，做到后，才有顶撞的权利：

1.连续3个月每吃完一餐就须催吐（孕吐）。

2.乳头被别人吸到破皮达1个月（喂奶）。

3.衣服里塞1颗篮球达10个月（怀孕）。

4.接受皮鞭抽打达48小时（生小孩）。有多疼？相当于20根骨头同时骨折！

5.10个月不能喝冰水、咖啡、茶。

6.5个月睡觉不能翻身。

7.10个月不能出游远行，不能跑跳。

8.10个月不能生病，实在要是病了，生病不能吃药。

9.给婴儿把屎把尿1个月。

10.晚上睡觉每两小时起床一次、清醒30分钟，如此达1个月。

……”

免、无法感受和知晓的客观事实，应该把死亡看作是人生本质的最终实现，由此真正排除对死亡的恐惧和焦虑，正视死亡并接受死亡。

理性地面对死亡，要学会从死亡的角度认识和规定人的生命、生活和人生，从死亡的角度看待个体存在的价值和意义。死亡会教会人们一切。法国作家蒙田曾说过："谁教会人死亡，就是教会人生活。"生命观教育所言之死，并非仅指人的生理之死，而是对活着的人谈观念上的死，其目的在于提升生活品质。由"生"观"死"，又由"死"观"生"，出发点与落脚点皆在"生"而非"死"，谈清有关生死观的问题，并把死亡看作人生旅途中被不断揭示出来的可能性，不是在人生的暮年、生命枯竭或弥留之际才感受和体验死亡，而是在生命的各个阶段和全部过程中都深刻地意识到死亡与我们的紧密接触，意识到生命时刻趋向于死亡的那种状态，强化生命的紧迫感。生命是倒计时的，我们应该更加珍爱现在生命中所拥有的一切，学会珍惜、尊重和敬畏生命。

小金句

世界上只有一种英雄主义，那就是认清了生活的真相后还依然热爱它。

——罗曼·罗兰

3. 呵护生命

生命的长度是生命最重要的物质基础，蝼蚁尚且偷生。然而现实生活中，有一些现象并不乐观。

首先，轻忽生命、残害生命的现象层出不穷。北京大学儿童青少年卫生研究所历时 3 年多，对全国 13 个省份的约 1.5 万名学生做调查，于 2007 年公布《中学生自杀现象调查分析报告》，结果触目惊心：中学生每 5 个人中就有一个人曾经考虑过自杀，而为自杀做过计划的占 6.5%。媒体关于青少年杀人的报道近几年也见诸报端，更加触目惊心。从震惊全国的徐力杀母事件到马加爵事件、药家鑫事件，一件件令人发指的命案伴随着一个个花样生命的凋零，带给整个社会沉痛的教训，也带给当下教育深刻的反思。如果说此类青少年直接杀人案件尚属极端和少数，不构成生命教育缺失的全部事实依据，那么随处可见的轻易残害生命、虐待生命的现象则不得不引起我们的高度关注和警醒。近几年来，校园暴力、虐待动物等各类新闻、视频屡屡占据媒体热点，其手段之残忍，理由之荒谬往往骇人听闻。

其次，生命困惑、生命障碍的问题令人担忧。在 17 岁以下的儿童青少年中，我国至少有3000万人受到各种情绪障碍和行为问题的困扰。据估计有30%会发展为成人注意缺陷多动障碍，并且成年早期的犯罪、酒瘾、吸毒、反社会性人格障碍率是普通人群的5~10倍。

此外，生存技能、避险知识普遍缺乏。教育部、公安部等单位对北京、天津、上海等10个省市的调查显示，目前全国每年约有1.6万名中小学生非正常死亡，平均每天约有40名学生非正常死亡。2014年9月昆明市明通小学发生踩踏事件，造成学生6人死亡和26人受伤。

安全与健康构成了生命长度的两翼，也是决定自然生命长度的基石。无论是缺乏安全，还是缺乏健康，都不可能有生命的长度。这警醒我们，更加关注自身与他人生命的安全与健康。

> **小金句**
>
> 我们最好把自己的生命看作前人生命的延续，是现在共同生命的一部分，同时也是后人生命的开端。如此延续下去，科学就会一天比一天灿烂，社会就会一天比一天更美好。
>
> ——华罗庚

二、涵养生命

生命有三重属性，即自然生命、社会生命和精神生命。自然生命之长强调延续存在的时间，社会生命之宽重在丰富当下的经验，精神生命之高则追求历久弥新的品质。

在这三重生命属性之中，社会生命和精神生命是人的本质属性，离开社会生命和精神生命，人的自然生命就退化为简单的动物属性，不可称其为人。所以，只有集自然生命之长、社会生命之宽、精神生命之高，才能够形成一个立体的人。人的生命应在新生命教育中，拓展得更长、更宽、更高。

1. 生命因独特而弥足珍贵

世界上没有两片相同的树叶，世界上更没有两个相同的人。每一个人都不一样，每一个人都独一无二，都是无法代替的。同时生命又是很珍贵的，独特性也决定了珍贵性。从另外一个方面来说，生命还有很多特点，比如说人的生命是不可复制的，人的生命是一去不返的。所以必须珍惜生命，尊重生命，让每个人成为他自己，成为最好的自己。

2. 生命因自主而积极发展

生命在不断发展、不断成长的过程当中。这种成长又不是自发的成长，它是自觉的。人的生命是有自主性的。

每个人的生命都是一个故事，你是主人公，也是作者。所以你的生命故事能不能写得很精彩，取决于你自己，就是说每个人的自主性对生命的发展起着至关重要的作用。

所以教育很大程度上就是启发这种自觉性，形成这种自主性，帮助人学会自主教育。所以最好的教育就是帮助一个人进行自我教育。

3. 生命因超越而幸福完整

人的生命和其他的生命不一样，因为他有三重属性，自然生命、社会生命、精神生命缺一不可。人的生命是完整的，所以精神生命往往对人来说显得特别重要。这是人超越其他有机体和其他物质非常重要的特征。

小金句

生命，那是自然付给人类去雕琢的宝石。

——诺贝尔

一个伟大的灵魂，会强化思想和生命。

——爱默生

项目二 阳光总在风雨后

人生千差万别，千姿百态，有的人一生辉煌，有的人一生平凡，有的人先甜后苦，有的人先苦后甜。我们总是或多或少，或轻或重地遇到各种不同的挫折。有的人学业有成，而家庭遭遇不幸，有的人生来聪慧，却身患疾病，有的人大起大落，而有的人小挫不断。

有的人在挫折中奋起，越挫越勇，而有的人却逐渐消沉。为什么人在同样遇到挫折时，却有着不同的人生？如何能让挫折成为我们成长的磨刀石，成为人生发展的垫脚石？我们一起来认识一下我们的人生随行者——挫折！

> 困难与折磨对于人来说，是一把打向坯料的锤，打掉的是脆弱的铁屑，锻成的将是锋利的钢刀。
>
> ——契诃夫

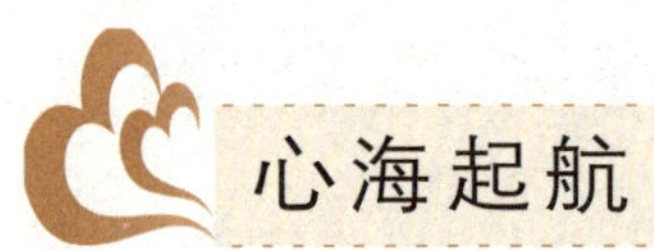

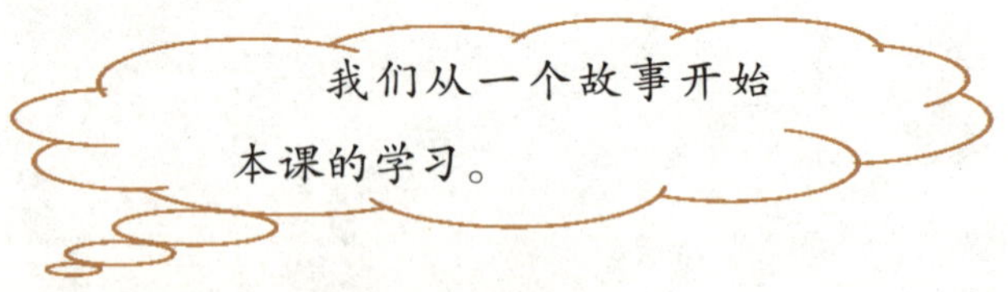

隐形翅膀

刘伟，生于北京，10 岁时因触电意外失去双臂；19 岁时，成绩优秀的他放弃高考，开始学习钢琴；2008 年 4 月 30 日，参加北京电视台《唱响奥运》节目，演奏钢琴曲《梦中的婚礼》，为刘德华伴奏《Everyone is NO.1》；2010年7月，参加东方卫视《中国达人秀》，获得总冠军；2012年2月3日获“感动中国2011年度人物”并获得“隐形翅膀”的称号。

“用脚弹钢琴的人”刘伟

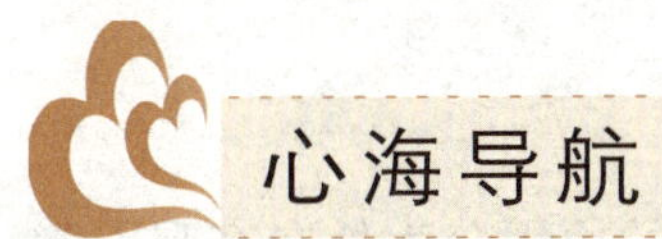

一、挫折是什么

“挫折”在商务印书馆《现代汉语词典》(第7版）中解释为：压制、阻碍，使削弱或停顿；失败，失利。心理学的解释：挫折是指个体在从事有目的的活动过程中，遇到障碍或干扰，致使个人动机不能实现、个人需要不能满足时的情绪状态。

挫折包括三个方面的含义：挫折情境、挫折认知、挫折反应。

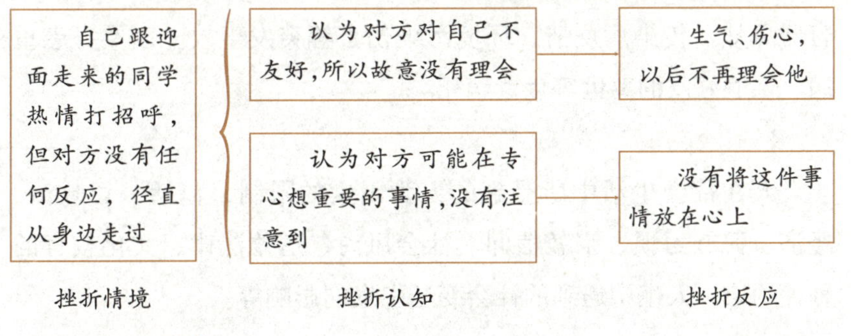

> **小金句**
>
> 人生到处知何似，应似飞鸿踏雪泥。
>
> ——(宋）苏轼

1. 挫折情境

挫折情境是指人们的需要不能获得满足的内外障碍或干扰等情境因素，如中考没有考上高中，交往中同学的误解、产生的矛盾，班委竞选落选，未能竞聘上心仪的工作岗位等。

2. 挫折认知

挫折认知是指人们对挫折情境的知觉、认识和评价。挫折认知既可以是对实际遭遇的挫折情境的认知，也可以是对想象中可能出现的挫折情境的认知。

3. 挫折反应

挫折反应是人们伴随着挫折认知，对于自己的需要不能满足时产生的情绪和行为的反应，通常会有伤心、失落、攻击、回避等。例如，未能竞聘上心仪的工作岗位而伤心难过，身患重病而不愿见任何人。

当挫折情境、挫折认知和挫折反应三者同时存在时，便构成典型的心理挫折。

二、挫折是怎样产生的

小金句

人的生命似洪水奔流，不遇着岛屿与暗礁，难以激起美丽的浪花。

——奥斯特洛夫斯基

从挫折产生的归因角度，挫折产生的原因分为外在客观因素和内在主观因素。

（一）外在客观因素

挫折产生的外在客观因素是指由外界事物阻碍人们达成目标而产生挫折，包括自然环境和社会环境。

1. 自然环境

这种阻碍来自无法意料、不可抵挡的自然灾害、突发事故，以及生老病死。如雪灾、地震、泥石流、暴雨等自然灾害，车祸、容器爆炸、传染病疫情、环境污染伤害等突发事故，以及身患重病、亲朋好友的离世等生老病死。

2. 社会环境

人在社会生活中所受到的人为因素的限制，包括一切政治、经济、民族习惯、宗教信仰、社会风尚、道德法律、文化教育的种种约束，人生中遇到的社会变迁引发的影响等。

（二）内在主观因素

内在主观因素即个体内在原因，主要包括生理因素和心理因素。

生理因素是指由于个人容貌、身材、体质、健康状况等带来的限制，使自己所要追求的目的不能达到而产生的心理挫折。

心理因素导致的挫折来自多方面。有的因为目标制定过高，自己的各方面条件难以达到，造成对现实不满。有的因为对自己评价过低，对自己不够自信，从而没有勇气追求自己心中理想的目标。还有的人同时存在若干动机，使自己产生难以抉择的矛盾心理。

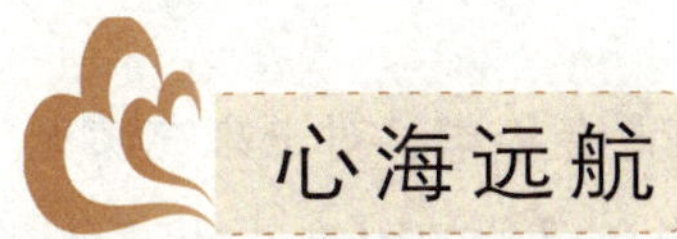

一、正确看待挫折

1. 挫折的普遍性

俗话说，人生不如意事十之八九，每个人的一生都会遇到各种不如意，不顺心。有的人会遭遇大的磨难，一生跌宕起伏，有的人会小挫折不断，时常有所困扰。无论是领导干部，还是普通群众，无论是高学历的知识分子，还是只具备基本文化素养的普通人，无论是职场人士，还是在校学生，挫折都会伴随我们每个人左右。

遭遇挫折是一种生活常态，人生复杂，世事难料，挫折不可避免。在人生旅途上，每个人都会遇到各种挫折，没有人会一路畅通！这就要求我们以主动的、勇敢的态度去面对挫折。

2. 挫折是把双刃剑

一方面，挫折具有砥砺作用，它能使人从中得到锻炼，形成顽强的意志品质。

另一方面，挫折又具有消极作用，能使人心理失衡，挫伤人的生活、学习和工作的积极性。有的同学下定决心要勤奋读书，取得好成绩，但当付出的努力并没有如期迎来期望的收获后，便不再继续努力；有的同学在与他人相处中被误解后，便不再主动与他人交往，变得消沉、低落；还有的人在多次求职失败后，便失去工作的欲望，无所事事。

> **温馨提示**
>
> 懂得了挫折的积极作用与消极作用后，再遇到下列这些情况，你认为积极反应是什么？
>
> 1.考试失利
> 2.家庭变故
> 3.身患重病
> 4.朋友误解
> 5.求职受挫

二、积极应对挫折

1. 合理的心理宣泄

遭遇挫折时，人通常会产生痛苦、焦虑、紧张、烦躁等消极情绪，要通过合理有效的方式进行宣泄。合理宣泄的方式有很多，如把自己心中的不快与不满写在一张纸上，然后把纸撕掉或烧掉；把自己的心事记在日记本上；找好朋友谈心，倾吐心中的郁闷；大哭一场。

2. 调整期望水平

同学们正值精力充沛、朝气蓬勃的青春年华，对未来充满无限向往，对生活充满期望。对生活可能会遇到的困难估计不足，对自己的能力、知识水平以及社会的认识还不够深入和全面。容易使自己的目标制订得过高或过低，努力奋斗之后发现根本无法达到，甚至相差甚远，正所谓“理想很丰满，现实很骨感”。

离成功只有一步之遥

因此，我们要根据自己的实际能力确定具体可行的目标，“跳一跳，够得到”的目标是最合适的，即通过一定的努力奋斗能够达到的目标，当自己的能力、阅历、知识水平等有所提高后，再相应地提高自己的目标，逐步实现自己的最终目标。

3. 懂得放下，另辟蹊径

有的挫折，我们可以努力战胜，然后在这条路上继续前行；有的挫折则要求我们放弃此路，另辟蹊径。当认识到自己因现实客观条件不足或欠缺，致使目标无法达成时，可以把注意力转移到其他事情上，用另外一件自己能办到的事来补偿自己不能办到的事，以此来实现自我价值。

高度近视不能参加运动竞技，就在学问上下功夫；身体残疾，则发愤钻研技术；中年丧偶，则热心公益；身边无子，则热心少儿教育。正所谓“失之东隅，收之桑榆”。

4. 坚持不懈，越挫越勇

胜利和失败之间往往仅有一步之遥，如果认定目标是合理的，就坚持到底，用自己坚定的信念、顽强的毅力克服种种困难，总有一天会迎来光明。坚信自己能够打败人生中的困难，在困难面前决不倒下去，而是勇敢地站起来！“纵使命运让我跌倒100次，但我也要从101次抗争中站起来。”

5. 努力奋斗，提升自我

当遭受挫折后，可以将不为社会认可的动机和不良情绪转移到有意义的活动中去，或遇挫后将低层次的行为引导为有利于社会和自身的较高层次的行为，变压力为动力，使其上升到有益于社会的高度。化悲痛为力量，从失败中奋发图强。德国著名诗人歌德，青年时因失恋曾欲自杀，后来从悲痛中走出来，转向文学

万花筒

什么是心理防御机制？面对挫折时，人的心理平衡往往遭到破坏，多数情况下，人们会感到困扰、不适应，甚至体验到一种痛苦的折磨。出于人的自我保护的本能，人们会产生一种自觉或不自觉地要消除或减轻这种状态的倾向，会有意无意地采取某种方式来恢复心理平衡，即人具有一种摆脱痛苦、减轻不安、恢复情绪、平衡心理的自我保护机制，通常称之为心理防御机制，或心理自卫机制等。常见的心理防御机制有：

1.认同。认同指一个人在遇挫而痛苦时效仿他人获得成功的经验和办法，使自己的思

创作，写出了不朽的文学作品《少年维特之烦恼》。

坚信努力奋斗就可以改变命运的人生信念，坚信幸福是奋斗出来的，再平凡的人也能实现自己最不平凡的伟大梦想。

6. 积极寻求社会支持

在我们遭受挫折时，得到父母、老师和同学的帮助是十分有益的。这不仅可以使我们摆脱痛苦，还可以通过他人的帮助，分析受挫的原因和内在的不足，使自己在以后的生活中少受挫折。同时，大胆地请求帮助，也是意志坚强的表现。

身边的榜样

袁强的金牌之路

从籍籍无名的职高生逆袭成世界技能大赛冠军，实现了中国在工业控制项目零的突破，袁强也成为母校山东工业技师学院最年轻的副高级职称教师。袁强如何克服了重重困难和挫折取得了金牌？他是这样自述的——

因为一些原因没考上高中，之后我就来到了山东工业技师学院。正好教我的那个老师是山东省的一个二等奖，我非常羡慕，我想是不是也该给自己定一个目标，拿一个山东省的一等奖。

后来在学校里参加一个比赛，结果到比赛的时候，一有人过来，我手就拿不住螺丝，我就感觉很沮丧。于是我每天一直不断重复训练，怎么拧、拧几圈，最后手上都磨起老茧来了。在下一次比赛时，我成功把这个问题给解决掉了。在拿到全国第一之后，我入选了国家集训队。集训的时候，每天训练时间都要超过 15 个小时，全国集训队又分为四轮选拔，分别是 9 进 5、5 进 2、2 进 1。在我拿到 9 进 5 第一名之后，我开始有些骄傲，有些自满了。在 5 进 2 选拔的时候，我拿到了一个第二名，和第三名只差 0.2 分。当拿到这个成绩的时候，我忽然感觉自己被一盆凉水从头浇到脚。我要把“坚持”这个法宝再拿起来。到了第二轮选拔的时候，我比另外一个选手高 5 分，拿到了

想、信仰、目标和言行更适应环境的要求，从而在主观上增强自己获得成功的信念。

2.升华。一个人在遇到挫折后，将自己不为社会所认可的动机或需要转变为符合社会要求的动机或需要，或遇挫后将低层次的行为引导为有利于社会和自身的较高层次的行为，这就是升华。升华的功效常常一方面转移或实现了原有的情感，达到了心理平衡，同时又创造了积极的价值，利己利人。

3.补偿。当由于主客观条件的限制和阻碍，使个人的目标无法实现时，设法以新的目标代替原有目标，以现在的成功体验去弥补原有失败的痛苦，称之为补偿。如相貌平平的人在人品、才能上努力。

4.幽默。一个人在遇到挫折、处境困难或尴尬时，用幽默的方式来化解困境、维护自己的心理平衡，这不仅是一种聪明的做法，也是心理修养较高的表现。

5.文饰。文饰又叫“合理化”，这是一种援引合理的理由和事实来解释所遭受的挫折，以减轻或消除心理困扰的方式。它的表现形式可以概括为“找借口”“酸葡萄效应”“甜柠檬效应”等。

代表国家参加世赛的资格。

世赛样题要求14个小时内完成，但是我要花17个小时才能完成。每天晚上我都感觉压力特别大。这个时候，老师帮助了我，把所有的时间都精确到秒，把工具都放在我顺手的位置，这样来节省时间。我最终能在12小时内完成了。万万没想到的是，世赛时组委会给我发错了试卷，给我补时了二十几分钟，但是这二十几分钟对我来说，根本就是无济于事啊。那时候我的想法接近于崩溃了。但是这时我看到了我桌上的两面五星红旗，我想我来这个比赛，代表的不是我自己，而是我们国家。我花了得有五六分钟，让自己平静下来。最后我把整个试卷也都做得差不多了，还获得了金牌。这是我国在工业控制项目的第一块金牌，这也代表着我国在高精尖技术领域，能达到一个世界最顶尖的水平。

在拿到奖牌之后，我开始带学生。我希望能把我的学生也带出一个好的成绩来。

6.潜抑。潜抑是一种较常见的心理防御机制，即把不愉快的经历不知不觉地压抑到潜意识里去，不再想起，不去回忆。由于潜抑作用，痛苦似乎被遗忘了，人在意识上感受不到焦虑和恐惧。这种遗忘叫主动遗忘。在这种遗忘中，被潜抑的东西并没有消失，往往不知不觉地影响人们的日常心理和行为，而且一有相应的情景，被潜抑的东西就会冒出来，对个体造成更大的威胁和危害。

7.投射。投射又称推诿，是指将自己的不当、失误转嫁到他人身上，以减轻自己的负疚，或将自己所具有的某些不讨人喜欢、不被人接受的性格、态度、观念或欲望转置他人，以掩盖自己那些不受欢迎的特征。

8.反向。这是一种“矫枉过正”的心理防御机制，即把自己一些不符合规范、不被允许的欲望和行为，以一种截然相反的态度或行为表现出来，以掩盖自己的本意，避免或减轻心理应激。

项目三　拒绝成长路上的诱惑

诱惑是存在于我们生活中的一种奇怪的东西。有时它看得见摸得着，比如小至一件漂亮的衣裳或是一顿精美的午餐，大至名车豪宅。有时它却是无形的，一种精神上的吸引，如人们常说的名利地位之类。一旦被诱惑，人们往往会失去本心，丢掉原则，做出许多糊涂事，甚至犯下严重的错误乃致坠入罪恶的深渊。因此，认识诱惑的本质，学会抵制诱惑和正确地对待诱惑就是我们在成长中必须学会面对的人生课题。

富贵不能淫，贫贱不能移，威武不能屈，此之谓大丈夫。

——孟子

心海起航

让我们从一个小故事开始今天的课程。

吸上烟的小杰

小杰是高职一年级新生，在大家都兴奋地准备和新同学一起参加军训时，他给班主任递上了一份请假条，理由是自己有慢性支气管炎，不能参加体育运动。军训结束，大家都已经从陌生到有所了解，但是没有参加军训的他，经常一个人独来独往，所有的体育活动他都会回避。后来，在班主任的关心下，他才道出了自己的经历。升入初不久的一天，朋友递给他一支香烟，让他尝尝。起初他是犹豫的，但旁边的几位朋友纷纷表示大家都吸烟，就尝尝吧。于是，他接过来吸了一口，结果刺激的味道让他忍不住连着咳嗽了好一会儿。他自己回忆说，那感觉实在太难受了。但是朋友在一边安慰说，习惯了就好了。从此，他便慢慢习惯了吸烟，从讨厌香烟的味道到逐渐喜欢，再到依赖。自己的身体早就明显不舒服了，虚弱的体质无法参与体育活动。明知自己身体不好，但不敢去医院检查，十分害怕查出严重的疾病，因此，他只能逃避现实，然而又戒不了烟，一天不吸足够数量的烟，胸口就憋得厉害。

小金句

闪光的东西，并不都是金子。动听的语言，并不都是好话。

——莎士比亚

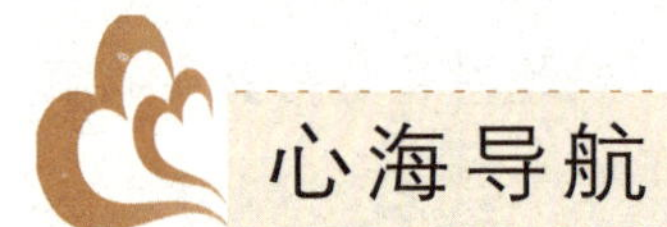

一、潜藏在我们身边的不良诱惑

1. 吸烟

燃烧的是烟草，逝去的是生命。

“吸烟有害健康”，然而，加入“烟民”队伍的高职生为数不少。吸烟成为威胁高职生健康和影响心理的重要因素。由于高职生身心还未完全发育成熟，对外界有害物质的抵抗力较弱，容易受到烟草的危害。

2. 酗酒

嗜酒如命的人，最终都要以自己的身体健康作为代价。“对酒当歌，人生几何?”自古以来，我国关于酒的诗句就层出不穷，酒更是有着一个美不胜收的名字：玉液琼浆。然而，人们对于酒精对青少年危害的认识远远不足。有些高职生喝酒已成习惯，殊不知酗酒对身心发展造成极大的损伤，也是导致犯罪发生的重要原因。

3. 沉迷网络

互联网的发展把我们带入了新的科技发展时代，已经并将继

万花筒

互联网成瘾综合征(简称IAD)已成为需要引起高度警惕的现代心理疾病。患者会表现出由于过度使用互联网而导致的明显的社会、心理功能损害。高职生这一年龄段群体出现的网络成瘾主要有以下几种类型：网络交易成瘾——迷恋网上购物、网上借贷或网上赌博等；网络色情成瘾——迷恋网上的所有的色情音乐、图片以及影像；网络社交成瘾——利用各种聊天软件以及网站开设聊天室长时间聊

续改变我们的生活。现代高职生要善于使用网络，紧跟时代的发展。但是，网络里也充斥着各种不良的信息，如暴力、色情、诈骗等，一些高职生缺乏辨别的能力和良好的自控力，从而沉溺其中无法自拔，远离了现实社会，变得孤僻、暴躁、冷漠。

天；网络游戏成瘾——沉迷于网络设计的各种游戏中；网络恋情成瘾——沉醉在网络所创造的虚幻的浪漫的网恋中；网络信息成瘾——强迫性地从网上收集无关紧要的或者不迫切需要的信息，堆积和传播这些信息成瘾。

4. 偷窃

中国古语道："从小偷针，长大偷金。"偷窃行为多见于一些不能经受各种物质诱惑的，经济比较贫困难以满足自己物质需求的人，还有因为沾染了不良行为而需要大量金钱的人。偷窃不仅仅是触犯法律的行为，还可能使人上瘾，一旦开始，就很难收手，因为习惯了不劳而获。

5. 黄赌毒

黄赌毒是祸国殃民、毁家害己的公害与恶习。人们一旦沾染，很难戒掉，必将付出惨重代价。高职生的价值观、人生观、世界观正处在初步形成阶段，社会经验缺乏，辨别是非的能力还较弱，又充满了好奇心，因此，极易受到不法分子的诱惑和利用。黄赌毒让人失去的不只是青春年华，还有至亲的家人与自己的生命。

二、沾染不良诱惑的心理分析

小金句

只有抗拒诱惑，你才有更多的机会做出高尚的行为来。

——车尔尼雪夫斯基

1. 归属的需要

正值青年初期的高职生非常重视同伴关系，需要与朋友建立深厚的友谊，渴望得到关心、重视、高度的评价以及别人的尊重。自己的朋友圈里有吸烟、喝酒、沉迷网络游戏的，为了与朋友们保持一致，能够被认同、接纳，容易开始有同样的行为，并把这种行为视为哥们义气，这也成为他们促进感情、增强交往的常用方式。因此，很多高职生在朋友的影响下吸上第一口香烟时，虽然很讨厌香烟的味道，但依然继续吸，一直到成为习惯。

2. 成人意识增强

高职生处于自我意识增强的时期，特别渴望成熟，某些人的行为便成为模仿的对象，有些学生看到身边的男子和影视作品中的英雄人物吸烟、喝酒的样子感到很有男子汉的气质，于是开始模仿。

3. 驱除烦恼，回避现实

高职生面对学习的压力、人际交往的烦恼、个人发展的困扰等产生的各种消极情绪，需要找到合理的宣泄方式，得到学校、家庭、社会的理解与支持。但是，当烦恼无处倾诉，无人理解与帮助时，就容易通过吸烟、酗酒、沉迷于网络游戏等来获得解脱，求得心理上的平静。有的学生在网络虚拟社会中的性格表现与现实中截然相反，在现实生活中非常孤僻，与人交往时容易焦虑、担心，缺乏安全感，因此很少与他人交往，但在虚拟的网络中能够尽情地释放和满足自己，感到网络中是安全的。有的高职生参与黄赌毒，以此来逃避现实中的压力或责任，从而达到麻醉自己的作用。

4. 认识的偏差

高职生的自我关注度明显提高，并且希望获得他人的肯定与关注，于是有的学生便会用吸烟、喝酒等行为来炫耀自己的前卫、时尚，有的女生以此来证明男女平等。还有的学生对吸烟的危害缺乏足够的认识，并不了解吸烟会造成怎样的危害及严重的后果。有些青少年认为吸毒是时髦、阔气的象征，有的学生使用名牌产品，模仿明星的穿着打扮，认为这样就是个性，就会让人羡慕。

5. 反抗心理

高职生的独立意识增强，如果自己的自主性没有得到满足，受到阻碍或忽视、冷落时，就容易出现反抗心理，家长、老师严令禁止做某些事情，有的学生便以此方式进行对抗。家长让孩子远离那些有不良习性的学生，却偏偏赌气与那些有劣迹的学生混在一起，一起吸烟、喝酒乃至吸毒、看不健康视频。

6. 期望得到接纳与关爱

有的高职生性格比较孤僻、容易暴躁，以自我为中心，忽略别人的感受，习惯遇事指责别人。有的高职生对家人、朋友或某些很重要的人很重视，期望得到他们的肯定、接纳与关心，但事实却未能如愿，甚至是截然相反，来自家庭、学校、朋友等各方面对自己的消极评价让自己感到委屈、孤独，甚至是愤怒，于是借助于吸烟、酗酒、沉迷网游等方式进行宣泄。其实，他们的内心是非常渴望得到接纳与关爱的。有的学生在网络游戏中表现出色，不断升级，带领团队节节获胜，得到玩家和队友的支持、称

温馨提示

作为国家与民族未来的希望，党和国家的荣辱兴衰都寄托在年轻一代身上，广大青年学生应树立远大的理想和抱负，保持身心健康，洁身自爱，自觉远离“黄赌毒”，带头抵制这种社会丑恶现象。

万花筒

一项由 1800 名高职院校学生参加的研究显示，使用网络成瘾诊断量表和卡特尔 16 种人格因素测验进行比较分析，高职生中网络成瘾者占 7.59%，网络成瘾者与非网络成瘾者在卡特尔 16 种人格因素测验上有显著差异，也就是说，高职生网络成瘾与其人格特征密切相关。因此，抵御网瘾需要不断完善自己的个性，形成成熟的心理防御机制。

赞与肯定，极大地满足了自身的成就感和支配感。

7. 追求刺激，满足娱乐

高职生喜欢接受新鲜事物，充满好奇心，追求快乐。有的为娱乐而赌，从参赌中体验竞争，满足好胜心理，寻求刺激。有的学生生活目的不明确，对生活只有浪漫的憧憬，不知道再有什么能满足个人享受了，带着“好吃的也吃过了，好玩的也玩过了，只剩下毒品没有试过了，吸就吸点儿吧，也不枉来世上一遭”的念头尝试毒品。一旦沾染上，就会把父母辛苦积攒的家业很快败光，并搭上了自己的健康甚至是生命。有的学生经受不住物质享乐的诱惑，在受到他人影响或是某种条件和情境下，便会出现偷窃行为。

8. 法治道德观念薄弱

虽然学校开设了法律知识和品德教育课，社会也有各种形式的普法教育活动，但是学生往往不重视这方面的学习，并不明确哪些行为已经触犯法律，认为犯罪离自己非常遥远，对行为后果很少考虑，致使一些学生缺乏是非、荣辱、善恶观念，分不清罪与非罪的界限。

三、不良诱惑会带来哪些危害

1. 伤害身体健康

青少年正处于成长发育阶段，身体的各部分器官尚不完全成熟，不良诱惑对身体的损伤十分严重，使身体发育迟滞甚至是停止，容易罹患各种疾病，严重者丧失生命。

2. 毒害心灵，产生不良心理品质

不良诱惑会削弱人的自控能力，直至完全丧失自制力，产生贪欲、投机取巧、好逸恶劳的不良心理品质，使人越来越贪婪，变得脾气暴躁、冷漠无情，渐渐地，扭曲人的人生观、价值观。

3. 使人无心学习，阻碍个人发展

青少年时期是学习知识、练习技能、掌握技术、努力奋斗的黄金时期，记忆力、思维水平、运动能力等处在高度发展的重要时期，不良诱惑会使高职生注意力无法集中，记忆力、判断力下降，智力减退，学习退步，从而无心学习，严重阻碍个

万花筒

某三甲医院呼吸科病房里，传来医护人员的大叫声：“拉住他拉住他！”只见一位五十多岁的男子痛不欲生地往墙上撞，医护人员和家属用尽力气拦住他。不久，这位男子经过手术后终于能安静地躺在病床上。慢慢恢复的他给人们讲起他的经历。他今年52岁，12岁时开始吸烟，烟龄整整40年。前些年，肺部经常不舒服，家人劝他到医院检查，他不肯。就在前不久，肺部疼痛难忍，他说那种疼痛生不如死。家属把他带到医院，他已经无法忍受这剧烈的疼痛了，想尽快结束这疼痛，于是发生了病房里的一幕。他说，手术中，医生从他的气管里刮出厚厚的一层焦油。自从这次手术后，他彻底戒了烟，见到吸烟的年轻人便用自己的经历劝诫他们：“年轻人，千万别再吸烟了，尽快戒了吧！”

人发展。

4. 极易发生违法犯罪行为，损害他人和社会

不良诱惑容易使人失去理智，情绪无法控制，导致违法犯罪行为，还有的青少年需要金钱维持自己的不良行为，但家庭不能满足，又没有收入来源，便走上违法犯罪的道路。

> **万花筒**
>
> 对3万多名吸烟成瘾的人员长达20年的追踪调查显示，他们患上呼吸系统疾病的概率是那些不吸烟者的3倍，而45岁就诱发心脏病的概率是不吸烟者的15倍，其他疾病也不同程度地和吸烟有关系。这一调查结果有力地表明吸烟严重危害健康。

心海远航

一、明确人生目标，是抵制诱惑的最佳武器

著名昆虫学家洪武间在杭大工作期间，潜心研究，竟十多年不曾游览西湖。他说："天下美的东西太多，而我的事情更多。"他的事就是科学研究。洪武间正是以科学研究作为自身的大目标，即使是美若西子的西湖也无法诱惑他。我国历史上的许多志士仁人，无不是抵制诱惑的典范，在冰雪世界坚持节守的苏武，"留取丹心照汗青"的文天祥，无不有着"富贵不能淫，贫贱不能移，威武不能屈"的铮铮铁骨，只因他们心中有着国家民族的大义，所以才能历尽千辛万苦也不改初衷。

二、加强自身修养，是远离诱惑的法宝

1. 避开诱因

用避开诱因的方法来抑制诱惑适用于接触诱因的初始阶段，就是把引起诱惑的实物藏起来，或者回避，不接触它。

毛泽东年轻时就曾给自己定下"三不谈"的聊天原则，即不谈金钱、不谈身边琐事、不谈女人。这体现了伟人健康的思想情趣，这种情趣追求是与使命责任相一致的。

在学校，积极参加集体活动，是有效避开诱惑的方法。还可以培养自己的一些兴趣爱好，如听音乐、画画、踢球、弹钢琴、跳舞等，将业余时间安排得充实而又多姿多彩。有些高职生之所以被诱惑，就是因为他们对任何事情都缺少兴趣，感到无聊，看到赌博、吸毒、网络游戏等，觉得很有趣，于是便容易主动参与，以至于不能自拔。

2. 学会拒绝

用技巧和自制力回绝朋友的诱惑，避免他们的不解、嘲弄和不良影响。有的同学担心拒绝了朋友的要求，就会影响朋友关系，做不了朋友。三毛说过：“不要害怕拒绝别人，因为当一个人开口提出要求的时候，他的心里根本预备好了两种答案，所以给他任何一个其中的答案，都是意料中的。”真正的朋友是懂得尊重你的选择，不强迫你做违反原则的事情的。

3. 提高自制力

自古代百科全书式科学家亚里士多德，到近代的哲学家们都注意到，美好的人生建立在自我控制的基础上。坚强的意志绝不是一个人生下来就有的，也不是在短期内就可培养出来的，而是在长期的实践活动中锻炼形成的。“冰冻三尺，非一日之寒。”顽强的毅力是在上百件小事中逐步形成的。我们遇事要沉着冷静，自己开动脑筋，排除外界干扰或暗示，学会自主决断。

温馨提示

《全国青少年网络文明公约》对青少年上网提出了“五要五不”的要求：

要善于网上学习，不浏览不良信息；

要诚实友好交流，不侮辱欺诈他人；

要增强自护意识，不随意约会网友；

要维护网络安全，不破坏网络秩序；

要有益身心健康，不沉溺虚拟时空。

小故事

延迟满足与成功

实验者发给4岁被试儿童每人一颗好吃的软糖，同时告诉孩子们：如果马上吃，只能吃一颗；如果等20分钟后再吃，就给吃两颗。有的孩子急不可待，把糖马上吃掉了；而另一些孩子则耐住性子、闭上眼睛或头枕双臂做睡觉状，也有的孩子用自言自语或唱歌来转移注意消磨时光以克制自己的欲望，从而获得了更丰厚的报酬。研究人员进行了跟踪观察，发现那些以坚韧的毅力获得两颗软糖的孩子，上中学时表现出较强的适应性、自信心和独立自主精神；而那些经不住软糖诱惑的孩子则往往屈服于压力而逃避挑战。在后来几十年的跟踪观察中，也证明那些有耐心等待吃两块糖果的孩子，事业上更容易获得成功。实验证明：自我控制能力是个体在没有外界监督的情况下，适当地控制、调节自己的行为，抑制冲动，抵制诱惑，延迟满足，坚持不懈地保证目标实现的一种综合能力。它是自我意识的重要成分，是一个人走向成功的重要心理素质。

学会拒绝诱惑

4. 专时专用，改正不良习惯

严格分配时间，以不同的方式提醒自己这是学习时间、锻炼时间、娱乐时间、休息时间，什么时间做什么事，改掉因着迷而误时的坏习惯。

5. 明辨是非，坚持原则

能明辨是非，判断是非善恶，坚持自己的原则，是做人的基本品质。知道了什么是是非善恶，才能决定自己应该做什么，不应该做什么，在人生的十字路口做出正确的选择，而明辨是非要有正确的标准，这就是良知。不受外界环境的不良影响，包括家庭、社会、媒体等，坚持原则做人做事。

小金句

自我控制，是最强者的本能。

——萧伯纳

项目四　远离那只“黑狗” 

“心中的抑郁就像只黑狗，一有机会就咬住我不放。”英国前首相丘吉尔曾如此形容抑郁症。身心宛如处于人间炼狱，情绪找不到发泄的出口，只能默默承受“黑狗”的欺凌……抑郁症是我们生活当中的一种常见病、多发病，“杀伤力”却非同寻常。让我们一起了解这只“黑狗”，远离它的伤害。

> 凡五气之郁，则诸病皆有，此因病而郁也。至若情志之郁，则总由乎心，此因郁而病也。
>
> ——张景岳

心海起航

让我们从 PHQ-9 量表开始今天的课程。

在过去的两周里，你的生活中出现以下症状的频率是多少？请根据实际情况选择适合自己的选项。

1. 做事时提不起劲或没有兴趣。

□完全没有　□有几天　□一半以上天数　□几乎每天

2. 感到心情低落、沮丧或绝望。

□完全没有　□有几天　□一半以上天数　□几乎每天

3. 入睡困难、睡不安稳或睡眠过多。

□完全没有　□有几天　□一半以上天数　□几乎每天

4. 感觉疲倦或没有活力。

□完全没有 □有几天 □一半以上天数 □几乎每天

5. 食欲不振或吃得太多。

□完全没有 □有几天 □一半以上天数 □几乎每天

6. 觉得自己很糟，或觉得自己很失败，或觉得自己让自己或家人失望了。

□完全没有 □有几天 □一半以上天数 □几乎每天

7. 很难专注于做某件事情，例如难以专注地阅读报纸或看电视。

□完全没有 □有几天 □一半以上天数 □几乎每天

8. 动作或说话速度迟缓，或者变得烦躁、坐立不安、动来动去的，周围的人已经有所察觉。

□完全没有 □有几天 □一半以上天数 □几乎每天

9. 有死掉算了或用某种方式伤害自己的念头。

□完全没有 □有几天 □一半以上天数 □几乎每天

温馨提示

2020年9月，国家卫生健康委办公厅印发《探索抑郁症防治特色服务工作方案》，其中推荐医疗卫生机构使用PHQ-9量表开展抑郁症筛查。如果你超过两周出现量表中的任何症状，标记出困扰的频率和程度，有助于医生了解你的担忧，更准确地做出判断，诊断可能的抑郁症。

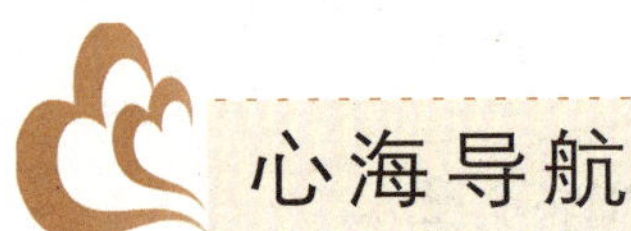

一、心灵“感冒”了吗？

抑郁症是现代人的“心灵感冒”，说它像“感冒”，是说它的发病率很高，在社会上很普遍、很平常，有时就在我们身边，不必谈之色变、讳莫如深。

抑郁症是一种精神疾病，症状是情绪低落、自我责难、焦虑不安或反应迟钝等，严重时会自我伤害甚至自杀。

抑郁症正成为仅次于癌症的人类第二大“杀手”。全球估测约有3.5亿人患抑郁症，却只有不足一半的患者接受有效治疗。根据2019年数据，我国抑郁症患病率达到2.1%。青少年、孕产妇、老年人、高压职业人群是我国抑郁症的重点防治人群。

万花筒

2021年11月，国家教育部对全国政协《关于进一步落实青少年抑郁症防治措施的提案》进行了答复，其中明确将抑郁症筛查纳入学生健康体检内容，建立学生心理健康档案，评估学生心理健康状况，对测评结果异常的学生给予重点关注。

二、抑郁情绪≠抑郁症

抑郁是高职生常见的情绪问题。高职生在学业、人际交往、择业中难免会遇到不顺利、不如意的情况，常因心有怨愤、不能诉说而烦闷。抑郁，不等于抑郁症。

抑郁是一种持续时间较长的低落、消沉的情绪体验，它通常与苦闷、不满、烦恼、困惑等情绪交织在一起。抑郁症是一种以持久的心境低落状态为特征的神经症，常伴有焦虑、躯体不适感和睡眠障碍。患者有治疗要求，而无明显的运动性抑制或精神病性症状，生活能力一般不受严重影响。

1. 引发原因不同

一个正常人，他的抑郁情绪是基于某些客观的事物，即事情发生是有原因的。但抑郁症多为无故出现，缺乏客观诱因。

2. 持续时间不同

一般人的情绪变化有一定的时间限制，通常是短期的。我们可以通过自我调节，重新保持心理平衡。一般抑郁情绪不应超过两周。抑郁症发作可持续至少两周以上，长者甚至数年，多数病例有反复发作的倾向。

3. 严重程度不同

抑郁情绪影响有限，而抑郁症会影响到患者的工作、学习和生活，影响其社会功能的发挥，甚至会产生消极自杀行为。

4. 发作时间不同

抑郁情绪随着事件的发生而产生，没有固定的时间，而典型抑郁症患者的抑郁心境有“晨重夜轻”的节律变化。

小金句

当你沉溺于悲伤时，就会觉得这个世界是空虚的；而当你抑郁的时候，你会感到自己是空虚的。

——弗洛伊德

三、苦恼的乌云

抑郁症通常会表现出一些典型症状。一般说，如果连续两周以上具有多种症状并影响到生活，就需要重视警惕起来。切记，只有接受过正规培训的专家对抑郁症才能给予可靠的诊断。

1. 情绪症状

毫无疑问，大部分抑郁症患者会发现他们变得比以往忧郁、悲伤、绝望、担忧以及内疚等。他们可能偶尔某一天会过得比较好，但通常都要与强烈的悲伤感和空虚感做斗争。对自我表现出消极情感，对自己失望，甚至厌恶自己。他们缺乏欲望满足感，表现为对自己所做的每一件事情都不满意。抱怨生活失去了乐趣，不再从同学、朋友、家人或学习工作中获得“快感”。情感依恋缺失，表现在对自己的亲人、朋友不再有和以前一样强烈的爱与关注。会经常哭泣，平时不会影响患者的刺激或环境都能引起患者的眼泪。欢乐感缺失，对笑话不感兴趣，也很少有笑容。即使听喜欢的音乐，可能也会觉得索然无味。

2. 认知表现

抑郁症患者的认知常表现为较低的自我评价。自我贬低或自卑是抑郁症的明显特征。抑郁症患者甚至会因为一些与自己无关的错误而责怪自己。优柔寡断，甚至面对那些基本生活选择时都感到力不从心，比如说连穿什么或吃什么都很难决定，觉得有铺天盖地的压力袭来。即使是那些非常简单的决定，都变成沉重的任务，以至于整天都想赖在床上不起来。

3. 动力性表现

抑郁症患者意志瘫痪，丧失积极动力，自理能力出现很大问题，即使是最基础、最重要的日常生活行为都不能正常进行。如吃饭、刷牙、洗澡，知道这些事必须做，但就是不想去做。回避或逃避一些他们认为无趣或费力的事情，比如，上课时很难集中注意力，很少和朋友约会，不想看到任何人，不想做任何事，只想睡觉。甚至会有自杀念头，对生命表现出冷漠、不在乎。

4. 躯体性症状

对于很多抑郁症患者来说，缺乏食欲（当然非典型抑郁症可能正好相反，会表现出暴食暴饮）是抑郁症初期的第一个信号。患者吃饭没有滋味，甚至不会意识到自己没有吃饭。睡眠紊乱，比如入睡困难，或睡眠时频繁地醒来，醒后很难入睡，从而陷入与失眠的斗争中。当然，也有人可能变得比以前嗜睡。患者容易疲劳，休息、放松、娱乐似乎都不能减轻这种感觉。

温馨提示

普及精神卫生教育、唤起社会的关爱是促进抑郁症得到更有效防治的举措之一。

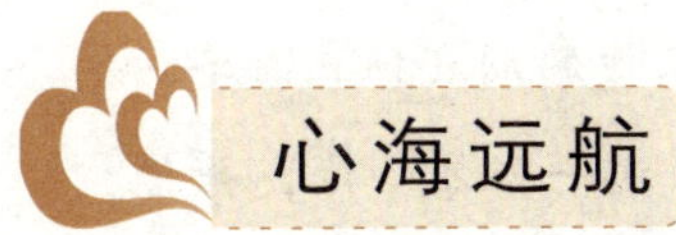

心海远航

一、你并不孤单，请拥抱希望

抑郁症的病因比较复杂，它的发病机制目前尚不明确，但人们普遍认为罹患抑郁症是生物、心理与社会环境等多方面因素影响的结果。

对大部分人来说，抑郁症是可以治疗的。很多接受了治疗的抑郁症患者情况都越变越好。了解抑郁症的相关知识，及早发现，及时接受治疗，可以显著地降低抑郁症未来发作的可能性。治疗抑郁症有很多种选择，在这些选择中，大部分属于两大类别：服用抗抑郁药物、寻求心理治疗。有很多人会同时选择这两种方式，双管齐下的治疗方案会更有帮助。

温馨提示

无论是选择服药还是选择心理治疗，或者是二者同时选择，需要强调的是当我们面对抑郁症的时候，任何一种科学治疗方案通常都要优于不接受任何治疗。

二、自我解“忧”

抑郁的情绪并非想象中那么难以控制。一旦同学们发现自己有抑郁情绪时，要积极克服调整，保持心理健康状态，避免发展成为令人担心的抑郁症。我们可以从以下几个方面进行尝试。

1. 释放压力

释放压力的方法有很多，不同的人适用的方法也不一样，比如有些人通过运动或者看喜剧就可以舒缓心里的压抑情绪，而有些人则会通过倾诉、哭泣、大喊大叫的方法，来发泄心里的不痛快。这些都是调节抑郁情绪的方法。只要把心中压抑的情绪散发出去，就可以减轻心里的压力。

小故事

中国古代的“音乐疗法”

宋代文学家欧阳修曾说：“予尝有幽忧之疾，退而闲居，不能治也，既而学琴于友人孙道滋，受宫声数引，久而乐之，不知疾之在体也。”后来他的朋友杨寘因屡试不中，情绪抑郁不安，于是欧阳修送一张琴给他，并作《送杨寘序》篇。欧阳修以自身经历告诉杨寘，“欲平其心以养其疾，于琴亦将有得焉”。并告知“于琴有得”的过程，“听之以耳，应之以手，取其和者，道其湮郁，写其忧思，则感人之际，亦有至者焉”。这就是欧阳修用“音乐疗法”调解抑郁情绪的小故事。

温馨提示

帮助抑郁症患者，你可以这样做：

1. 清楚表明你想帮助他，只倾听不判断，并主动提供支持。

2. 多了解关于抑郁症的情况。

3.如果可能，鼓励患者寻求专业人员帮助。主动陪患者赴约。

4. 如果尝试药物治疗，帮助患者按处方服药。

5. 帮助患者履行日常任务，采取规律的饮食和睡眠模式。

6. 鼓励患者经常运动和参加社会活动。

7. 鼓励患者关注积极的方面，而不是消极的方面。

8.如果患者有自残念头，或已经故意伤害了自己，不要将他们单独留下。向急救服务或卫生保健专业人员寻求进一步帮助。

9. 也要好好照顾自己。尽量设法放松并继续做自己喜欢的事情。

2. 规律作息

养成一个良好的生活习惯是很重要的。睡眠不好的人更加容易出现抑郁情绪。很多有抑郁情绪的人都会有失眠、睡不好的情况，这样就会加重心理压力。因此我们要规律作息，同时也可以采取一些方法来提高睡眠质量，比如睡前泡脚、喝牛奶、做瑜伽等，这样可以让自己每天都有一个饱满的情绪面对生活。

3. 多参加社交活动

情绪容易低落的人一般性格都有些内向，所以平时应该积极培养自己开朗的性格，多和身边的人交往，多参加一些集体的活动，这样可以提高自己的交际能力，在和别人交往的过程中可以让自己更自信，更会管理自己的情绪。

4. 锻炼自己坚强的意志

人生不会一帆风顺，会有这样那样的困难和挫折，所以压抑、痛苦、彷徨是不可避免的。“生于忧患，死于安乐。”当遇到困难、挫折时，首先要提醒自己，这是生活给自己的锻炼机会，不要逃避。通过自我鼓励，也可以通过他人的监督和鼓励，以增强战胜困难的勇气。

5. 营养饮食

多食用富含维生素和氨基酸的食物，比如新鲜的水果及蔬菜，可以对人体精神健康产生良好的作用。同时要避免因情绪不佳而饮酒消愁麻痹内心。通常饮酒无法缓解抑郁状态，反而会加重消极情绪，影响身体健康。

项目五　幸福之花别样红

随着社会的发展，幸福感渐渐成为人们关注的“热词”。追求幸福是人类永恒不变的主题之一，幸福是综合性的心理指标。习近平总书记说：“幸福是奋斗出来的！”作为高职生，学会提升自己的幸福感也是我们重要的人生课题。

任何人都是自己幸福的工匠。

——梭罗

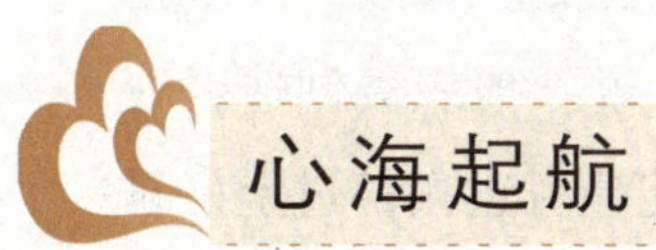

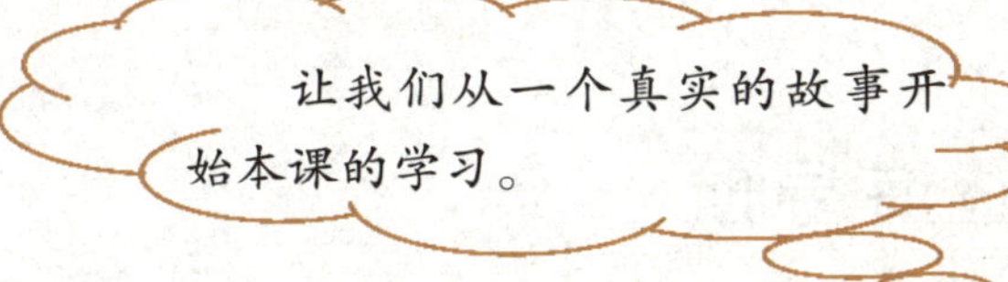

幸福是奋斗出来的

每个人对幸福的定义不尽相同。新疆其拉克食品开发有限公司的老板买买提江·买合木提对幸福的定义是：“靠自己的踏实和不服输的精神一步步获得成功，再帮助别人，这就是我理解的幸福。”

买买提江是个为了幸福“能折腾”的人。年轻时他做过不少小生意，卖过水果、蔬菜，也承包过土地种植农作物，可都没挣上钱。2000年，买买提江从一个在烤全羊饭店上班的朋友身上嗅到了烤全羊的“商机”，于是拜朋友为师，开始学习烤全羊。刚开始学习时，买买提江的手总会被烫伤。手伤了，买买提江擦点药，第二天再继续烤羊。就这样，1 年后，买买提江出徒了。他制作的烤全羊金黄酥脆、肉质鲜嫩、香味诱人。

2002 年，买买提江贷款 5 万元，开了第一家小店，销售烤全羊及烤肉、抓饭、拌面等。刚开始店里 1 天只能卖出 1 只烤全羊。后来生意逐渐好转，小店 1 个月也能销售 150 只烤全羊。2010 年，买买提江开了其拉克烤全羊餐厅。在当地政府帮助下，他的烤全羊逐步向北京、上海、广州等地销售，每年能卖出 1 万多只烤全羊。当年，他成立了新疆其拉克食品开发有限公司。2013 年，在尉犁县的烤肉节上，他一次烤制 116 只全羊，打破了上海大世界基尼斯纪录。最后，他将这次烤全羊卖出去所得的 25 万元全部捐给了四川地震灾区。

“我争取多开几家烤全羊分店，让更多人和我一起把新疆美食卖到全国各地。”买买提江说。他积极创造就业机会助力贫困户脱贫，希望尽他所能让身边人都过上好日子：“我觉得大家都好就是幸福。”

温馨提示

研究发现，幸福的人更长寿，更健康，更聪明，对工作更满意，薪水更高，更能忍受痛苦，有更多的朋友、更多的利他行为。积极情绪可以让你对抗不幸，去除消极情绪，让你在友谊、爱情、身体状况、工作表现上都会加分更多。

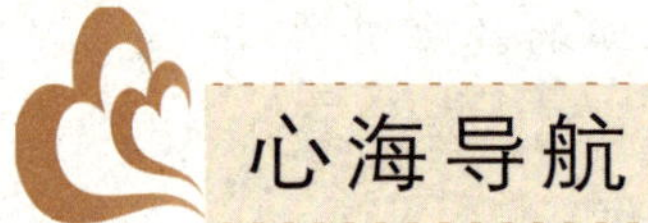

一、幸福是什么

（一）中国幸福观

1. 儒家幸福观

儒家提倡修身养性，以仁、义、礼、智作为道德规范，“仁”是最高的道德原则、道德标准和道德境界，提倡齐家、治国、平天下，求取功名，行中庸之道，建立和谐相处的人际关系等，这样积极进取、奋发有为的人生是幸福的人生。

2. 道家的幸福观

道家主张清静无为，顺其自然，与自然和谐相处，过原始质朴

万花筒

心理学家在人的发展理论基础上提出了心理幸福感的六个维度：自我接受、个人成长、生活目标、良好关系、环境控制、独立自主。

和自由自在的田园生活。

道家认为幸福的生活就是合道顺道的生活，身与心的和谐统一。要根据人和物的道即本质规律来安排生活的各种活动，顺应人和物的本质规律进行活动，这样，人的生活才可能是顺利的、惬意的、幸福的。

3. 佛家幸福观

佛家认为欲望是无止境的，欲望是痛苦的根源。自己的欲望值越低，就越幸福。一切众生的痛苦就是我的痛苦，一切众生的幸福就是我的幸福。

（二）西方幸福观

1. 理性主义幸福观

西方理性主义的主要代表人物培根认为，善来自真理，善使人幸福。知识可以改造人的心灵，人的理性在知识指导下，就能辨明善恶，从善去恶，获得幸福。近代的康德把德性与幸福联系起来，认为，最高的善是德性与幸福在同一个人身上的统一，就是幸福与道德相称，幸福来自道德。而道德必须有理性的引导，幸福是精神上的理性沉思。

2. 感性主义幸福观

西方感性主义幸福观认为幸福的主要源泉是感性而不是理性，趋乐避苦是人的本性；幸福在于欲望的满足与快乐，避免感官的痛苦，这些满足与快乐的本性就是道德的。感性主义幸福观强调个人的利益与幸福。19 世纪的幸福观认为，人类行为的唯一目的是求得幸福，因而实现幸福是人的一切行为的标准；个人利益是社会利益的基础，实现“最大多数人的最大幸福”是道德活动的唯一目的。

（三）幸福心理的科学研究

《新华字典》对幸福的解释是“个人由于理想的实现或接近而引起的一种内心满足”。商务印书馆《现代汉语词典》(第 7 版) 指出，幸福是“使人心情舒畅的境遇和生活，（生活、境遇）称心如意”。幸福不仅仅是心理上的满足和愉悦，还包括理想的实现和良好生活境遇等客观需要的满足。可见，幸福是精神与物质的

温馨提示

人的需要是幸福的基础和决定性因素。实现人的生存发展的某种完满的需要就是有利于人的生存与发展的需要。真正有利于个人生存与发展的需要必然也有利于他人的生存与发展、有利于社会的存在与进步。人为了自己的利益，应当爱其他的人，因为他人是自己的存在、自己的发展、自己的快乐所必需的。个人生存与发展的需要和行为如果能够促进并服务于他人和社会的存在与发展，那么个人将是他人和社会所需要的，也将获得他人和社会的支持与回馈。因此，个人的需要和行为必须有利于他人和社会的存在与发展。唯有如此，个人的生存与发展才能够获得必要的基础、最大的保障和最多的资源。

统一。

维克多·弗兰克认为，人类意志力的原动力来自于意义，而不是快乐。一个幸福的人，必须有一个明确的、可以带来快乐和意义的目标，然后努力地去追求。真正快乐的人，会在自己觉得有意义的生活方式里，享受它的点点滴滴。美国哈佛大学泰·本博士提出“如果想要一个充实、幸福的生活，就必须去追求快乐和意义两种价值”。幸福不只是快乐，我们需要这优越感的来源是有意义的，能够有利于我们的生存与发展。我们要确定我们的行为能够改变自己、改变世界，而不只是主观感觉如此。“意义”就是通过行为改变世界并使自己和社会获益，满足自己和社会存在与发展的需要。“快乐”则是从“获益”及“生存与发展的需要得到满足”中进行愉悦的心理体验。

二、什么在影响我们是否幸福

1. 经济收入

经济收入影响幸福感

经济收入水平会影响人的幸福感，生活在富裕国家的人比生活在贫穷国家的人更加幸福。在经济困难时期，如果收入提高，人的幸福感也会随之提高。但幸福感并不会一直随经济的提高而提高，当人的收入水平达到某个临界值时，继续增加收入，幸福感的增加变得缓慢，或者保持不变。

2. 社会支持

社会支持包括家庭、亲属、朋友等所给予个体的精神和物质帮助，反映了一个人与社会关系的紧密程度。我国学者针对大学生的社会支持与主观幸福感的相关研究发现，大学生活的社会支持越多，主观幸福感也越高。异性朋友、父母、老师的支持都对主观幸福感、生活满意度、情感指数起到显著提高作用，同性朋友的支持只对情感指数的提高有显著作用。

3. 人格特质

外倾型个体性格外向，与人沟通交流顺畅，积极参与各种社会情境，经历更多的积极事件，体验更多的积极情感，因而对生活质量的认知评价较高，具有更高的主观幸福感。神经质者体验较多的焦虑、担忧等消极情绪，调节情绪的能力也较差，常处于一种不良的情绪状态下，故其对生活质量的认知评价度较低，具有较低的主观幸福感。

4. 自我效能感

追求目标的效能感对于幸福感有着重要的意义。当个体朝着自己的理想和目标努力就会感到幸福，回避对目标和理想的追求以及缺乏对自我发展的规划，会较少感到幸福。如果个体主动设置目标和规划发展，就会有很强的自信，也就可以有更多的幸福体验。自我效能水平高的人通常会有很强的自信心，这种自信心会促使个体产生积极的情感，从而提高幸福感。他们通常把成功看作自身努力的结果，把失败看作自身努力程度不够或者是外部环境中不可控制的因素。这种归因方式会提高个体的能力和动机，增强正面的情绪体验，降低负面情绪，也就增强个体的幸福感。

5. 应对方式

当人们面临一件事心理紧张时，通常会想尽一切办法来应对。应对是当个体感到困难时，设法解决各种问题的过程，也是试图解决或者控制心理紧张的过程，因此，应对方式被认为是个体对环境或内在需求及其冲击所做的恒定的认知性和行动性努力。

越多地使用解决问题和求助这种积极应对方式，越能感受到幸福。反之，经常地使用不良情绪和发泄这种消极应对方式，感受到的幸福就低。采用积极的应对方式有助于与他人建立良好的人际关系，有利于得到社会的支持，从而可以获得更多的帮助，体验到较高的生活满意度。

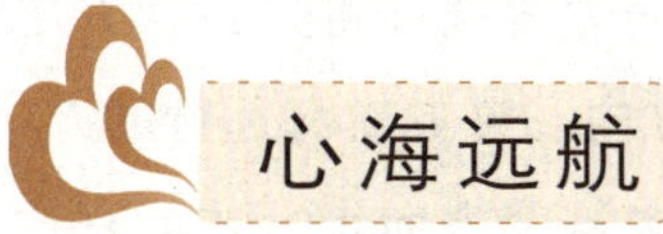

怎样能拥有幸福

拥有幸福的人往往具有以下特点：有良好的人际关系与有力的社会支持；正确规划人生，自己的命运自己把握；为理想而努力奋斗；拥有乐观积极的个性；拥有感恩、宽容等积极情感；遇

温馨提示

良好的人际关系能够提供人们丰富而有力的社会支持，包括与家人、朋友、同学、老师，以及所有与我们相处的人，和谐、信任、友爱、团结、理解、互相关心的人际关系，能使人们汲取力量和勇气，使人在遇到挫折、困难时得到及时的帮助，使人们能经常感受到来自他人的积极反应，通过交流达到互相理解，从而处在舒畅、快乐、满意的精神状态中，从而会有更多的积极情感体验。相反，孤独、寂寞、敌对等不良人际关系会削弱人们的社会支持，增加消极情感体验。

到挫折，能积极应对；等等。

1. 良好的人际关系，有力的社会支持

首先，在与他人相处时，要有平等、尊重、友善的心态，在沟通交流中才能感受到和谐与愉悦。

其次，要学会倾听理解他人。在交往中，人们往往需要的不是别人提出的建议与忠告，而是充满暖意的理解、解难、积极的关注和倾听，给予鼓励和支持，能够拉近与对方的距离，打开紧闭的心扉，化解积郁的情绪。多些理解与倾听，少些解释与辩驳。

再次，尊重与接纳每个人的独特之处。每个人都有着独特的生活背景、成长经历，形成了自己的性格、价值观与行为习惯，这才有了千姿百态的人生。我们不能以自己的标准衡量别人，而是要学会接纳、尊重、欣赏他人的与众不同。

2. 规划人生，自己的命运自己把握

人生规划能使人们明确自己的人生目标，并付诸实践，生命的能量因此开始聚集，为目标努力拼搏，会感到所有的付出都是有意义的，未来的人生是充满希望的。当达到人生的小目标时，就会更好地自我肯定、自我鼓励，体验成功的喜悦，提升自信，获得更多的积极情感。有良好人生规划的学生，会更容易感觉到自信与快乐。人生快乐的秘密在于“一”，只要能够设定一个目标，专心奋斗，就会快乐。

3. 为理想而努力奋斗

青年对追求真理、探索人生有着强烈的需求和愿望。一个人在青年时期树立了崇高、远大的理想，就会使自己的一生更有意义、更有价值。革命前辈李大钊同志曾这样讲过：“青年啊，你们临开始行动之前，应该定定方向。譬如航海远行的人，必先定个目的地，中途的指针总是指着这个方向走，才能有达到目的的一天，若是方向不定，随风飘转，恐怕永无达到的日子。”

4. 培养乐观的个性

有些心理学家认为乐观是人的天性，是与生俱来的，社会环境或文化助长或限制了这种天性的发展。还有一些心理学家则认

万花筒

我们来看看乐观的人和悲观的人的不同：

1. 对不幸的事情的归因：悲观型认为是永久的，乐观型认为是暂时的。

悲：妈妈总是很唠叨。

乐：我一不打扫房间，妈妈就会唠叨。

悲：睡在我上铺的兄弟从来不跟我交流。

乐：最近，睡在我上铺的兄弟没怎么跟我聊天。

2. 对好事的归因：悲观型认为是暂时的，乐观型认为是永久的。

悲：今天是我的幸运日。

乐：我一向运气很好。

悲：我很努力。

乐：我很有才干。

悲：我的竞争对手累了。

乐：我的竞争对手水平不行。

3. 对不幸事件的归因：悲观型认为是普遍的，乐观型认为是特定的。

悲：所有的老师都不公平。

乐：心理老师很不公平。

悲：我是个令人讨厌的人。

乐：睡在我上铺的兄弟很讨厌我。

4. 对好事的归因：悲观型认为是特定的，乐观型认为是普遍的。

悲：我的物理很好。

乐：我很聪明。

悲：睡在我上铺的兄弟觉得我很帅气。

乐：我很帅气。

为乐观是后天学习造成的一种个体差异。因此，乐观是可以通过学习和训练而获得的。

首先，你要注意发现自己的消极观念，并对它进行反驳。我们遇到不顺心的事情时，通常会自动地浮出观念、思想，而不易被自己觉察，就像我们写字时会习惯性地使用自己的右手（左利手的人会习惯性地使用左手），不需要思索。我们要用心觉察自己的消极观念，将它上升到意识层面，然后要进行反驳。开启你的“ABCDE 模式”（见“本模块拓展练习”）进行训练吧。

其次，想象理想中自己的样子，言行举止模仿理想的你。对理想的自己的描绘越清晰具体越好，你会发现自己越来越接近这个样子，自然会产生满意感。

再次，回忆自己成功的经验，即使是很小的一次成功体验。积极的情感体验能让我们增强信心，勇于克服困难，把自己生活、学习中经历的成功体验积累起来，成为自己前进的强进动力。

5. 培养感恩、宽容等积极情感

鸦有反哺之义，羊有跪乳之恩。感恩父母、老师、朋友，感恩所有帮助过自己的人，感恩所有陪伴过自己的人，感恩大自然的馈赠，感恩社会的支持，对过去美好时光心存感激。心怀感恩能增加对生活的满意度，会放大过去美好的记忆，增强积极情感体验。

对过去的伤痛与愤恨不会通过忘却而消失。宽恕，可以在仍然记得这些事情的情况下，除去愤恨与伤痛。我们自己也曾做过对不起他人的事情，我们或许一直在为此自责，对方也一直耿耿于怀。我们憎恨的人是否也会为此而一直内疚悔恨。宽恕，让双方都得到释放，为彼此松绑。

还有一个人需要我们宽恕，就是我们自己。过去自己做过的一些伤害过他人的事，要学会宽恕自己，给自己松绑，可以给这个人道歉，得到他的宽容谅解。如果没有机会道歉，可以做些积极的事情让自己的心灵轻松些。放下包袱，面向每一天的新生活。

6. 积极应对困难和挑战

人类自身存在着诸如勇气、关注未来、乐观主义、人际技巧、信仰、职业道德、希望、诚实、毅力和洞察力等可以抵御精神压力的力量。通过促进乐观的人格的形成，培养明确的生活方向，构筑有效的社会支持系统，我们可以有效地预防困难和挑战带来的不良影响，提升主观幸福感。

本模块拓展练习

1. 应用 ABCDE 方法训练自己乐观的个性

(1) 写下近期发生的你认为不好的事件。

A: ____________________

(2) 分析当事件发生时自动浮现的想法、观念。

B: ____________________

(3) 分析这个想法、观念产生的后果。

C: ____________________

(4) 对自己的想法、观念进行反驳。

D: ____________________

(5) 对想法、观念成功反驳后受到的启发。

E: ____________________

2. 找到你的优势，发现你的潜能，最大限度地提高它们

(1) 智慧

① 创造性　② 好奇心　③ 批判性思维　④ 好学　⑤ 洞察力

(2) 勇气

⑥ 勇敢　⑦ 毅力　⑧ 诚实　⑨ 热情

(3) 仁爱

⑩ 爱与被爱的能力　⑪ 善良　⑫ 社交智慧

(4) 公正

⑬ 忠诚　⑭ 公平　⑮ 领导力

(5) 节制

⑯ 宽恕　⑰ 谦虚　⑱ 谨慎　⑲ 自制

(6) 卓越

⑳ 对美的欣赏　㉑ 感恩　㉒ 乐观　㉓ 幽默　㉔ 灵性

鸿鹄高飞　一举千里

模块六

项目一　我的未来我做主

项目二　我的未来你我共筑

项目三　我的未来不是梦

项目一　我的未来我做主

高等职业教育旨在培养高素质的高级职业技能人才。在激烈的竞争中，我们要找到一份适合自己的工作，必须拥有健康的职业心理素质。通过本模块学习，认同职业角色规范，使我们了解就业创业中职业心理素质的重要意义，能正确对待就业创业中遇到的各种心理问题，在竞争中合作，在合作中竞争，培养提高自己的领导力及创新能力，以适应新时代发展的要求，一步步实现自己的人生目标。

> 未来是光明而美丽的，爱它吧，向它突进，为它工作，迎接它，尽可能地使它成为现实吧！
>
> ——车尔尼雪夫斯基

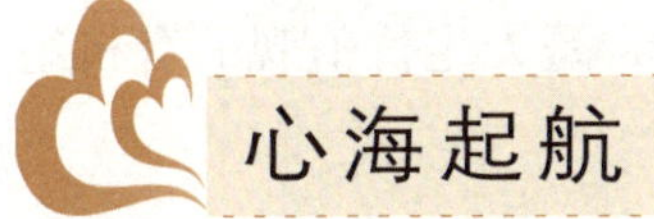

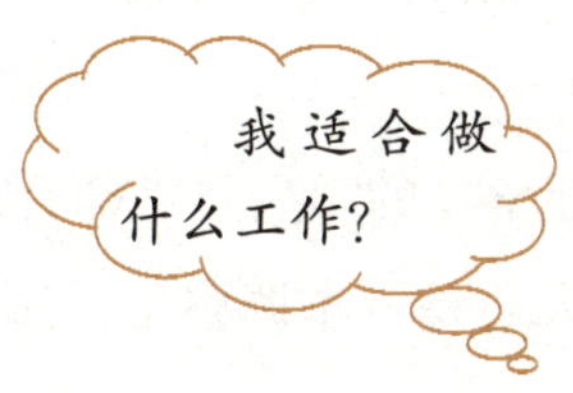

贾玲同学的苦闷

学会计专业的贾玲性格外向，活泼好动，爱好广泛，对许多事情充满着好奇。学校的各种社团活动基本上都能见到她的影子。可是，她对自己选择的专业一点提不起兴趣。面对择业，她很苦闷，不知道自己该如何准备，如何选择。

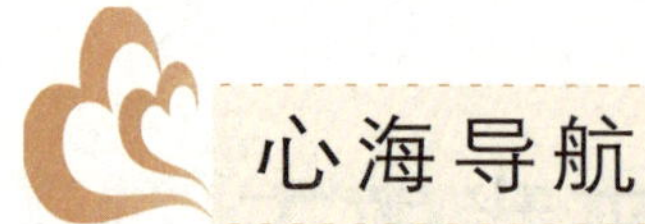

心海导航

职业学校的学生从进入学校学习起，就该做充分的心理准备迎接求职就业。

企业在选择员工时的重要标准，不仅需要相应的专业技能，还需要有健康的职业心理素质，它包含从业者所应具备的职业价值观，对所从事职业的认识、情感、意志和职业个性品质，这些都是上例中的贾玲在学习成长过程中应做好的充分准备。

一、树立正确的职业观

职业观也称职业价值观，是衡量社会上某种职业的优劣和重要性的内心尺度，是个人对待职业的一种信念，并能为自己的职业选择活动提供充分的理由。2005 年，郑涌对职业价值观概括为以下几点：第一，职业价值观反映的是人的需要和社会属性之间的关系。第二，职业价值观只有被个人认识并和个人的需要联系起来，成为个人需要的对象时，才以个人的职业价值观的形式表现出来。第三，在个人的价值体系中，人生价值观处于核心地位。第四，职业价值观受人生价值观的制约，是人生价值观的有机组成部分。

职业学校的学生要正确看待不同的社会职业。第一，无论是环卫工人还是汽车调整工，每一种社会职业都有它存在的必要，缺一不可，它们只是社会分工的不同，并无高低贵贱之分。第二，“三百六十行，行行出状元”，无论从事什么社会职业，只要肯钻研，就一定能干出一番成绩来。第三，实现中国梦需要“能工巧匠、大国工匠”。2021 年，习近平总书记对职业教育提出了“培养更多高素质技术技能人才、能工巧匠、大国工匠”的要求，同时强调各级党委和政府要加大制度创新、政策供给、投入力度，弘扬工匠精神，提高技术技能人才社会地位。社会必将更加认可技术技能人才的贡献。

万花筒

下面的兴趣岛测试可以帮你发现你适合什么职业。

恭喜各位！我们班获得了一次免费度假游的机会，有机会去下列六个岛屿中的一个。唯一的要求是你必须要在这个岛上待满至少六个月的时间。请不要考虑其他因素，仅凭自己的兴趣挑出你最想前往的一个岛屿。

A 美丽浪漫的岛

那里有美术馆、音乐厅、街头雕塑和街边艺人，弥漫着浓厚的艺术文化气息。居民保留了传统的舞蹈、音乐与绘画，许多文艺界的朋友都喜欢来这里找寻灵感。

C 现代都市的岛

岛上建筑十分现代化，是进步的都市形态，以完善的户政管理、市政管理、金融管理见长。岛民个性冷静保守，处事有条不紊，善于组织规划，细心高效。

R 自然原始的岛屿

岛上自然生态保持良好，有各种野生动物。居民以手工见长，自己种植花果蔬菜、修缮房屋、打造器物、制作工具，喜欢户外运动。

S 友善亲切的岛屿

居民个性温和、友善、乐于助人，社区均自成一个密切互动的服务网络，人们重视互助合作，重视教育，关怀他人，充满人文气息。

I 深思冥想的岛屿

有多处天文馆、科技博览馆及图书馆。居民喜好观察、学习，崇尚和追求真知，常有机会和来自各地的哲学家、科学家、心理学家等交换心得。

E 显赫富庶的岛屿

居民善于企业经

二、职业心理素质与职业选择

人的任何社会实践活动，都是在心理支配和调解下进行的。对于职业学校的学生，提高职业心理素质，做出适合自己的职业选择，是十分必要的。

职业心理素质是职业素质的一种，是指劳动者对社会职业了解与适应能力的一种综合体现，其主要表现在职业兴趣、职业能力、职业个性及职业情况等方面。

1. 职业兴趣倾向对职业选择的影响

职业兴趣是人们对职业及与职业有关的活动的积极情绪反应和选择性态度。职业兴趣作为影响职业选择的因素之一，在个人选择职业与岗位责任的互动过程中起着重要的作用。兴趣影响一个人活动的积极性。当对某种职业感兴趣时，他能全身心投入，心理活动始终处于积极状态，从而有可能最大限度地调动潜能，并获得工作的快乐。如果一个人所做的工作不是自己喜欢的，即使待遇很好，他也不会开心。所以，求职准备时，了解自己的职业兴趣强项是很有必要的。

2. 职业能力倾向对职业选择的影响

心理测验表明，人的各种能力是有差异的，有些人擅长运用词、符号和观念进行工作；有些人愿意从事“看得见、摸得着”的工作；有些人喜欢以写作、作曲、绘画、摄影、建筑等各种艺术形式表现自己的工作；有些人乐于创造新颖的与众不同的东西，渴望表现自己的个性；有些人擅长语言，有些人擅长操作。社会上每一种职业都有特殊职业能力的要求，飞行员、高铁司机需要运动反应能力，会计需要按计划办事、准确性。因此，选择职业时，必须了解自己和考虑自己的职业能力倾向。

3. 职业性格对职业选择的影响

职业性格是指人们在长期特定的职业生活中所形成的与职业相联系的、稳定的心理特征。职业学校的学生还没有职业经历，并没有形成鲜明的职业性格，但性格对职业选择有很大的影响。例如人或热情外向，或羞怯内向，或沉着冷静，或火爆急躁。职业心理学的研究表明，不同的职业有不同的性格要求。虽然每个

营和贸易，能言善道。经济高度发展，处处是高级饭店、俱乐部、高尔夫球场。来往者多是企业家、经理人、政治家、律师等。

不同的岛屿选择意味着你们有不同的职业兴趣。

A 艺术型人的特点

直觉敏锐，善于表达，有想象力，追求美感价值，富有创造性，无拘无束，从事艺术、文学、音乐等工作，多为编辑、作家，工艺美术工作者。

C 事务型人的特点

讲求规矩和精确，个性谨慎，敢于负责，值得信赖，喜欢结构性、程序化的工作，喜欢运用并按照程序来解决问题，从事文书、计算、会计、金融等工作，多为秘书、职员、系统分析师。

R 实用型人的特点

喜欢具体的任务，机械能力强，喜欢动手，更喜欢使用身体技术，讲求实际，以行动解决问题，从事技术、机械、技巧、户外工作，多为机械工程师、电子工程师，土木建筑工程师。

S 社会型人的特点

对人感兴趣，关心自己与他人的感受，对人和善，不喜竞争，愿意帮助他人成长，喜欢为社会服务和个人服务，多从事教师、医护和社会工作。

I 研究型人的特点

勤学好奇、个性独立，喜欢思考甚于行动，擅长分析与推理，愿意从事生物、数学等抽象的科学理论研究，也可能成为计算机程序员、营养师。

E 企业型人的特点

好冒险竞争，有政治抱负，社会影响力大，语言表达能力强，适于从事商业销售、律师、企业管理和行政管理等工作。

人都不能百分之百地适合某项职业，但却可以根据自己的职业倾向来培养发展相应的职业性格。所以，选择职业时，要善于把性格特征与职业特点结合起来考虑，这样将有利于发挥自己的性格优势，帮助自己取得事业上的成功。

温馨提示

兴趣与工作满意度、职业稳定和职业成就感之间都存在着明显的依存关系。

兴趣是可以培养的，也是可以管理的；有的时候，可以放弃一种旧兴趣来焕发一个新兴趣，可以退后一个弱兴趣提前一个强兴趣，还可以让部分兴趣“远离职业”，放在休闲中满足。

4. 气质对职业选择的影响

气质对人们所从事的职业性质和工作效率都有一定的影响。某些气质特征为一个人从事某种工作提供有利的条件，但在一般的实践活动中，由于气质的各种特质之间可以相互补偿，因此对活动效率影响不明显。但一些特殊职业对人类的气质特征提出了特定要求，如运动员、宇航员等必须通过测验，才能使他们胜任这类活动。

多血质类型的人适宜的职业：经济规划、统计、设计、商业推销、节目主持、相声演员等。这类人是职业多面手、专长多、能力强，精于调整、调和各类关系，有经营管理、分析设计和规划能力，会推销商品。

黏液质类型的人适宜的职业：会计、法官、调解人员、管理人员、外科医生等。

胆汁质类型的人适宜的职业：记者、作家、图案设计师、实业家、企业外勤、业务员、营销员等。

抑郁质类型的人适合的职业：校对、打字、排版、检察员、雕刻工作、刺绣工作、保管员、机要秘书、艺术工作者、哲学家、科学家等。

万花筒

美国高校开设的职业规划课程归纳起来一般包括4个逐步递进的内容模块。

1. 自我评定。该课程模块的主要目标是帮助学生建立全面的自我认识，充分了解个人的优势和特点，对自己做出客观、准确的评价。这是设计职业发展的起点，也是正确职业选择的前提。

2. 专业与职业探索。该课程模块帮助学生尽可能多地开展

心海远航

身边的榜样

纪海的职业目标

纪海是个农村孩子，父母祖祖辈辈靠种地吃饭。纪海初中毕业时，听邻居说干建筑比较挣钱，他想早点工作，改变一下家里的经济情况。于是，他报考了烟台城乡建设学校工用与民用建筑专业。他的职业理想是拥有一个自己

的建筑公司，所以，在求学过程中，他严格要求自己，注重综合素质的培养。但是他性格内向，不太爱说话，这让他感到很苦恼。他找到老师诉说自己的烦恼。经过老师引导帮助，纪海知道了要实现自己的职业目标，必须从现在开始改变自己。所以，他上课努力做到积极发言，锻炼自己的语言表达能力和胆量。半年后竞选班长成功，并向老师大胆提出管理班级的新举措，他积极配合班主任工作，班级管理得井井有条，班级凝聚力得以增强，班级参与的学校各项活动均名列全校前茅。毕业后，纪海应聘到一家建筑公司，从资料员到技术员到项目负责人，终于实现了自己的职业目标。现在纪海自主创业经营着一家装饰公司，拥有固定员工 12 人。

很多职业学校的学生在毕业前，对于职业没有任何规划，所以，也不知道为求职择业该准备些什么。毕业后也没有什么职业生涯规划，找到什么就做什么，而且有一半的学生从事着和专业不对口的工作，久而久之，心中矛盾积压导致无法排遣，不知道该如何寻求改变。

一、职校生要有清晰的职业目标

调查研究显示，人群中有极少数的人在青少年时就对自己未来有很清晰的规划，有一成的人有清晰规划，但是相对比较短期，这两类人群在进入社会后也不出意料地成了相对少数的成功人士。多半以上的人目标不清晰，而我们大部分人就在此列，剩下的则完全没有规划，也就成了现实中的失败者。由此可见，清晰的职业目标十分重要。

第一步，知己：了解自己的个性、能力、喜好，明白自己能够匹配什么样的工作。

第二步，知彼：了解社会上是否真有合适的工作岗位，比如谁都想找个钱多、事儿少、离家近的工作，可是这样的工作有吗？所以，必须是现实能够提供的职位。

职业调研，分析和确定那些符合自身条件的专业与职业，并且列出一个想要从事的工作的目录，逐一找到个人特征与职业特征之间的合理匹配。

3. 职业尝试。该课程模块帮助学生对所选择的职业进行实际体验，获得基于工作实践的职业认知和经验积累。

4. 求职技能培训。职业规划课程的最后一个模块，是针对毕业生的实际需要而展开的系统的求职技能训练。

在这一阶段中，教师主要向学生讲解 6 个方面的内容：(1) 如何寻找符合个人职业选择的就业机会；(2) 怎样准备自荐信和求职简历；(3) 如何应对各种招聘面试；(4) 怎样准备完整的求职材料；(5) 怎样与职场人士建立联系和进行交流；(6) 如何进行求职过程的经费开支预算。

第三步，决策：经过了前面两步，就要下定决心从事自己选择的工作了。

第四步，目标：喜欢和匹配的工作还需要相应的能力、资格等，这就需要去学习、参加培训、拿到一些资格证等，这属于学习目标；寻找合适行业、公司作为入职的目标。

二、职业目标与现实有差距怎么办

通常学生的职业目标与现实都有一定的差距，当现实与目标有差距的时候，应对措施如下：调整好心态，给予时间，继续努力；静心分析产生差距的原因，不管是目标太高，还是自己努力不够，抑或是选择的方向有错，都应慎重对待，及时调整以更有利于实现自己的职业目标；坚定理想信念，尽一切努力追寻理想，不害怕、不退缩、不犹豫、不放弃；适当降低目标，一步步实现。

温馨提示：

角色冲突是指在扮演角色的过程中，一个人同时担当的几个角色与个人的期待发生了矛盾，难以协调，从而使角色扮演出现左右为难的现象。角色冲突包含角色内冲突和角色间冲突。角色内冲突，是指同一个角色，由于社会上人们对于他的期望与要求不一致，或者角色承担者对这个角色的理解不一致，而在角色承担者内心产生的一种矛盾与冲突。角色间冲突是指一个人所担任的不同角色之间发生的冲突。这些都会使角色承担者产生对工作的不满和紧张，影响效率和质量。

三、如何正确履行职业角色

职业角色是指社会和职业规范对从事相应职业活动的人所形成的一种期望行为模式。简而言之，就是人们在一定的工作单位和工作活动中所扮演的角色。不同的人有不同的职业角色或分工。有的人埋头苦干、技术能力强，有些人喜欢与人交流、讨论或者管理事务，还有些人不喜欢承担责任，只希望有份稳定保障就可以了。每个人在不同的条件下往往有不同的地位、身份与角色，如果他们互不相容，出现矛盾，人们就会感到角色冲突。

所以，职业学校学生应该明确自己的职业角色，正确履行职业角色，进而实现自己的职业理想。

1. 尽快适应职业角色

毕业生对职业岗位的适应，就是对所从事的职业的地位、性质、职责的适应。应根据角色的变化和社会实际情况及时调整自己的职业理想和职业目标，善于用新的规范要求自己，使个人的职业能力得到很好发挥。

2. 及时了解职业角色的规范和行为模式

明确了新的职业角色后，应尽快了解新角色的职业规范要求，认识到社会的期望，以更好地适应角色要求。

3. 增强职业角色感

初到工作岗位，要意识到新的职业角色的意义，多做角色体验，以新的行为模式替代固有的行为模式，施展自己的职业能力，充分展现自己，促进职业生涯发展。

4. 明确职业定位

根据兴趣、性格、能力和自己的职业价值观，找到最佳的职业定位，以自己的综合职业素质扮演好相应的职业角色，尽量缩短与实际工作所需的差距，在职场上有更多突出的表现，最终实现自己的职业理想。

对于职业学校的学生，不论是专业选择还是自我个性与职业目标有差距的时候，都要在客观分析的情况下，做出正确的选择。在新的工作岗位上，尽快适应角色要求，调整职业行为模式，找到与职业能力匹配的工作，执着地追求自己的职业目标。

项目二 我的未来你我共筑

当今社会是一个充满竞争的社会，“物竞天择，适者生存”，竞争无处不在。当今社会又是一个充满合作的社会，无论什么人、什么事情也都无法避免合作现象的存在。竞争推动社会的发展，合作是人类社会得以形成的根基。那么我们该怎样看待竞争与合作呢，怎样才能在竞争中立于不败之地？

> 唯有具备强烈合作精神的人才能生存，并创造文明。
>
> ——泰戈尔

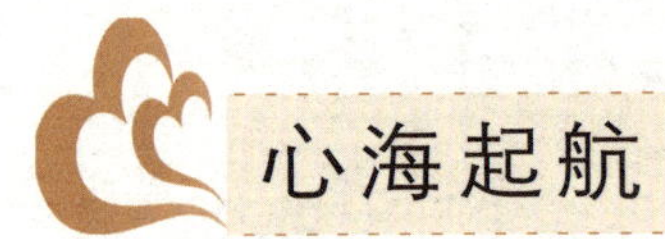

老鼠偷油

有三只老鼠去偷油喝，可是油缸非常深，油在缸底，它们只能闻到油的香味，根本喝不到油。它们很焦急，最后终于想出一个很棒的办法，就是一只咬着另一只尾巴，吊到缸底去喝油。它们取得一致的共识：大家轮流喝油，有福同享，谁也不能独自享用。第一只老鼠最先吊着去喝油，它在缸底想：“油只有这么一点点，大家轮流喝多不过瘾，今天算我运气好，不如自己喝个痛快。”夹在中间的第二只老鼠也在想：“下面的油没多少，万一让第一只老鼠把油喝光了，我岂不要喝西北风了吗？我干吗这么辛苦地吊在中间让第一只老鼠独自享受呢？我看还是把它放了，干脆自己跳下去喝个痛快！”第三只老鼠则在上面想：

"油那么少，等你们两个吃饱喝足，哪里还有我的份，倒不如自己跳到缸里喝个饱。"于是，第二只老鼠放了第一只老鼠的尾巴，第三只老鼠也迅速放开了第二只老鼠的尾巴。它们争先恐后地跳到缸底，浑身油透，一副狼狈不堪的样子，加上脚滑缸深，它们再也没能逃出油缸。

温馨提示：

三只老鼠表面上是在一起合作了，可是它们各怀鬼胎，只顾及自己的利益，于人于己都不利。

心海导航

在生活中，每个人与他人都有或远或近的关系，都因不同的社会身份而负有不同的责任，需要自己去担当，去完成。只有当我们担当起了自己的责任，才能够把事情做好。例如：作为学生，我们的责任主要是抓好学习，教师的责任主要是教书育人，警察的责任是维护社会治安……

作为社会成员，应该要扮演好各种角色，尽到自己的责任。只有人人都认识到自己所扮演的角色，尽到自己的责任，才能共同建设和谐美好的社会，共享美好的幸福生活。

如何履行责任

（一）角色与责任之间的关系

角色越多，责任越多；不同的责任，来自不同的角色；只有尽到责任，才能扮演好角色。

（二）履行责任对他人的好处

1. 安全性

知道其他人在履行责任，人们会感到更安全。

2. 有效性

当人人都履行自己的责任时，人们就能更有效地工作。

3. 合作性

当人们一起完成某项任务，大家各尽其责，合作起来就更容易。

4. 社区精神

如果一个群体中的所有成员都履行责任，就可能形成一种社区精神或群体荣誉感。

（三）履行责任对自己的好处

1. 自尊

履行责任的人可以获得自尊和自信。

2. 被接受和认可

履行责任的人更容易被其他人接受和认可。

3. 获得知识、技能和经验

履行责任的人可以更好地获得知识、技能和经验。

4. 独立性

履行责任可以培养一个人的独立性。

（四）履行责任要付出

当人们在承担一项责任的时候，要付出一定的代价。履行责任通常需要时间、精力等。人们可能感到压力，可能会自己不能履行责任或担心由于未能履行责任而受到惩罚。承担一定责任时，意味着人们不得不把其他感兴趣的事情放在一边。

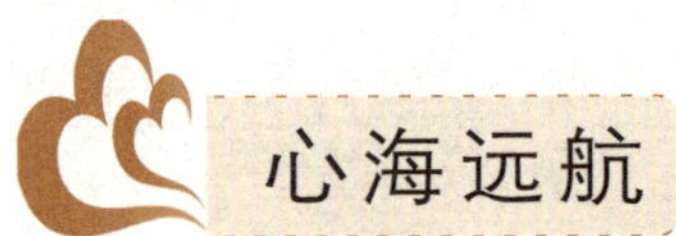

一、如何看待竞争

竞争与合作是人类生存和发展必不可少的两大基础，也是个人成长与发展的基础。当今社会，竞争与合作已经成为生存发展的重要能力，竞争中合作，合作中竞争，才能实现“双赢”或者“多赢”。

（一）正确看待竞争对手

竞争（competition）是个体或群体间力图胜过或压倒对方的心理需要和行为活动。当今社会，竞争无处不在，但是现代竞争不是你死我活，而是要正确地看待竞争对手。

1. 竞争对手是进步的航向

处于竞争条件下，人们的自尊需要和自我实现的需要更为强烈，人们对于竞争活动将会产生更加浓厚的兴趣，克服困难的意志更加坚定，争取成功的信念也更加坚强。竞争对手亦是如此，如果我们与竞争对手都是同行，相同或相似之处较多，我们可以借鉴对手的成功经验，反省对手的失败教训，将之成为自己的竞争优势。就像百事可乐的最大成功是找对了竞争对手，彼此激发灵感和动力，展开了一场风生水起的竞争。

2. 竞争对手是进步的动力

人往高处走，水往低处流。人生来就有争强好胜的个性，没有了竞争对手，就没有了竞争的动力。人类的发展，社会的进步，始终充满着竞争，竞争推动社会的发展。竞争对手是进步的催化剂，总能给我们带来压力，促进我们在竞争中拼搏努力，焕发人生的光彩。竞争对手能激发人的创造潜能，在与竞争对手的抵抗中释放人的潜能，磨炼人的意志，促进社会进步。

3. 竞争对手是行动的监督者

竞争对手最大的好处在于，可以帮你看清自己，他就像一面镜子，能让你清晰地意识到，什么时候偏离方向，什么时候走了弯路。与对手比较，搞清自己的优势是什么，劣势是什么。在倾听对手的声音的同时，才能够对自己的行动能力有更深刻的了解。与竞争对手业绩比较，才能对自己业绩起到监督检验的作用。

4. 竞争对手也是合作伙伴

在我国经济生活中，有一种“龟兔双赢理论”。龟兔赛了多次，互有输赢。后来，龟兔合作，兔子把乌龟驮在背上跑到河边，然后乌龟又把兔子驮在背上游过河去。这就是“双赢”，竞争对手也可以是合作伙伴。

温馨提示：

“商场上没有永远的朋友，也没有永远的敌人。”这句蕴含哲理的名言揭示了竞争也可以是合作。

（二）掌握竞争的规则

美国商界有句名言：“如果你不能战胜对手，就加入他们中间去。”现代竞争，不再是“你死我活”，而是有条件和原则的。现代企业追求的不再是“单赢”，而是“双赢”和“多赢”。

1. 公平竞争

公平竞争是指竞争者之间所进行的公开、公平、公正的竞争。公平竞争对于事物的发展具有重要的作用。既能防止他人采用不法手段，也能使自己在合法的条件下取得竞争成功。它调动参与者的积极性，使得他们不断提高以增强自身的竞争力。这种提升有利于整个行业乃至社会进步。

2. 合理竞争

合理竞争是主体通过正当的、合理合法的、人道的手段和方式提高自己，使自己处于优势而获得成功。合理竞争是指竞争者立足于自己的特长和优点，按照平等、公平、诚实、守信的原则来实现自己的目标的竞争，而不是通过不道德的手段为他人设置障碍的竞争。比如在学习上比高低，必须努力学习赶超成绩优异的同学，而不是设置障碍把同学拽下来。

3. 健康竞争心理

面对竞争，必须有健康的心理准备，消除不良竞争心理。这对事业发展起着重要影响。在竞争中学会欣赏对手，当对手胜利时，要在失败中反思和奋起，学会用欣赏的眼光看待别人，找出自己的不足，真诚地祝福竞争对手的取胜。面对自己的失败，能够保持平和稳定的心态，以乐观向上的态度再次投入竞争，消除嫉妒等不良竞争心理，坚信良好的竞争态度会让竞争更有利于人的全面发展。

小金句

唯一能持久的竞争优势是胜过竞争对手的学习能力。

——盖亚斯

4. 不断提高自己

在竞争中不断提高自己，就是挖掘自己的核心竞争力，形成“人无我有，人有我专，人专我特”的核心优势。提高自己首先要学会提升自己的心态，每天保持饱满的情绪、豁达的心胸积极面对竞争，提高自己的心智能力。提高自己，还要学会提升自己的思维能力，学会分析问题、解决问题，整合自己各方面优势，让它们在最佳组合状态下行动，使自己变得越来越强大。高职生要善于挖掘自己的优势，如高超的操作技能、灵活的语言表达能力、较高的自我效能感等，进而提高自己的竞争能力。

二、如何看待合作

小故事

两个饥饿的人

两个饥饿的人，他们分别得到一位老者的恩赐，一位得到一支渔竿，一位得到一篓鱼。可是，在深山老林里要渔竿能干什么呀？一篓鱼很快就会吃光，还不知道是否能走出大山。这时他们商量不能各奔东西，而是共同去找大海。他们每次只煮一条鱼，经过遥远的跋涉，来到了海边。从此，两人开始了捕鱼为生的日子。几年后，他们盖起了房子，有了各自的家庭、子女，有了自己建造的渔船，过上了幸福的生活。

万花筒

合作的好处：

1. 合作能弥补个人能力的不足；

2. 合作可以完成一个人无法完成的任务；

3. 合作便于集思广益，促进创新；

4. 合作可以增进友谊。

1. 客观正确认识自我

看到自己优势的同时，必须善于承认自己的不足，才能虚心接受别人的观点。合作过程中还须透彻表述自己的想法和做法，认识到自己的真正价值和实力，通过竞争，不断完善自我。知己知彼，才能在竞争与合作中百战不殆。著名的麦肯锡咨询公司提出，21 世纪企业新战略就是协作竞争，结盟取胜。好比竞争是分抢一块蛋糕，合作是一起做大一块蛋糕。如前所述，企业的合作竞争就是优势互补，所以，客观正确地认识自我，是竞争与合作的基础。

2. 设身处地理解他人

在互联网的后经济时代，合作更有其显著意义。与他人合作，实现共赢，首先要求我们要有宽容的心态，主动为他人着想，这既是合作的前提条件又是合作的一种能力。凡竞争必然带来不良情绪或不合理行为，只有设身处地倾听竞争对手观点，冷静思考竞争对手意图，才能使竞争在合理有序的状态下进行，取得双方满意的成果。

3. 正视自我

在合作过程中要积极思考，大胆提出自己的观点，透彻表述自己的想法和做法，这样才能彼此受益。竞争可以增强自我认知，促进自我完善。知己知彼，方能百战不殆，正视自己是决定成败的一个重要因素。

小游戏：竞争与合作

每人手中拥有红黑两种颜色的纸片各一张，要求同一时间出示这些纸片，共出六次。

游戏规则：双方都出黑色各加三分，双方都出红色各减三分，红对黑，红色加三分，黑色减三分。

第一轮：同桌间互相玩这个游戏，比比谁会赢。(同桌竞争)

六次过后，几乎所有学生都是负值。

第二轮：全班排名，看哪个同学得分最高就算赢。(同桌合作)

六次过后，得正分的同学很多，而且都是 18 分，因为他们学会了与同桌合作。

项目三　我的未来不是梦

培养高等职业院校学生创新创业能力是适应快速发展的现代化社会的需要。创业是否能够成功，领导力起着举足轻重的作用。有的高职生认为，要创业，一没资金二没经验能力，怎么可能成功！他们谈到创新与创业时，感到很迷茫，不知道该如何培养自己的创新创业能力及领导力，以适应当今中国瞬息万变的经济形势。

> 有创业领导力的人既要激情澎湃，又要有甘于为他人服务的态度。
>
> ——戴夫·拉姆齐

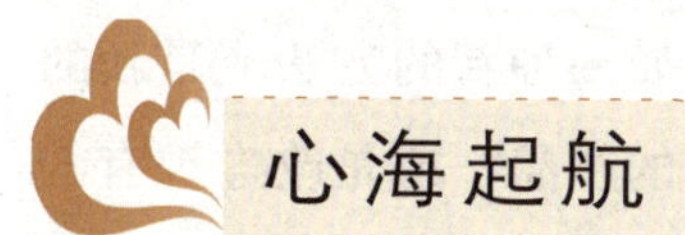

绝妙的主意

第二次世界大战后，美国建筑业大发展，砖瓦工的价码看涨，许多报纸刊登“招聘砖瓦工”的广告，这对于失业者来说是多么难得的机遇。一贫如洗的迈克为了生计由明尼亚波利来到芝加哥。他看到广告后，心想：这么多地方需要砖瓦工，到哪里去合适呢？当他看到四处的广告，久久思之，突然间想到了一个绝妙的主意，他因此产生了创意，为他创造了一笔可观的财富。

他想到了什么绝妙的主意？

请同学们思考一下，他想到了什么绝妙的主意？他是怎样做的？

没错，迈克并没有投入应征砖瓦工的竞争洪流中，而是在报纸上刊登了“你也能成为瓦工”的广告。迈克租下店铺，请来一位瓦工师傅，买来1500块砖头和一堆沙石做教材，开展培训业务。许多工人蜂拥而至，出高价受训。结果，迈克10天就获利3000美元，等于一个瓦工200天的收入。

由此我们可以看到，检验创新的标准，永远是看它为客户做了什么，是否创造价值。创新就是通过改变产品或服务，为客户提供价值和满足。重要的是为客户带来满足，而不仅仅是为做事的人带来满足。

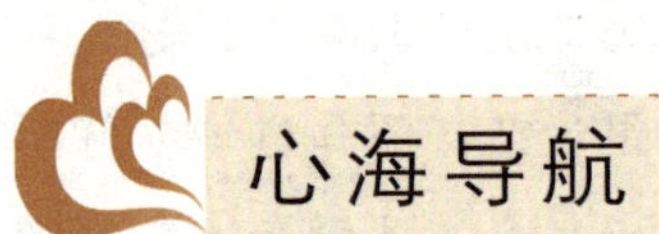

一、创新的含义

创新就是创造新的价值。它可以被定义为赋予人力和物质资源以新的、更大的创造财富的能力。让资源的使用更加有效，为客户带来更大的好处，为社会带来更大的财富以及更高的价值和满足，这种行为统称为创新。

小金句

企业一旦站立到创新的浪尖上，维持的办法只有一个，就是要持续创新。

——张瑞敏

创新可能是发明创造新的东西，比如一种新的方法或是新的策略；也可能是用新的方式来实现现有的产品，或是改进现有的流程；甚至可能仅仅是“跳出条条框框的思考”，我们称之为创新性思维，它是现有资源的产出，也是现有资源的重新组合。

二、创新对个人的发展的意义

对于高职生而言，在校学习期间，创新更多的是指培养自己的创新思维。创新思维对学生的发展有什么意义？

1. 创新思维能力的有无，将决定一个人的发展前途

由于创新思维能力上的差异，会导致不同的结果或结局，踏实肯干固然重要，但从某种意义说来，有无创新思维能力，即应变思维的能力、超前思维的能力、联想思维的能力等更为关键。

2. 创新思维能力的高低、大小，将决定一个人的事业天地

古今中外，大凡在事业上有所建树、有所作为的人，可以说，都是创新思维能力很强的人。他们靠智慧、靠特色、靠创新、靠点子，开拓出了事业上的一片广阔天地，被人们所赞颂，所称道。

3. 创新思维能力的超与凡，将决定一个人的勇气谋略

一个人的创新思维能力超众，就能敢于说别人没有说过的话，敢于做别人没有做过的事，敢于思考别人没有思考过的问题。创新思维能力的高低，将决定一个人的勇气、胆识的大小，谋略水平的高低。

4. 创新思维能力的显与隐，将决定一个人的目标设计

准确了解、把握自己在哪些方面有创新思维能力以及创新能力的大小，将有助于自己的发展定位和目标设计。

三、创新与创业的关系

创业的本质在于把握机会，创造性地整合资源、创新和快速行动。所以说创业的本质是创新，创新是创业的灵魂，两者之间存在密切的内在联系。

狭义的创业是一个经济学的范畴，是指主体以创造价值和就业机会为目的，通过组建一定的企业组织形式，为社会提供产品服务的经济活动。这种创业对创新的要求并不高，更多强调的是有组织的经济活动。

创新是以新思维、新发明和新描述为特征的一种概念化过程。具有创新精神的创业不仅仅是指创办或者管理一项生意，且更敢于承担风险和责任，更愿意不断发展和推陈出新。这也是我们需要学习和推广的企业家精神，冒险和创新是企业家精神的精髓，它是社会进步的推动力。

创业精神包括三个重要主题：

其一，对机会的追求。创业精神是追求环境的趋势和变化而且往往是尚未被人们注意的趋势和变化。

其二，创新。创业精神包含了变革、革新、转换和引入新方法——即新产品、新服务、新的商业模式。

其三，发展。创业者追求发展，他们不满足于停留在小规模

万花筒

创新是以新思维、新发明和新描述为特征的一种概念化过程。

创业者应具备的心理素质：

(1) 独立、自主的心理素质。

(2) 善于交流、合作的心理素质。

(3) 敢于承担风险、勇于拼搏的心理素质。

(4) 克服盲目冲动的心理素质。

(5) 坚持不懈、不屈不挠、顽强努力的心理素质。

(6) 善于进行自我调节、适应性强的心理素质。

或现有的规模上。创业者希望他们的企业能够尽可能地发展，不论深度还是宽度，员工能够最大化地提高劳动生产效率。

创业者不断寻找新趋势和机会，不断创新，不断推出新产品和新的经营方式。所以说创新是创业的基础，创业推动着创新。

万花筒

“双创”活动即“大众创业”“大众创新”，泛指我国各地的城市与企事业等单位的两项创建工作。

小案例

目前全球分享经济呈快速发展态势，是拉动经济增长的新路子，通过分享、协作方式搞创业创新，门槛更低、成本更小、速度更快，这有利于拓展我国分享经济的新领域，让更多的人参与进来。“双创”也是收入分配模式的重大创新。千千万万人靠创业创新增收，更好地发挥了“一次分配”作用，初步探索了一条中国特色的众人创富、劳动致富之路，有利于形成合理的分配格局。“双创”是促进社会公正的有效途径。无论什么人，只要有意愿、有能力，都可以靠创业自立、凭创新出彩，都有平等的发展机会和社会上升通道，更好地体现尊严和价值。

万花筒

领导力是一种特殊的人际影响力，组织中的每一个人都会去影响他人，也要接受他人的影响，因此每个员工都具有潜在的和现实的领导力。在组织中，领导者和成员共同推动着团队向着既定的目标前进，从而构成一个有机的系统。在系统内部具有以下几个要素：领导者的个性特征和领导艺术，员工的主观能动性，领导者与员工之间的积极互动，组织目标的制定以及实现的过程。

四、什么是领导力

领导力是一种能够激发团队成员热情与想象力的能力，也是一种能够统率团队成员全力以赴去完成目标的能力。

领导力是领导者的个体素质、思维方式、实践经验以及领导方法等，这些影响着具体的领导活动效果的个性心理特征和行为的总和。领导力是领导者素质的核心。

1. 领导力的基本原则

领导力是“怎样做人”的艺术，而不是“怎样做事”的艺术，最后决定领导力的是个人的品质和个性。

领导者是通过其所领导的员工的努力而成功的。领导者的基本任务是建立一个高度自觉的、高产出的工作团队。

2. 培养领导力的途径

第一，高职生要在学校社团活动或班级活动中，积极主动地表现出自己的管理风格、处事方式和思维观念，只有这样，领导力才体现出价值。

第二，在集体活动中，要尝试针对不同成员的授权、引导和指导采用不同的方式让其接受自己的管理风格、处事方式和思维观念。

第三，在培养领导力的过程中，要注重培养长远和锐利的眼光、专业和耐劳的精神、果断和切实的行动以及缜密的思维和开放的思想。

第四，在各项活动中，尝试通过对自己的人格魅力、行动感召力的培养来增强对团队成员的授权、引导和指导的效果。

第五，必须有责任心，有担当。

第六，处理好与团队成员之间的关系。

第七，锻造信任。作为领导者，若想建立信任，就必须了解他人重视什么，这样至少能增进对彼此的了解。如果有意识地调整自己的行为，结果就会非常有影响力，因为行为更能建立起与他人之间的信任。

第八，智慧地发问。高职生培养“以解决方案为导向”的智慧发问，就可以赋予他人更多力量和更高参与度，有意地给他人带来希望。

第九，保留充电时间。对成就和获胜的渴望促使人们不断工作，常常超出生理及心理负荷。专业运动员会留时间来恢复，但管理人员几乎不这么做。因为大家常常错误地认为努力工作和承担痛苦才能表现出对工作的专注。所以高职生应学会清楚地认识自我，将思维模式从管理时间转变为管理并平衡能量。

温馨提示

在培养领导力的过程中，在处理与团队成员相互关系时要做到以下几个工作：

A.要有良好的表达能力来传达我们的要求和希望。

B.要有专业的实际工作经验来指导工作中的失误和缺陷。

C.要有缜密的思维来分析工作中的问题，细心指导团队成员具体的工作方法和行为方式。

D.要有良好的社交能力处理与团队成员的工作关系，处理团队成员心理问题，激励其斗志，激发其进取心，以良好灌输管理者的管理风格、处事方式和思维观念。

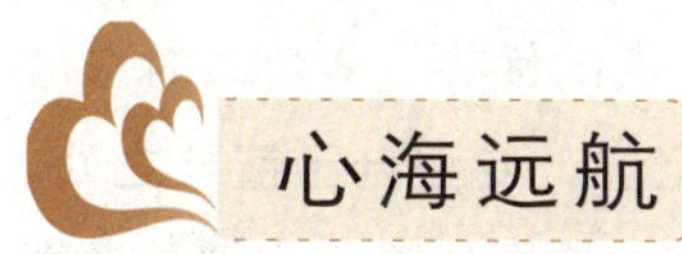

一、创新创业带来的人生体验

当前社会科技快速发展，人才市场的竞争日趋激烈，现代企业对员工综合素质的要求越来越高，这同样是职业学校学生就业难的一个不容忽视的因素。培养创新创业能力是建设创新型国家和落实“科教兴国”战略的需要。以创业带动就业更是我们国家实现伟大复兴梦的必经之路。那么创新创业到底能给我们带来什么样的人生体验？

一方面：比较自由，不必遵守别人制定的规则，不受工作时间的约束；能够将自己的技能、爱好、兴趣与经营的业务结合起来；有可能通过劳动获得更大的收益；能够有机会创造更有价值的事物，还可以带动就业……

另一方面：失败了会赔钱；自己要亲自去解决许多问题；责任心太大，要关注公司的成功和失败，容易有高处不胜寒的感觉；没有固定的保障（工资和福利）；必须不断坚持，并长时间地工作才能保证有成效……

万花筒

创业的好处：

1.爱好与事业的结合

2.创造价值

3.有收益回报

4.独立自主

5.获得自尊

创业的坏处：

1. 丧失其他发展机会

2. 有可能无法获得收益

3. 无财务保障

4. 长时间的工作

5. 孤独／担心

二、为创业做好准备

当我们发现自己还不具备创业者所具备的特质的时候，可以通过做好以下几方面的准备来提升我们的创业潜质。即使未来不创业，提升这些潜质同样可以让自己的生活更加成功。

1. 学习储备相关知识

创业者了解相关知识对创业起着举足轻重的作用，创业者要做出正确的决策，必须掌握广博的知识，具有一专多能的知识结构，具体来说包括：了解与商业相关的法律法规和政策，确保依法办事，维护合法权益；了解科学的经营管理方法；提高管理水平；了解行业相关的专业技术知识，提升企业（职业）专业度；具备市场经济方面的知识，如财务会计、市场营销、国际贸易、国际金融等。

2. 探索适合自己的职业

首先，正确认识了解自己，评估个人的优势、劣势。对自己的特质进行尽可能的诚实评估，正确定位，专注自己擅长之处。未来在创业团队中更需明确自己的位置，并不是每一个创业者都适合做管理者，但无论个人特质如何，每个人都可以为所处环境和团队做出贡献。

其次，探索适合自己的职业，包括那些你已经掌握或正在培养的相关技术和能力的领域。你可以通过书籍、杂志和网络信息来了解不同行业信息，从而探索适合自己的职业发展路径并为此努力。

3. 坚持理论与实践相结合

在学习期间寻找志愿服务的机会，或是在企业实习的机会。有了一个好的想法就要去做，不要胆怯。既要通过学习增长知识，还要通过各种实践活动提升经验和实战能力，例如参加职业生涯规划

万花筒

创业应做好哪些准备？

1.资金准备充足。创业第一步，就是凑足资金投入。创业阶段分为三步：前期、中期、后期。这三个阶段的资金都需要渐进投入，所以，做好资金充足准备才能让创业的脚步走得更稳、更远、更久。

2.估算创业成本。创业要在自己能力范围内进行，不是将积蓄倾尽。创业前应估算项目投入成本，有九成把握后再拿下项目，心里会踏实许多。

3.人手分配到位。创业前肯定要想到人工的问题，人员分配到位后，创业项目可省一份心。

4.自由时间减少。

设计大赛、参加校园模拟创业实践活动、参加商业计划书大赛等，积极参与各种社会实践活动。并且要敢于面对困难，通过实践来检验理论学习的效果。要敢于面对失败，如果失败了就调整方案，换个方式和方法继续实践，加强行动力是提高创业潜质的试金石。

4. 终身学习的能力

无论你选择什么职业，学习是终生的事业。充分利用学习新事物的机会，既包括业务和技能学习，也包括思路的扩展和学习的提升等。对于创业者而言，唯有不断学习获取新知识和思路，才能立于不败之地。

5. 提高有效资源整合能力

与周围人建立良好的联络方式，尤其是联络好那些积极乐观、不断突破自己的人。寻找经验和资源，来帮助你达成目标。未来创业者更需要这种资源整合的能力，以对周围不同来源、层次、结构和内容的资源进行选择、汲取并有机地组合，以创造新的价值。

6. 团队协作的能力

创业往往不是一个人单枪匹马所能实现或完成的，它需要建立自己的团队，这一团队的每个人拥有不同方面的专长或特长，分别在团队中起着举足轻重的作用。所以，团队成员相互间应在知识、能力、性格、气质、性别、爱好等方面具有互补性。一个精诚团结、各方面能起到互补作用的团队，才能保证创业成功。

三、提高自身创业领导力

创业者是和平时代的英雄。当我们提起苹果、微软、谷歌、Facebook、华为、联想、百度、阿里巴巴、腾讯等成功企业的时候，都会想到其创始人的领导魅力，尤其是在企业转折的关键时刻，他们的决断与智慧常常使企业浴火重生。领导力在创业者创业过程中起着十分重要的作用。

高职生要尝试学习用领导眼光看企业。在领导看来，管理很简单，就是两件事。一是扩大业务范围，增加业务收入。二是降低管理成本，控制运作费用。

在领导自己看来，领导也很简单，就是两件事。一是用人，用人所长，容人所短。二是激励，解人之难，记人之功。通过正面激励，引导团队成员往前跑；通过负面惩罚，推动团队成员往前走。

创业是为自己打工，事事都操心，会忙得天旋地转的，根本没有时间想其他事情。像以前那种业余时间充裕的情况恐怕几乎难得。所以，如果想创业，就要做好牺牲个人自由时间的准备。

5.肯吃苦，起早贪黑。“不经一番寒彻骨，怎得梅花扑鼻香。”创业初期肯定要事事亲力亲为，对这酸苦、日夜颠倒的过渡生活要提前做好心理准备，不要把创业想得过于简单。

6.勤俭节约、控制消费。自己创业，方能体会每当一笔钱掏出时，不知道什么时候才能赚回来的忐忑不安。与其创业后体会，不如创业前多节约、少消费。

7.毅力强韧，下定决心。创业不易，一定要下定决心。做好坚持创业，用超强毅力面对创业后一切未知困难的心理打算。只有这样，创业成功的胜算才比较大。

本模块拓展练习

1. 根据创业者必备的心理素质，对“现在的你”进行自我诊断，再写写改进措施

创业者应有的特点	自我诊断			改进措施
	强	中	弱	
独立				
合作				
果断				
克制				
坚韧				
适应性强				

2. 生涯规划

A. 如果要用一句话描述我的个性或特质，我是____________

B. 我所具备的能力或专长是____________

C. 我最重视的价值观或最看重的是____________

D. 到目前为止，我生活中最大的成就是____________

E. 到目前为止，我生活中最大的挫折是____________

F. 我最理想的工作是____________

G. 我最理想的生活形态是____________

H. 我最理想的人生成就是____________

I. 我的长期、中期和短期目标是____________

____

J. 这些目标从我现在的状况来看，实现的可能性是____________

____